高等职业教育财经类专业群平台课精品教材
“互联网+”新形态立体化教学资源特色教材

数字财税管理基础

主　编　陈海雯　陈燕升
副主编　马秀丽　刘　丽
　　　　周　莉　石　娜

中国轻工业出版社

图书在版编目（CIP）数据

数字财税管理基础 / 陈海雯，陈燕升主编．—北京：中国轻工业出版社，2022.12

高等职业教育财经类专业群平台课精品教材

ISBN 978-7-5184-4032-0

Ⅰ．①数… Ⅱ．①陈… ②陈… Ⅲ．①企业管理—财务管理—高等学校—教材 ②企业管理—税收管理—高等学校—教材 Ⅳ．①F275 ②F810.423

中国版本图书馆CIP数据核字（2022）第102394号

责任编辑：张文佳　　责任终审：李建华

整体设计：锋尚设计　　责任校对：宋绿叶　　责任监印：张　可

出版发行：中国轻工业出版社（北京东长安街6号，邮编：100740）

印　　刷：艺堂印刷（天津）有限公司

经　　销：各地新华书店

版　　次：2022年12月第1版第1次印刷

开　　本：787×1092　1/16　印张：14.25

字　　数：400千字

书　　号：ISBN 978-7-5184-4032-0　定价：59.80元

邮购电话：010-65241695

发行电话：010-85119835　传真：85113293

网　　址：http://www.chlip.com.cn

Email：club@chlip.com.cn

如发现图书残缺请与我社邮购联系调换

220418J1X101ZBW

前言

随着我国全面开启通往“互联网+”时代的大门，会计行业也将迎来一场前所未有的变革，主要表现在以下几个方面：一是“互联网+”为会计技术的发展提供了新支撑。随着云计算、大数据、移动互联网等新兴技术的快速发展，会计信息处理更实时、动态、集中，会计核算更规范、高效、便捷，信息技术的发展为会计技术的演进升级提供了有力支撑。二是“互联网+”为会计人员的转型带来了新机遇。在互联网技术和大数据融合的辅助下，单位构建涵盖财务分析与预测、财务战略规划、资本市场运作、全面预算管理、风险控制和绩效管理等较为完备的现代化管理体系成为可能，将有助于会计核算向价值管理转型，推动管理会计的独特作用进一步体现。三是“互联网+”为会计职能的转变创造了新环境。随着网络技术的迅速发展，会计职能已从传统的“信息处理和提供”转向“信息的分析使用和辅助决策”，从“事后算账”转向“事前预测、事中控制”。数字经济时代商贸业从产品竞争到平台竞争，正在向贸易生态体系竞争演变。数字贸易智能生态系统中的各层面与平台所需要的交易数据和服务数据，均离不开财税管理，财税管理是串联生态体系的介质，使生态系统成为一个不断往复循环的闭环。

本教材正是基于以上背景而编写，编写原则是将财税管理基础知识渗透到生态体系的各个环节，商贸财经类专业学生均可使用，使资金流意识贯穿业务链，做到业财融合，提升行业的风控意识。教材设计的指导思想是理论以够用为原则，理论为实践教学服务，将会计职业道德、新技术下信息安全保护、数据挖掘质量保障等内容贯穿课程。为此，课程的教学内容可归纳为“三基一融合”，即“基本原理”（大数据技术与财税法规等基本原理）、“基本方法”（货币时间价值与盈亏平衡的计算方法）及“基本技能”（支付方式的选择与会计报表解读等基本操作技能），目的是使学生学完本课程后，能初步掌握财务、税收、管理等的基本知识，形成“职业人”意识和“工匠精神”，具有创新思维与创业能力，并拥有较强的抗挫折商。

相较于以往的教材，本教材具有教材模式灵活，内容、技术创新，配套资源丰富，编写团队协同，思政融入全覆盖的特点。采用活页模式，方便不同专业根据专业需求和就业方向对模块进行选择。与教材配套的微课资源已经在建并上传国家级相关平台，并在不断补充和完善中。教材内可使用扫描二维码的方式进行课程资源的链接，确保教材与资源的配套和及时更新。编写团队由跨专业、跨院校专任教师、相关企业财税管理人员共同组成。

本教材把作为商贸财经类人员应掌握的财税管理技能归纳为六大模块十四个项目，并以思维导图的形式为学员呈现了一个清晰的学习路径。六大模块分别从财务、金融、财务管理、税务等方面体现不同行业共同须知的财税管理知识，涵盖了商贸企业人员日常所能接触到的所有业务，同时实现思政内容全覆盖。学员在学完本教材之后，能了解基本财税知识，读懂财务报表，分析财务数据。课后的知识链接为在职学员增加理论知识，使理论与实践相得益彰，受众面广。培养财经商贸类学生“专业+财税”的思维。本教材由广东轻工职业技术学院陈海雯教授、陈燕升研究员主编，陈海雯教授总纂。模块一由广东轻工职业技术学院陈燕升研究员编写；模块二由广东农工商职业技术学院周莉副教授、广东轻工职业技术学院石娜老师共同编写；模块三由广东轻工职业技术学院刘丽老师编写；模块四、模块五由广东轻工职业技术学院陈海雯教授编写；模块六由广东轻工职业技术学院马秀丽副教授编写。另外，本教材在编写过程中，还得到了中联集团广东区域负责人林明总经理、广州市朗恒信息科技有限责任公司李济廷经理等企业能工巧匠的大力支持，在此一并表示感谢！

由于编写时间仓促和编写团队水平有限，书中难免有疏漏之处，恳请读者批评指正。

编　者

课程网站　　课程介绍

目录

模块 4　盈亏平衡点数据分析

模块 5　大数据财务报表解读

模块 6　云税务基础

模块 1　业财融合财务基础

知识概述

业财融合是新时代财务工作转型的方向之一，由后台的会计核算向前台的业务发展延伸。那么，什么是业财融合？如何做到业财融合？业财融合中的数据如何处理？

从业务部门来说，在业务开展的全过程，要有经营思维和风险意识，要清晰地认识到业务开展需要为公司创造价值和利润，控制和规避风险，减少损失，也是创造价值。

从财务部门来说，要深入到业务活动，特别是将财务管理前移到业务前端，通过对数据的预测和分析，反馈给业务部门及决策层，使企业的管理决策更加科学；同时，通过把握业务流程的关键控制点和潜在风险点，并实施有针对性的改进，降低运营风险。

业财融合视角的会计核算，从供应链资金运动的流向来解释传统的借贷记账法，能较好地实现业财互信与理解。

思维导图

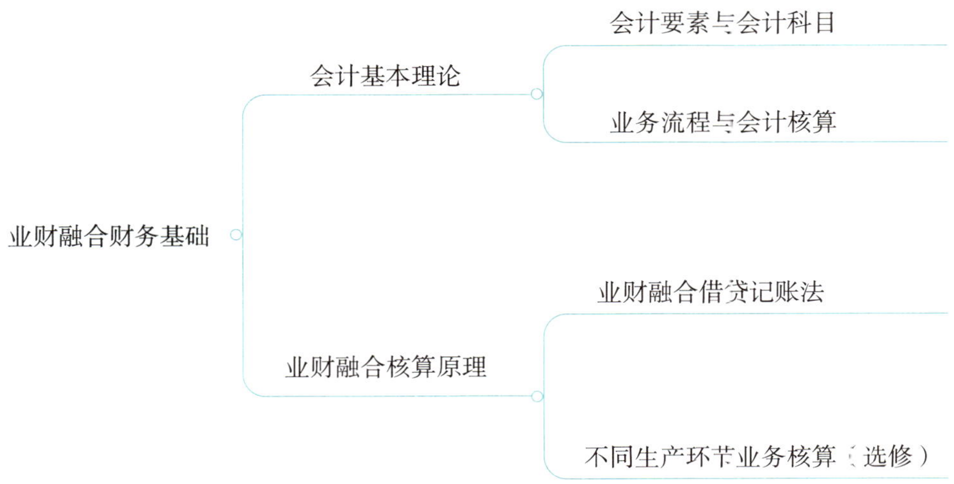

学习目标

1. 了解会计要素与会计科目。
2. 掌握业务流程与会计核算的基本关系。
3. 掌握业财融合借贷记账法。
4. 能通过业财融合方法看懂会计凭证。
5. 能根据业务编制会计分录。
6. 培养学生爱岗敬业、诚实守信、不做假账、廉洁自律、客观公正、坚持原则、提高技能、参与管理和服务社会的会计职业道德。

项目1 会计基本理论

案例导入

关于会计的对话

在开始学习会计的一些基本知识之前，我们先来看一段关于会计含义的对话：赵甲、钱乙、孙丙、李丁是四个好伙伴，在一次闲聊中，说起了什么是会计这一话题，四人各执一词，谁也说服不了谁。

什么是会计？

赵甲：什么是会计？这还不简单，会计就是指一个人，比如，我们公司的刘会计，是我们公司的会计人员，这里会计不是人是什么？

钱乙：不对，会计不是指人，会计是指一项工作，比如我们常常这样问一个人，你在公司做什么？他说：我在公司当会计，这里会计当然是指会计工作了。

孙丙：会计不是指一项工作，也不是指一个人，而是指一个部门，一个机构，即会计机构，你们看，每个公司都有一个会计部，或者会计处什么的，这里会计就是指会计部门，显然是一个机构。

李丁：你们都错了，会计既不是一个人，也不是一项工作，更不是指一个机构，而是指一门学科，我弟弟就是在北京林业大学学会计的，他当然是去学一门学科或科学。

结果，他们谁也说服不了谁。亲爱的同学，如果让你来谈谈什么是会计的问题，你会怎么说呢?

项目要求

1. 了解会计的概念以及基本职能。
2. 掌握会计六大要素的基本内容。
3. 熟悉会计科目及其用途。
4. 理解账户的特点及应用。
5. 了解不同行业的业务流程。
6. 重点掌握制造业企业工艺流程。
7. 掌握业务流程与会计核算的关系。
8. 认识会计的职业道德要求及规范。

任务1 会计要素与会计科目

1. 什么是会计

1.1 会计的概念及其基本职能

会计是以货币作为主要计量单位，采用一系列专门的方法，对经济活动进行连续、系统、全面、综合的核算和监督，以提高经济效益为主要目的的经济管理活动和相应的知识体系。在日常生活中，会计确实有多种不同的含义。案例中的赵甲、钱乙、孙丙、李丁四个人的看法都说明了会计含义的一部分，但又都不全面，我们通常所说的会计，一般是指会计工作或者会计学科。

《中华人民共和国会计法》(以下简称《会计法》)中规定会计的基本职能为会计核算和会计监督。会计核算是会计工作的基础，要通过核算进行监督，离开了核算，监督就失去了依据；同时，也只有通过监督进行核算，才能为会计信息的使用者提供真实可靠的数据资料，离开了监督，核算毫无意义。会计的这两个职能是密切结合、相辅相成的。

会计对象就是会计所要核算与监督的内容。在社会主义制度下，社会再生产过程是由生产、分配、交换、消费四个相互关联的环节形成的，它概括了各种经济活动。会计对象是会计记录经济活动的依据，原始单据就是会计工作的对象。

1.2 会计核算的基本前提

会计核算的基本前提是进行会计核算时必须明确的前提条件。会计核算的基本前提包括会计主体、持续经营、会计分期和货币计量等。

会计主体是指会计核算和监督的特定单位和组织，它界定了从事会计工作和提供会计信息的空间范围。会计核算对象是一个单位的经济活动，而每个单位的经济活动是复杂多样的，且与其他单位的经济活动相联系，这就要求会计人员首先需要确定会计核算的空间，明确哪些经济活动应当予以核算，哪些不应当予以核算。

持续经营是指会计主体在可预见的未来，将根据正常的经营方针和既定的经营目标持续经营下去。即在可预见的未来，该会计主体不会破产清算，所持有的资产将正常营运，所负有的债务将正常偿还。

会计分期也称为会计期间，它是对会计主体的经济活动时间范围上的限定，是将一个会计主体持续经营的生产经营期划分成若干个相等的会计期间，以便分期结算账目和编制财务会计报告。

货币计量是指会计主体在会计核算过程中采用货币作为统一的计量单位。计量单位包括实物单位、时间单位、货币单位等，会计核算中以货币作为主要计量单位，但不是唯一的计量单位。会计是对企业财务状况、经营成果和现金流量情况进行全面系统的反映，为此，只有将货币作为统一的计量单位，使会计核算的对象——企业的生产经营活动统一地表现为货币资金运动，才能实现这一目标。在我国，单位的会计核算应以人民币作为记账本位币。

2. 会计要素

会计要素是指根据交易或事项的经济特征所确定的财务会计对象的基本分类。会计要素为会计的分类核算提供了基础，同时，它的界定和分类也为投资者等会计报告使用者提供了更有意义的信息资料。

根据《企业会计准则——基本准则》规定，我国会计要素包括资产、负债、所有者权益、收入、费用、利润六大要素。由于会计要素是会计报表的基本组成单位，因此，根据会计要素核算的特点，可以将其分为两大类：一类是反映企业财务状况的会计要素，包括资产、负债和所有者权益，属于静态要素；另一类是反映企业经营成果的会计要素，包括收入、费用和利润，属于动态要素。会计要素的分类如图1–1–1所示，下面对六大会计要素进行详细介绍。

2.1 资产

2.1.1 资产的含义及特征

资产是指企业过去的交易或者事项形成的，由企业拥有或者控制的，预期会给企业带来经济利益的资源。根据资产的定义，资产一般具有以下特征：

（1）资产必须是现实的，而非预期的

它是过去的交易或者事项所产生的结果，包括企业采购的原材料、购置或建造的固定资

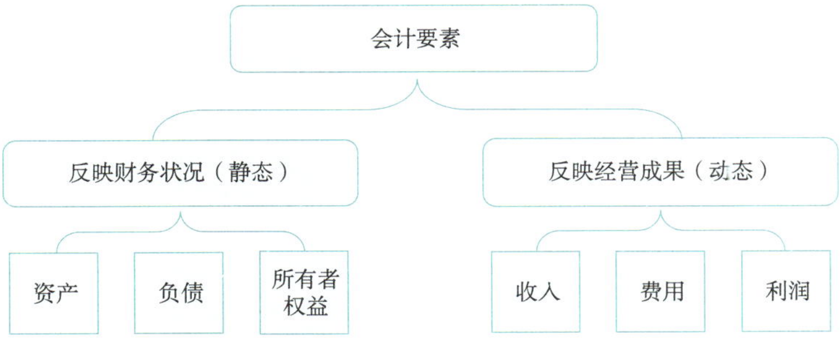

图1-1-1　会计要素的分类

产等可用于生产经营的过程，制造商品或者提供劳务等行为或交易事项，都是已经发生的。企业预期在未来发生的交易或事项，都不能形成资产，如企业1月份签订的采购订购合同，计划在3月份购买一台机器设备，不能确认为1月份的资产。

（2）资产应为企业拥有或者控制的资源

即企业享有某项资源的所有权，或者虽不享有某项资源的所有权，但是该资源能被企业所控制，企业可以按照自己的意愿对该资源进行使用或处置，如融资租入的固定资产，都可以确认为企业的资产。

（3）资产预期将会给企业带来经济利益

指这些资产直接或间接地导致现金或现金等价物流入企业的潜力，如现金和银行存款，可用于购买材料、商品或设备等，而这些都是企业的资产，或将为企业创造更多的资产。

2.1.2　资产的分类

资产按其流动性，通常可以划分为流动资产和非流动资产。

（1）流动资产

流动资产是指预计在一个正常营业周期内变现或耗用的资产，或者以交易为目的持有的，预计在资产负债表日起一年内（包含一年）变现的资产，包括库存现金、银行存款、交易性金融资产、应收及预付款项、存货等。

①库存现金：指存放于企业财务部门，由出纳人员管理的现金。

②银行存款：指企业存放在各开户银行的存款。

③交易性金融资产：指企业计划近期内出售而持有的金融资产，如为了赚取差价而从金融市场购入的股票、基金等。

④应收及预付款项：指企业在日常生产经营过程中所发生的各项债权，包括应收票据、应收账款以及预付账款等。

⑤存货：指企业在生产经营过程中以备销售的产成品或商品，在为生产或提供劳务过程中耗用而储存的材料和物料，包括在途物资、原材料、在产品、半成品、产成品、商品、委托加工物资、包装物和低值易耗品等。

（2）非流动资产

非流动资产是指不能在一年或者超过一年的一个正常营业周期内变现或耗用的资产。非流动资产一般占用的资金较多，企业持有的时间较长，周转速度较慢，大多是为企业的长期发展服务的，包括固定资产、长期股权投资、无形资产等。

①固定资产：指企业为了生产或提供劳务、出租或经营而持有的，使用期限超过一个会计年度的有形资产，如房屋及建筑物、机器设备、运输设备和工具器具等。

②长期股权投资：指期限在一年以上（不含一年）的各种股权性质的对外投资。

③无形资产：指企业拥有或控制的没有实物形态的可辨认非货币性的资产，包括专利权、非专利技术、商标权、著作权、土地使用权等。

2.2 负债

2.2.1 负债的含义和特征

负债是指企业过去的交易或者事项形成的，预期会导致经济利益流出企业的现时义务。现时义务是指企业在目前现有条件下已经承担的义务。负债一般具有以下特征：

（1）负债是由企业过去的交易或事项形成的

企业将在未来发生的承诺、签订的合同等将要发生的交易或者事项可能产生的债务，不能确认为负债。例如：企业与银行达成了两个月后的借款意向书，该交易还没有实际发生，不属于过去的交易或者事项，因此不应该形成企业的负债。

（2）负债是企业承担的现实义务

如企业因向银行借款而需要支付的利息，一般银行按季度收取，而企业每月都要将应付利息作为一项负债来确认。这种义务可以是法定的义务，也可以是推定的义务。法定义务是指法律法规或具有约束力合同的规定，如企业在生产经营过程中需要缴纳税款的义务；推定义务是指根据商业惯例公开承诺或政策而形成的企业将要承担的义务，如销售产品还要承担的包换、保修等服务。

（3）负债预期会导致经济利益流出企业

只有企业在履行义务时会导致经济利益流出企业的才符合负债的定义。导致经济利益流出企业的形式很多，如用现金偿还或以实物资产形式偿还；以提供劳务形式偿还；部分转移资产形式偿还等。

2.2.2 负债的分类

企业的负债按其偿还期限的长短，可分为流动负债和非流动负债。

（1）流动负债

流动负债是指将在一年或者超过一年的一个营业周期内偿还的债务，如短期借款、应付票据、应付账款、预收账款、应付职工薪酬、应交税费、应付股利和其他应付款等。

①短期借款：指企业向银行或其他金融机构借入的，用于生产经营活动，期限在一年以内（含一年）的各种借款。

②应付及预收款项：指企业在日常生产经营过程中发生的各项债务，应付而尚未支付的账款和预收的销货款，包括应付票据、应付账款、预收账款等。

③应付职工薪酬：指企业按规定应该支付给员工的各种薪酬，包括工资、奖金、津贴补贴和职工福利等。

④应交税费：指企业按规定计算应交给国家的各种税费，包括增值税、消费税、企业所

得税等。

（2）非流动负债

非流动负债是指偿还期在一年或者超过一年的一个营业周期以上的债务，一般包括长期借款、应付债券、长期应付款等。

①长期借款：指企业向银行或其他金融机构借入的，偿还期限在一年以上的各种借款。

②应付债券：指企业为筹集长期资金而发行的，偿还期在一年以上的债券，包括本金及应付利息。

③长期应付款：指企业应付引进设备价款、融资租入固定资产而发生的应付租赁费等。

2.3 所有者权益

2.3.1 所有者权益的含义和特征

所有者权益是指企业资产扣除负债后，由所有者享有的剩余权益。公司制企业中的所有者权益又称为股东权益，即公司股东在企业中所享有的剩余权益。所有者权益是所有者对企业资产的剩余索取权，其金额是资产总额减掉负债总额后的余额部分，又称净资产。所有者权益具有以下特征：

①除非发生减资、清算或分派现金股利，企业不需要偿还所有者权益。

②企业清算时，只有在清偿所有的债务后，所有者权益才可以返还给所有者。

③所有者凭借所有者权益能够参与利润分配。

2.3.2 所有者权益的分类

所有者权益的形成来源包括所有者投入的资本、直接计入所有者权益的利得和损失、留存收益等，通常包括实收资本（或股本）、资本公积（含资本溢价或者股本溢价、其他资本公积）、盈余公积和未分配利润四个部分，其基本构成如图1-1-2所示。

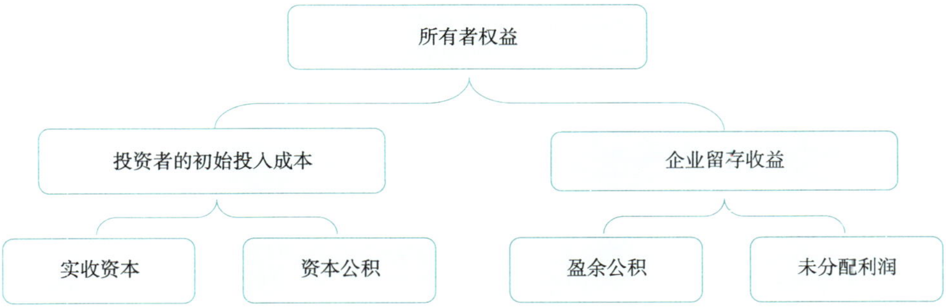

图1-1-2　所有者权益分类图

（1）所有者投入的资本

所有者投入的资本是指所有者所有投入企业的资本部分，它既包括构成企业注册资本或者股本部分的金额，也包括投入资本超过注册资本或者股本部分的金额，即资本溢价或者股本溢价。在我国，按照企业会计准则的规定，资本溢价或者股本溢价计入资本公积，并在资产负债表中的资本公积项目中列示。

（2）留存收益

留存收益是指企业历年实现的净利润留存于企业的部分，主要包括累计计提的盈余公积和未分配利润。盈余公积是按照国家有关规定从净利润中提取的公积金；未分配利润是企业留于以后年度分配的利润或待分配利润。

2.4 收入

2.4.1 收入的含义和特征

收入是指企业在日常活动中形成的、会导致所有者权益增加的、与所有者投入资本无关的经济利益的总流入。收入具有以下特征：

（1）收入是企业在日常活动中形成的

日常活动是指企业为完成其经营目标所从事的经常性活动，以及与之相关的活动。例如，工业企业生产并销售产品、咨询企业提供咨询服务等，均属于企业的日常活动。

（2）收入是与所有者投入资本无关的经济利益的总流入

经济利益的流入包括销售商品收入、提供劳务收入、租金收入以及股利收入等。如果是所有者投入资本的增加而导致的经济利益的流入，应当将其直接确认为所有者权益，而不应当确认为收入。

（3）收入会导致所有者权益的增加

与收入相关的经济利益流入，可以是增加资产，也可以是减少负债，或者两者兼而有之，但一定会导致所有者权益增加。如：企业销售产品从而取得银行存款，这将导致企业资产的增加，而负债不变，从而增加了所有者权益，所以应确认为收入。

2.4.2 收入的分类

收入可以按照以下两个标准进行划分：

按企业从事经济业务的性质不同，收入可以分为销售商品收入、提供劳务收入和让渡资产使用权收入等。

按企业经营业务的主次，收入可以分为主营业务收入和其他营业收入。主营业务收入是企业主要业务所取得的收入，如工业企业销售产品实现的收入；其他业务收入是企业兼营业务所取得的收入，如企业销售物料或包装物所实现的收入。

2.5 费用

2.5.1 费用的含义和特征

费用是指企业在日常活动中发生的、会导致所有者权益减少的、与向所有者分配利润无关的经济利益的总流出。费用具有以下特征：

（1）费用是企业在日常活动中形成的

这与收入定义中所涉及的日常活动的界定相一致。因日常活动所产生的费用通常包括营业成本、职工薪酬、折旧费等。企业非日常活动所形成的经济利益的流出不能确认为费用，而应当计入损失。如：企业处置固定资产发生的净损失，与企业的日常经营活动没有关系，且具有偶然性，所以不能作为企业的费用，只能确认为营业外支出。

（2）费用会导致所有者权益的减少

经济利益流出企业的结果会导致资产的减少或负债的增加，从而最终导致企业所有者权益的减少。不会导致所有者权益减少的经济利益流出，不符合费用的定义，不应确认为费用。

（3）费用是与向所有者分配利润无关的经济利益的总流出

费用的发生将导致经济利益的流出，而企业向所有者分配利润时，也会导致经济利益的流出，但该事项显然属于所有者权益的抵减，因此不应确认为费用。

2.5.2 费用的分类

费用按照其与收入的配比关系，可分为生产费用和期间费用。

生产费用：是与企业日常生产经营有关的费用，按其经济用途的不同，可以分为直接材料、直接人工和制造费用。生产费用应按实际发生额计入产品的生产成本。

期间费用：是企业当期发生的、不能直接或间接计入生产成本，而归入当期损益的各类费用，包括销售费用、管理费用和财务费用，会计期末需在利润表中列示。

2.6 利润

2.6.1 利润的含义和特征

利润是指企业在一定会计期间的经营成果，包括收入减去费用后的净额、直接计入当期利润的利得和损失等，可以用以下公式表示。

利润＝收入－费用+直接计入当期利润的利得－直接计入当期利润的损失

营业利润：收入减去费用后的净额，它反映企业日常经营活动的业绩。

利得和损失：指应当计入当期利润的损益，将会导致所有者权益发生增减变化，且与所有者投入资本或者向所有者分配利润完全无关的利得和损失，它反映企业非日常活动的业绩。

在此特别说明，企业应当严格区分收入与利得，费用与损失，以便更为全面地反映企业的经营业绩。

通常情况下，如果企业实现了利润，表明企业所有者权益增加，经营业绩提升；如果企业发生亏损，表明企业所有者权益减少，经营业绩下滑。利润是评价企业经营管理层业绩的重要指标之一，也可作为财务报告使用者进行经营决策的依据和参考。

2.6.2 利润的分类

利润按照其构成的层次不同，可以划分为：营业利润、利润总额和净利润。三者的关系如下：

营业利润＝营业收入－营业成本－税金及附加－销售费用－管理费用－财务费用－资产减值损失+公允价值变动收益（－公允价值变动损失）+投资收益（－投资损失）

利润总额＝营业利润+营业外收入－营业外支出

净利润＝利润总额－所得税费用

技术要点

1. 会计要素在会计核算中的地位和作用。
2. 会计六大要素的特点和分类。

边学边思考

1. 请判断以下会计要素哪些是反映企业财务状况的？哪些是反映企业经营成果的？

所有者权益、收入、资产、负债、费用、利润

2. 请判断以下项目属于哪个会计要素？

银行存款、实收资本、主营业务收入、应付职工薪酬、库存商品、短期借款、营业利润、未分配利润、投资收益、生产成本、财务费用、管理费用

会计要素与会计科目

3. 会计科目

3.1 会计科目的概念

根据前面知识，我们知道会计要素是对会计对象的基本分类，而这六个会计要素对于纷繁复杂的企业经济业务的反映显得过于粗略。因此，为了更加全面、系统、详细地对各会计要素的具体内容及其之间的增减变化进行核算和监督，为经济管理提供更为详细的各项数量指标，我们需要对会计要素进一步分门别类，即设置会计科目。

会计科目，简称科目，是进行各项会计记录和提供各项会计信息的基础，在会计核算中具有重要意义，其主要表现在：

（1）会计科目是复式记账的基础

复式记账要求每一笔经济业务在两个或两个以上相互联系的账户（账户是根据科目设置的）中进行登记，以反映资金运动的来龙去脉。

（2）会计科目是编制记账凭证的基础

会计凭证是确定所发生的经济业务应记入何种科目以及分门别类登记账簿的凭据。

（3）会计科目为成本计算与财产清查提供了前提条件

通过会计科目的设置，有助于成本核算，使各种成本计算成为可能；而通过账面记录与实际结存的核对，又为财产清查、保证账实相符提供了必备的条件。

（4）会计科目为编制财务报表提供了方便

财务报表是提供会计信息的主要手段，为了保证会计信息的质量及其提供的及时性，财务报表中的许多项目与会计科目是一致的，并依据会计科目的本期发生额或余额填列。

按资金运动的层次划分，我们可以更加清楚地知道会计对象、会计要素和会计科目之间的关系，如图1-1-3所示。

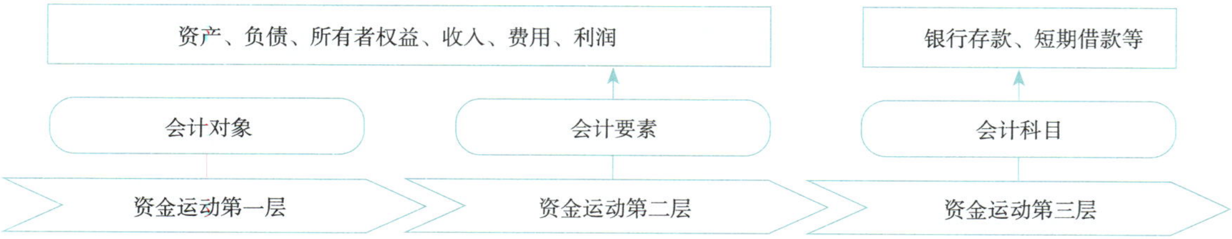

图1-1-3　会计对象、会计要素和会计科目关系图

3.2 会计科目的分类

3.2.1 会计科目按其所提供信息的详细程度及其统驭关系分类

会计科目按其所提供信息的详细程度及其统驭关系不同，分为总分类科目和明细分类科目。

总分类科目，亦称总账科目，是对会计要素具体内容进行的总括分类，是反映会计核算资料总括指标的科目，如“银行存款”“原材料”“固定资产”“短期借款”“实收资本”等。

明细分类科目，亦称明细科目或细目，是对总分类科目的经济内容所作的进一步分类，是用来辅助总分类科目反映会计核算资料详细、具体指标的科目，如“应收账款”科目按债务人名称或姓名设置明细科目，反映应收账款的具体对象；“应付账款”科目按债权人名称或姓名设置明细科目，反映应付账款的具体对象；“原材料”科目按原材料及材料的类别、品种和规格等设置明细科目，反映各种原材料的具体构成内容。如在“原材料”总分类科目下设置“主要材料”和“辅助材料”等明细科目，分类反映原材料的具体情况。

同一会计科目内部的纵向级次关系如表1–1–1所示，它们之间是总括与详细、统驭与从属的关系。

表1–1–1　会计科目的纵向级次关系表

总分类科目（一级科目）	明细分类科目	
	子目（二级科目）	细目（三级科目）
原材料	主要材料	樟木木材
		松木木材
	辅助材料	机油
		黄油

3.2.2 会计科目按其所反映的内容不同进行分类

会计科目按其所归属的会计要素不同进行分类，会计科目分为资产类、负债类、所有者权益类、成本类和损益类五大类。各会计要素和会计科目之间的关系如图1–1–4所示。

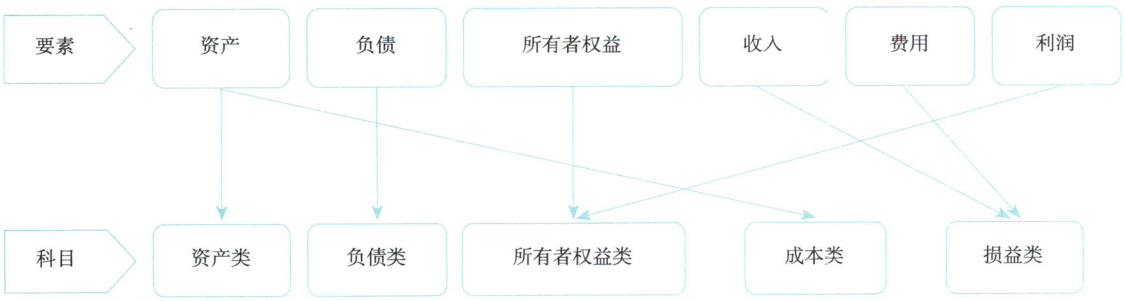

图1–1–4　会计要素和会计科目的关系图

资产类科目：是指用于核算资产增减变化，提供资产类项目会计信息的会计科目。按其流动性质可以分为两类：①反映流动资产的科目，按流动资产的类别，又可细分为几类：反映货币资金的科目，如“库存现金”和“银行存款”科目；反映存货的科目，如“原材料”和“库存商品”科目；反映债权的科目，如“应收账款”和“其他应收款”科目。②反映非流动资产的科目，如“固定资产”和“无形资产”等科目。

负债类科目：是指用于核算负债增减变化，提供负债类项目会计信息的会计科目。按其流动性质也可分为两类：①反映流动负债的科目，如“短期借款”“应付账款”“其他应付款”科目；②反映长期负债的科目，如“长期借款”科目。

所有者权益类科目：是指用于核算所有者权益增减变化，提供所有者权益有关项目会计信息的会计科目，如“实收资本”“资本公积”“未分配利润”等科目。

成本类科目：是用于核算成本的发生和归集情况，提供成本相关会计信息的会计科目，如“生产成本”“制造费用”科目。

损益类科目：是指用于核算收入、费用的发生或归集，提供一定期间损益相关会计信息的会计科目。根据企业经营损益形成的内容又可以分为两类：①反映收入的科目，如“主营业务收入”和“营业外收入”等科目；②反映费用的科目，如“主营业务成本”“销售费用”“税金及附加”“管理费用”等科目。

3.3 常用会计科目

我国《企业会计准则》规定了一般企业常用的会计科目，其性质及核算内容如表1-1-2所示。

表1-1-2 常用会计科目及核算内容表

顺序号	编号	新会计准则使用科目	核算内容
		一、资产类	
1	1001	库存现金	企业的库存现金
2	1002	银行存款	企业存入银行或其他金融机构的各种款项
3	1012	其他货币资金	企业的银行汇票存款、银行本票存款、信用卡存款、信用证保证金存款、存出投资款、外埠存款等其他货币资金
4	1121	应收票据	企业因销售商品、提供劳务等而收到的商业汇票，包括银行承兑汇票和商业承兑汇票
5	1122	应收账款	企业因销售商品、提供劳务等经营活动应收取的款项
6	1123	预付账款	企业按照合同规定预付的款项。预付款项情况不多的，也可以不设置本科目，将预付的款项直接计入“应付账款”科目
7	1131	应收股利	企业应收取的现金股利和应收取其他单位分配的利润

续表

顺序号	编号	新会计准则使用科目	核算内容
8	1132	应收利息	企业交易性金融资产、债权投资、其他债权投资、发放贷款、存放中央银行款项、拆出资金、买入返售金融资产等应收取的预期不超过一个会计年度即可收取的利息
9	1221	其他应收款	企业除存出保证金、买入返售金融资产、应收票据、应收账款、预付账款、应收股利、应收利息、应收代位追偿款、应收分保账款、应收分保合同准备金、长期应收款等以外的其他各种应收及暂付款项
10	1402	在途物资	企业采用实际成本（或进价）进行材料、商品等物资的日常核算、货款已付尚未验收入库的在途物资的采购成本
11	1403	原材料	企业库存各种材料的实际成本或计划成本
12	1405	库存商品	企业库存的各种商品的实际成本（或进价）或计划成本（或售价）
13	1411	周转材料	企业的包装物或低值易耗品的实际成本或计划成本
14	1601	固定资产	企业持有的固定资产原价
15	1602	累计折旧	企业固定资产的磨损（消耗）价值（会计上称之为折旧），是固定资产的备抵账户
16	1604	在建工程	企业基建、更新改造等在建工程发生的支出
17	1701	无形资产	企业持有的无形资产成本，包括专利权、非专利技术、商标权、著作权、土地使用权等
		二、负债类	
18	2001	短期借款	企业向银行或其他金融机构等借入的期限在1年以下（含1年）的各种借款
19	2201	应付票据	企业购买材料、商品和接受劳务供应等开出、承兑的商业汇票，包括银行承兑汇票和商业承兑汇票
20	2202	应付账款	企业因购买材料、商品和接受劳务等经营活动应支付的款项
21	2203	预收账款	企业按照合同规定预收的款项
22	2211	应付职工薪酬	企业根据有关规定应付给职工的各种薪酬，本科目可按“工资”“职工福利”“社会保险费”“住房公积金”“工会经费”“职工教育经费”“非货币性福利”“辞退福利”“股份支付”等进行明细核算
23	2221	应交税费	企业按照税法等规定计算应缴纳的各种税费
24	2231	应付利息	企业按照合同约定即将在一个会计年度内支付的各项利息
25	2232	应付股利	企业应分配的现金股利或利润
26	2241	其他应付款	企业除应付票据、应付账款、预收账款、应付职工薪酬、应付利息、应付股利、应交税费、长期应付款等以外的其他各项应付、暂收的款项

续表

顺序号	编号	新会计准则使用科目	核算内容
27	2501	长期借款	企业向银行或其他金融机构借入的期限在一个会计年度以上（不含）的各项借款
		三、所有者权益类	
28	4001	实收资本	企业的股东投入的资本金账户，按公司法规定，投入资本可以是货币、实物和无形资产等，企业不得自行随意增减，如需增减，须经工商部门批准。股份有限公司应将本科目改为“4001 股本”科目
29	4002	资本公积	企业因资本而产生的，包括资本溢、折价，资本汇兑差等
30	4101	盈余公积	企业按照公司法规定，用净利润提取的留待企业今后发展的基金
31	4103	本年利润	企业当期实现的净利润（或发生的净亏损）
32	4104	利润分配	企业利润的分配（或亏损的弥补）和历年分配（或弥补）后的余额
		四、成本类	
33	5001	生产成本	企业进行工业性生产发生的各项生产成本
34	5101	制造费用	企业生产车间（部门）为生产产品和提供劳务而发生的各项间接费用
35	5201	劳务成本	企业对外提供劳务发生的成本
		五、损益类	
36	6001	主营业务收入	企业确认的销售商品、提供劳务等主要经营业务活动实现的收入
37	6051	其他业务收入	企业确认的除主要经营业务活动以外其他经营活动实现的收入
38	6111	投资收益	企业确认的各项投资产生的收益或损失
39	6301	营业外收入	企业发生的各项经营业务以外的利得，具有偶然性和不可重复性
40	6401	主营业务成本	企业确认销售商品、提供劳务等主要经营业务收入时应结转的成本
41	6402	其他业务成本	企业确认除主要经营业务活动以外的其他经营活动收入时所发生的成本
42	6403	税金及附加	企业经营活动发生的消费税、城市维护建设税、资源税和教育费附加等相关税费支出
43	6601	销售费用	企业销售商品和材料、提供劳务的过程中发生的各种费用
44	6602	管理费用	企业为组织和管理企业生产经营所发生的各项费用
45	6603	财务费用	企业为筹集生产经营所需资金等而发生的筹资费用
46	6711	营业外支出	企业发生各项经营业务以外的损失，具有偶然性和不可重复性
47	6801	所得税费用	企业确认的应从当期利润总额中扣除的所得税

4. 会计账户

4.1 账户的概念

账户是根据会计科目设置的，具有一定格式和结构，用于分类反映会计要素增减变动情况及其结果的载体。会计科目只是对会计对象的具体内容进行分类核算，它只有分类的名称而没有一定的格式，它不能够连续、系统地记录和反映交易事项的发生所引起的会计要素的增减变化情况，也不能计算各相关项目变化的结果。因此，还必须根据规定的会计科目来设置账户，利用账户来记账，有利于分门别类地、连续系统地记录和反映各项经济业务，以及由此而引起的有关会计要素具体内容的增减变化及其结果，并提供有用的会计信息资料。

4.2 账户的分类

根据账户所反映的经济内容进行分类，可分为资产类账户、负债类账户、所有者权益类账户、成本类账户和损益类账户。

4.2.1 资产类账户

资产类账户是用来核算企业资产的增减变动及其结存情况的账户。按资产的流动性和经营管理的需要，资产类账户分为流动资产类账户和非流动资产类账户。流动资产类账户反映可以在一年内或者超过一年的一个营业周期内变现或者耗用的资产，如“库存现金”“银行存款”“交易性金融资产”等；非流动资产账户则包括长期股权投资、固定资产、无形资产等。

4.2.2 负债类账户

负债类账户是用来核算企业负债增减变动及其结存情况的账户。按其流动性强弱，负债账户可以相应地划分为流动负债类账户和长期负债类账户。流动负债类账户反映企业将在一年内或超过一年的一个营业周期内偿还的债务，如“短期借款”“应付账款”“应付职工薪酬”“应交税费”等账户；长期负债类账户反映偿还期在一年或超过一年的一个营业周期以上的负债，如“长期借款”“应付债券”“长期应付款”等账户。

4.2.3 所有者权益类账户

所有者权益类账户是用来核算企业所有者权益增减变动及其结存情况的账户。按其形成的方式不同，所有者权益类账户可以分为反映投入资本的账户和反映留存收益的账户。投入资本是指投资人对企业原始投入的资本和追加投资以及投资过程中的增值，如“实收资本”“资本公积”等账户；留存收益账户是用以反映企业在经营过程中出现盈利而增加的公积金和未分配利润或发生亏损而减少的所有者权益，如“盈余公积”“利润分配”等账户。

4.2.4 成本类账户

成本类账户是反映企业为生产产品、提供劳务而发生的各种耗费并计算其成本的账户，如“生产成本”“制造费用”等账户。

4.2.5 损益类账户

损益类账户是反映各类收入和费用的账户。按损益与企业的生产经营活动是否相关，可分为经营性账户和非经营性账户。经营性账户与企业生产经营活动直接相关，如“主营业务收入”“主营业务成本”“税金及附加”等；非经营性账户则与企业的生产经营活动不直接相关，如“营业外收入”和“营业外支出”等。

另外，按照其资金流动情况，损益类账户又可以划分为收入类账户和费用类账户。收入类账户反映企业在销售商品、提供劳务及让渡资产使用权等日常活动中所形成的经济利益的总流入，并最终引起资产和所有者权益的增加，如“主营业务收入”“其他业务收入”“营业外收入”等账户；费用类账户反映企业为销售商品、提供劳务等日常活动所发生的经济利益的流出，并引起资产的流出、耗用或负债的发生，如“主营业务成本”“其他业务成本”“税金及附加”“销售费用”“管理费用”“财务费用”“所得税费用”等账户。

4.3　账户的基本结构

账户主要用于记载各项经济业务，它不但要有明确的核算内容，还应该具有一定的格式，即结构。具体有以下内容：

①账户的名称（即会计科目）。

②日期（经营业务发生的时间，即凭证上所登记的日期）。

③凭证号数（说明账户记录的依据）。

④摘要（概括说明经济业务的内容）。

⑤金额（增加方和减少方的金额及余额）。

账户的基本结构如表1–1–3所示。

表1–1–3　账户的基本结构

账户名称（会计科目）

年		凭证字号	摘要	借方发生额	贷方发生额	余额
月	日					

在会计实务中，账户是根据以上的基本内容来设置账簿格式的。但在实际工作或学习中，为了方便，通常把账户的基本结构，简化为“T”型账户（也称为“丁”字账），T型账户如图1–1–5所示。

图1–1–5　T型账户

拓展链接

会计科目与账户的关系

会计科目和账户，人们常常将它们等同起来使用。这说明两者之间存在着密切的联系，有相同的一面；它们之间之所以形成两个概念，说明两者存在着差别。账户与会计科目是既有联系又有区别的两个不同概念。

（1）会计科目和账户之间的联系

会计科目和账户都是体现对会计要素具体内容的分类。两者核算的内容一致、性质相同；会计科目是账户的名称和设置依据，账户是会计科目的具体运用。没有会计科目，账户便失去了设置的依据，没有账户，会计科目则无法发挥作用。会计科目和账户对会计对象的经济内容进行分类的方法、用途及分类的结果是完全相同的。如，“固定资产”科目与“固定资产”账户所核算的内容、范围完全相同。

（2）会计科目与账户的区别

①会计科目仅仅是账户的名称，不存在结构，而账户则具有一定的格式和结构。

②会计科目仅说明反映的经济业务内容是什么，而账户不仅说明反映的经济业务内容是什么，而且系统反映和控制其增减变化及结余情况。

③会计科目的作用主要是为了开设账户，填制凭证所运用，而账户的作用主要是提供某一具体会计对象的会计资料，为编制财务报表所运用。

在实际工作中，账户和会计科目这两个概念已经不加严格区分，往往是相互通用。

技术要点

1. 理解会计要素和会计科目的关系。
2. 了解会计科目的重要性以及设置原则。
3. 认识常用的会计科目。
4. 熟悉会计账户及其结构。

边学边思考

1. 以下科目哪些属于资产类科目？

银行存款、实收资本、固定资产、原材料、主营业务收入

2. 以下科目哪些属于损益类科目？

实收资本、主营业务收入、未分配利润、盈余公积、主营业务成本、管理费用、税金及附加、所得税费用

任务 2 业务流程与会计核算

1. 业务流程

单位的性质不同，其组织形式和经济活动的内容不同，业务流程也有所区别，但对于会计核算工作而言，都是围绕着经济活动中资金的运动而展开。下面则从资金运动入手，来认识不同性质单位的业务流程。

资金的流动

1.1 资金的运动

资金运动，即会计对象的抽象描述，是指能用货币表现的经济活动。资金是能用货币表现的财产物资，它不是静止不变的，而是通过自身不断的运动而变化。资金运动主要有以下四种表现形式：

①资金进入企业：企业通过吸收投资、银行借入、发行股票或债券来筹集资金，引起企业资金的增加。

②资金在企业中的周转：企业用货币资金购买材料，形成储备资金；工人利用自己的生产技术，借助于机器设备对材料进行加工，发生的耗费形成生产资金；产品完工后形成成品资金；将产品销售，收回货款，得到新的货币资金。整个周转过程中，资金的运动形式表现为：货币资金→储备资金→生产资金→成品资金→新的货币资金。

③资金退出企业：这类经济业务表明资金以某一种存在形态流出企业，冲抵原有的某一种资金来源渠道，是企业资金来源渠道的减少，如企业偿还银行借款、上缴税金和分派利润或股利。

④资金来源渠道的转换：企业用一种资金来源去替代另一种资金来源，但资金总额没有发生变化，如应付账款到期时出现暂时资金周转困难，通过借入一笔短期借款，偿还原欠账款。

会计核算和监督的内容应该是详细具体的，这就要求必须把企业的资金运动进行若干分类，使之具体化。对资金运动进行的分类就是会计要素；对会计要素进行的分类，就是会计科目。

1.2 工业企业的业务流程

工业企业在生产过程中的资金运动，即是企业在生产过程中能以货币形式表现的经济活动，包括资金的投入和退出，以及资金的循环周转。

1.2.1 资金的循环周转

资金的循环周转可以划分为三个具体阶段，即供应阶段、生产阶段和销售阶段。工业企业进行生产经营活动，首先要用货币资金去购买生产设备和材料物资为生产过程做准备，然后将其投入企业生产过程中生产出产品，最后还要将所生产出来的产品对外出售并收回因出售产品而取得的货币资金。这样，工业企业的资金就陆续经过供应过程、生产过程和销售过程，其形态也随之而发生变化。用货币购买生产设备、材料物资的时候，货币资金转化为固定资金、储备资金；车间生产产品领用材料物资时，储备资金又转化为生产资金；将车间加工完毕的产品验收入成品库后，此时，生产资金又转化为成品资金；将产成品出售又收回货币资金时，成品资金又转化为货币资金。我们把资金从货币形态开始，依次经过储备资金、生产资金、成品资金，最后又回到货币资金这一运动过程叫作资金循环，周而复始的资金循环叫作资金周转。实际上，企业的生产经营过程是周而复始、不间断、循环地进行的，即企业不断地投入原材料、不断地加工产品、不断地销售产品，其资金也是不断循环周转的。

上述工业企业的资金在供、产、销三个阶段不断地循环周转，这些资金在空间序列上同时并存，在时间序列上依次继起。企业资金在供应、生产和销售三个阶段上的循环和周转支撑着企业的正常运营。

1.2.2 资金的投入和退出

就整个企业的资金运动而言，资金的循环周转还应该包括资金的投入和资金的退出。

资金的投入是指资金进入企业，企业进行生产经营活动的前提是必须拥有一定数量的资金。资金投入包括投资者的资金投入和债权人的资金投入，前者构成了企业的所有者权益，后者形成了企业的债权人权益，即企业的负债。投入企业的资金一部分形成流动资产，另一部分形成企业的固定资产等非流动资产。

资金的退出是指资金退出企业的资金循环和周转，它包括按法定程序返回投资者的投资、偿还各项债务、上缴税费、向所有者分配利润等内容，这使一部分资金离开企业，游离于企业资金运动之外。

资金的投入、运用和退出是资金运动的三个阶段，三者相互支撑，构成一个统一体。没有资金的投入，也就没有资金的循环和周转；没有资金的循环和周转，也就没有资金的退出。

综上所述，工业企业因资金的投入、循环周转和资金的退出等经济活动而引起的各项财产和资源的增减变化情况，以及企业销售收入的取得和企业纯收入的实现、分配情况所形成的资金运动，即是工业企业会计的业务流程，如图1-1-6所示。

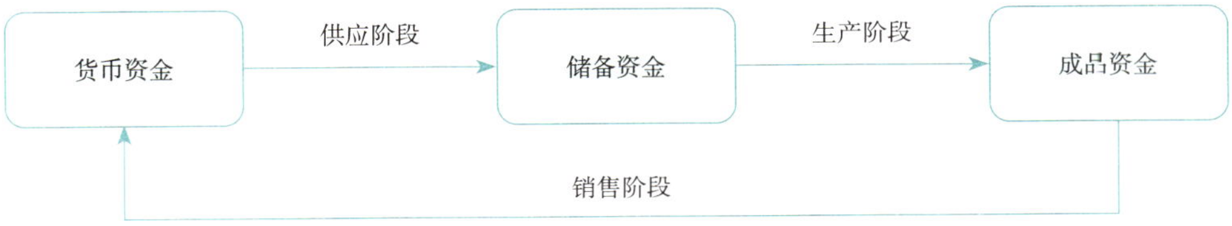

图1-1-6　工业企业会计的业务流程

1.3　商品流通企业的业务流程

与工业企业相比，商品流通企业的经营活动缺少产品生产环节。商品流通企业的经营过程主要分为商品购进和商品销售两个环节。在前一个环节中，主要是采购商品，此时货币资金转换为商品资金；在后一个环节中，主要是销售商品，此时资金又由商品资金转换为货币资金。在商业企业经营过程中，也要消耗一定的人力、物力和财力，它们表现为商品流通费用。在销售过程中也会获得销售收入和实现经营成果。因此，商品流通的资金是沿着“货币资金→商品资金→货币资金”方式运动的。

1.4　行政事业单位的业务流程

行政事业单位为完成国家赋予的任务，同样需要一定数额的资金，但其资金主要来源是国家财政拨款。行政事业单位在正常业务活动过程中所消耗的人力、物力和财力的货币表现，即为行政费用和业务费用。一般来说，行政事业单位没有或只有很少一部分业务收入，因为费用开支主要是靠国家财政预算拨款。因此，行政事业单位的经济活动一方面按预算从国家财政取得拨入资金；另一方面又按预算以货币资金支付各项费用，其资金运动的形式是：资金拨入→资金付出。由此可见，行政事业单位会计对象的内容就是预算资金及其收支。

综上所述，不论是工业企业、商业流通企业，还是行政事业单位都是社会再生产过程中的基层单位，会计反映和监督的对象都是资金及其运动过程，即社会再生产过程中的资金运动。

2. 会计核算的工作流程

会计核算的工作流程是为了反映和监督会计对象的，由于会计对象的多样性和复杂性，就决定了用来对其进行反映和监督的会计核算方法不能采取单一的形式，而应该采用方法体系的模式，因此，系统的会计核算方法由设置会计科目和账户、复式记账、填制和审核凭证、登记账簿、成本计算、财产清查和编制会计报表构成。这七种方法构成了一个完整的、科学的方法体系，具体如图1-1-7所示。

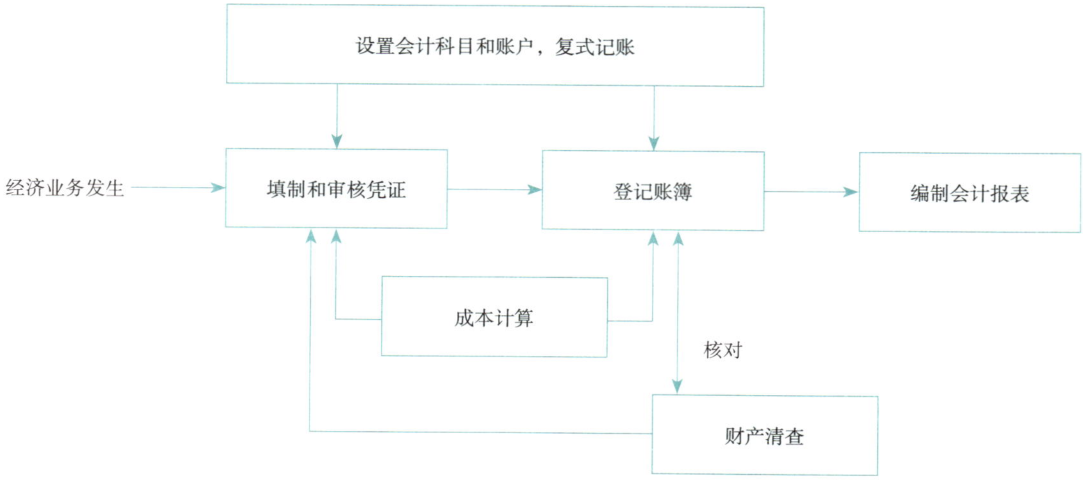

图1-1-7　会计核算流程图

2.1 设置会计科目和账户

依据会计科目设置账户是对会计核算的具体内容进行分类核算和监督的一种专门方法。由于会计对象的具体内容是复杂多样的，要对其进行系统的核算和经常性监督，就必须对经济业务进行科学的分类，以便分门别类地、连续地记录，据以取得多种不同性质、符合经营管理所需要的信息和指标，如“原材料”“固定资产”“应付账款”等。

2.2 复式记账

复式记账是指对所发生的每项经济业务，以相等的金额，同时在两个或两个以上相互联系的账户中进行登记的一种记账方法。采用复式记账方法，可以全面反映每一笔经济业务的来龙去脉，而且可以防止差错和便于检查账簿记录的正确性和完整性，是一种比较科学的记账方法。例如，企业购入计算机一批，价款5万元，开出支票支付，这笔业务既增加了企业的固定资产，又减少了企业的银行存款。这样相互联系地记录经济业务，能反映经济业务的全貌，便于核对记录是否正确。

2.3 填制和审核凭证

填制和审核凭证是指为了审查经济业务是否合法、合理，保证账簿记录正确、完整而采用的一种专门方法。会计凭证是记录经济业务，明确经济责任，作为记账依据的书面证明，是登记账簿的重要依据。正确填制和审核会计凭证，是核算和监督经济活动财务收支的基础，是做好会计工作的前提。

2.4 登记账簿

登记账簿简称记账，是以审核无误的会计凭证为依据在账簿中分类、连续地、完整地记录各项经济业务，以便为经济管理提供完整、系统的会计核算资料。账簿记录是重要的会计资料，是进行会计分析、会计检查的重要依据。如果说填制凭证能反映单笔业务的来龙去脉，那么，通过登记账簿则可以将分散的经济业务进行汇总，每一账页反映一个账户一段时间内的变化情况。

2.5 成本计算

成本计算是按照一定对象归集和分配生产经营过程中发生的各种费用，以便确定各对象的总成本和单位成本的一种专门方法。产品成本是综合反映企业生产经营活动的一项重要指标。正确地进行成本计算，可以考核生产经营过程的费用支出水平，同时又是确定企业盈亏和制定产品价格的基础，并为企业进行经营决策提供重要数据。如供应阶段采购材料发生的费用按每种材料来归集，生产阶段发生的相关费用按每种产品的品种或批次进行归集等，计算出总成本和单位成本。采用成本计算这一方法可以反映和监督各个阶段的费用支出，加强经济核算，降低成本。

2.6 财产清查

财产清查是指通过盘点实物，核对账目，以查明各项财产物资实有数额的一种专门方法。通过财产清查，可以提高会计记录的正确性，保证账实相符。同时，还可以查明各项财产物资的保管和使用情况以及各种结算款项的执行情况，以便对积压或损毁的物资和逾期未收到的款项，及时采取措施，进行清理和加强对财产物资的管理。

2.7 编制会计报表

编制会计报表是以特定表格的形式，定期并总括地反映企业、行政事业单位的经济活动情况和结果的一种专门方法。其中，会计报表主要以账簿中的记录为依据，经过一定形式的加工整理而产生一套完整的核算指标，用来考核、分析财务计划和预算执行情况以及作为编制下期财务预算的重要依据。

上述会计核算的七种方法，虽各有特定的含义和作用，但并不是独立的，而是相互联系、相互依存、彼此制约的，它们构成了一个完整的方法体系。在会计核算中，应正确地运用这些方法。一般在经济业务发生后，按规定的手续填制和审核凭证，并应用复式记账法在有关账簿中进行登记；期末还要对生产经营过程中发生的费用进行成本计算和财产清查，在账证、账账、账实相符的基础上，根据账簿记录编制会计报表。

会计核算的整个工作流程是相互联系、密切配合的，现代会计只有综合运用这七种方法才能顺利进行。在实际会计业务处理过程中，复式记账是处理经济业务的基本方法，设置账户和填制凭证是会计工作的开始，登记账簿是会计工作的中间过程，成本计算和财产清查等方法是保证会计信息准确、正确的科学手段，而编制会计报表是一个会计期间工作的终结。

3. 会计职业道德

会计职业道德是指在会计职业活动中应当遵循的、体现会计职业特征的、调整会计职业关系的各种经济关系的职业行为准则和规范。

3.1 基本内容

作为财务活动的主体，会计人员的行为会直接影响会计信息的真实与否。因此，会计工作特定的职业使命，要求会计人员必须做到坚持原则、实事求是、客观公正、廉洁奉公。只有这样，才能严格遵守国家的财经法规，切实贯彻国家的会计制度，充分履行会计监督的职责，行使好会计的各种职能。因此，首先要在抓好会计职业道德教育的基础上，制定会计职业道德规范；其次，要抓好会计人员的业务知识培训和从业人员的继续教育，同时，开拓创新、建立和发展人才市场，在竞争中优胜劣汰。只有这样，才能提高从业人员的职业道德意识和质量信誉意识。

3.2 构成要素

①会计职业理想：会计人员的择业目标，或维持生计，或发展个性，或承担社会义务，或兼而有之，它是会计职业道德的灵魂。

②会计工作态度：会计工作的职业特征要求会计人员在从事会计活动时，既要认真负责、精益求精，又要积极主动、富有创造性，这是会计人员履行职责义务的基础。

③会计职业责任：即会计人员担任某项职务或从事某项工作后就应承担（或被赋予）的相应义务，职责与职权相互关联。会计职责是会计职业道德规范的核心，也是评价会计行为的主要标准。

④会计职业技能：包括完成会计工作所必要的知识以及所需要的工作能力与经验，它是会计人员圆满完成会计工作的技术条件。

⑤会计工作纪律：保密性、廉正性（正直、诚实、廉洁）与超然性既是维护和贯彻会计职业道德的保证，也是评价会计行为的一种标准。

⑥会计工作作风：它是会计人员在长期工作实践中形成的习惯力量，是职业道德在会计工作中连续贯彻的体现。在工作中严谨仔细、一丝不苟、勤俭理财，严格按会计规范办事，自觉抵制非首先因素的侵袭等，均是良好的会计工作作风。

3.3 基本功能

（1）指导功能

在社会经济生活中，会计职业道德能指导会计人员的会计行为方向，表现出会计职业道德的指导功能。会计职业道德指导着社会公众和会计人员自愿地选择有利于消除各种矛盾、调整相互关系的会计道德行为，避免相互之间矛盾的产生扩大，缓和与解决已产生的矛盾，改善会计领域内个人与个人之间、个人与单位之间、个人与国家之间的关系，促进会计人员协调一致，保质保量、及时地完成会计工作。同时，会计职业道德通过社会舆论和会计人员的职业道德表现，影响和引导会计的科学发展方向。

（2）评价功能

会计职业道德使人们依据会计职业道德标准，通过社会舆论和个人心理活动等形式，对会计人员的会计职业行为等进行善恶评价，标明褒贬态度。会计职业道德的评价功能能让会计人员养成强烈的职业道德责任感，对正确的会计行为有道德上的满足，对不当的会计行为有道德上的批判，有助于调整会计人员的职业行为，改善会计行业作风。

（3）教化功能

会计职业道德通过造成社会舆论、形成会计道德风尚、树立会计职业道德榜样等方式深刻影响、教化人们，尤其是会计人员的会计道德观念和会计道德行为，培养会计道德习惯和锻炼会计道德品质，促使会计人员人格升华以及提高社会道德水准。会计职业道德的教化功能一方面引导会计人员履行会计职业道德原则和会计职业道德规范；另一方面通过遵守会计职业道德的会计人员在各种社会活动中直接和间接地影响社会道德，推动社会道德水准不断提高。

3.4 主要特点

会计职业道德规范是根据会计职业的特点提出的，要求会计人员在会计活动中应普遍遵循的职业道德要求，它贯穿于整个会计规范体系之中，其主要特点如下：

①职业性。会计职业道德规范是会计职业界提出的，与会计职业活动紧密相连，具有鲜明的会计职业特征。

②自觉性。会计职业道德规范对会计工作和会计人员的约束作用，主要依靠社会舆论和道德的力量来维护。

③综合性。既有对会计人员业务素质的要求，也有对其思想道德等方面的要求。

拓展链接

会计核算内容

会计核算内容，是指根据《会计法》的规定，会计核算所包括的具体内容，主要有七项：

第一，款项和有价证券的收付。款项包括现金、银行存款及其他视同现金、银行存款使用的外埠存款、银行汇票存款、银行本票存款、在途货币资金、信用证存款、保函押金和各种备用金。有价证券包括国库券、股票、企业债券和其他债券等。款项和有价证券的收付直接影响单位资金的变化，因此，必须及时办理会计手续，进行会计核算。

第二，财物的收发、增减和使用。财物是指单位的财产物资，一般包括原材料、燃料、包装物、低值易耗品、在产品、商品等流动资产和房屋、建筑物、机器、设施、运输工具等固定资产。财物的收发、增减和使用是单位资金运动的重要形态，因而是会计核算的经常性业务。加强对财物的管理，有利于控制和降低成本，保证财物的安全、完整，防止资产流失。

第三，债权债务的发生和结算。从会计意义上讲，债权债务是指由于过去的交易或事项所引起的单位的现有权利或义务，其中，债权主要包括应收账款、应收票据、其他应收款、短期投资、长期投资等；债务主要包括短期借款、应付票据、应付账款、预收账款、应付工资、应交税金、应付利润、其他应付款、长期借款、应付债券、长期应付款等。债权债务的发生和结算，反映了单位的资金周转情况，必须进行会计核算。

第四，资本、基金的增减。会计上的资本又称为所有者权益，是指投资人对企业的净资产的所有权，是企业全部资产减去全部负债后的余额，包括实收资本、资本公积、盈余公积和未分配利润。基金主要是指机关事业单位某些特定用途的资金，如事业发展基金、集体福利基金、后备基金等。资本、基金的增减都会引起单位资金的变化，会计机构、会计人员必须及时办理会计手续，进行核算。

第五，收入、支出、费用、成本的计算。收入，对企业及其他营利性组织来讲，是指它们在销售商品、提供劳务及他人使用本单位资产等日常经济活动中所形成的经济利益的总流入；对机关事业单位来讲，指经费的拨入。费用，对企业及营利性组织而言，是它们在生产和销售商品、提供劳务等日常经济活动中所产生的各种耗费，对机关事业单位来讲，是经费的支出。成本，是指企业及其他营利性组织的对象化了的费用，即以产品为对象计算分配的费用。收入、费用、成本是单位资金运动的直接表现，必须进行会计核算。

第六，财务成果的计算和处理。财务成果是单位在一定期间内经济活动的最终成果，也就是单位所得与所耗费或支出的配比，二者相抵后的差额，有的表现为盈余，有的则表现为亏损。财务成果是反映经营成果的最终要素，对它的计算和处理涉及有关方面的经济利益，因此，必须及时进行会计核算。

第七，其他需要办理会计手续，进行会计核算的事项。这是指除了前面六项内容以外需要进行会计核算的内容。前面六项内容基本上涵盖了会计核算的主要内容，但由于会计环境纷繁复杂，经济活动及会计业务的发展也是日新月异，仍有可能产生一些新的会计核算内容，如企业的终止清算、破产清算等这些业务的核算，也是会计核算不可缺少的内容。为了适应经济发展对会计核算工作的要求，《会计法》将可能产生的新的会计业务事项以“其他事项”来概括，以保证各种复杂的经济活动都能够得到及时的核算和反映。

思政园地

严守“坚持准则”的会计职业道德

【资料】

东东实业公司因产品销售不畅，新产品研发受阻，财会部预测公司本年度将发生大约800万元亏损。刚刚上任的公司总经理责成总会计师王冬冬千方百计实现当年盈利目标，并说:“实在不行，可以对会计报表做一些会计技术处理。”总会计师王冬冬很清楚公司本年度亏损已成定局，要落实总经理的盈利目标只能在财务会计报告上做手脚。王冬冬感到左右为难：如果不按总经理的意见去办，自己以后在公司不好待下去；如果按照总经理意见办，对自己也有风险。为此，王冬冬思想负担很重，不知如何是好。

【分析】

坚持准则是会计职业道德之一。要求会计人员熟悉国家法律、法规和国家统一的会计制度，始终坚持按法律、法规和国家统一的会计制度的要求进行会计核算，实施会计监督。由此可见，王冬冬必须严守“坚持准则”的会计职业道德，抵制弄虚作假的行为。

技术要点

1. 理解资金的运动是能用货币表现的经济活动。
2. 理解资金运动和业务流程的关系。
3. 了解会计核算的工作流程。
4. 理解如何对各个业务流程进行会计核算。
5. 认识会计的职业道德。

边学边思考

1. 资金运动和业务流程的关系是什么？
2. 工业企业的业务流程包括哪些内容？
3. 会计核算的工作流程包括哪些内容？

巩固训练答案

巩固训练

一、单项选择题

1. 收回应收账款50 000元，存入银行。这一业务引起的会计要素的变动是（　　）。

A. 资产总额不变　　B. 资产增加，负债增加

C. 资产增加，负债减少　　D. 资产减少，负债增加

2. 以银行存款缴纳所得税，所引起的变化为（　　）。

A. 一项资产减少，一项权益减少　　B. 一项资产减少，一项负债减少

C. 一项负债减少，一项资产增加　　D. 一项资产减少，一项资产增加

3. 引起资产和负债同时增加的交易或事项是（　　）。

A. 以银行存款购入原材料一批　　B. 以银行存款支付前欠货款

C. 收回应收账款存入银行　　D. 购入电视机一台，款暂欠

4. 能够引起资产总额增加的事项有（　　）。

A. 接受投资者投资　　B. 以银行存款偿还债务

C. 从银行提取现金　　D. 将资本公积转增资本

5. 经济业务发生仅涉及负债这一会计要素时，只引起该要素中某些项目发生（　　）变动。

A. 同增　　B. 同减　　C. 一增一减　　D. 不增不减

6. （　　）既反映了会计对象要素间的基本数量关系，同时也是复式计账法的理论依据。

A. 会计科目　　B. 会计恒等式　　C. 计账符号　　D. 账户

7. 会引起一项负债减少，而另一项负债增加的经济业务是（　　）。

A. 用银行存款购买材料　　B. 以银行存款偿还银行贷款

C. 以银行借款偿还应付账款　　D. 将银行存款存入银行

8. 不属于资产的项目是（　　）。

A. 预付账款　　B. 专利权　　C. 机器、设备　　D. 预收账款

9. 属于非流动负债的项目是（　　）。

A. 应付债券　　B. 预付账款　　C. 其他应付款　　D. 应付股利

10. 属于所有者权益的项目是（　　）。

A. 长期股权投资　　B. 长期应付款　　C. 盈余公积　　D. 固定资产

二、判断题

1. 企业获取资产的来源渠道有两条：一是由企业所有者提供，二是由债权人提供。（　　）

2. 资产和权益在数量上始终是相等的。 (　　)
3. 企业接受投资者投入实物，能同时引起资产和所有者权益同时增加。 (　　)
4. 费用可表现为资产的减少或负债的增加。 (　　)
5. 所有经济业务的发生都会引起会计恒等式两边同时发生变化。 (　　)
6. 预收账款和预付账款均属于负债。 (　　)
7. 负债是企业现在的交易或事项所引起的现有义务。 (　　)
8. 资产按流动性分为流动资产和固定资产。 (　　)
9. 主营业务收入和营业外收入均属于收入。 (　　)
10. 所有者权益是投资人对企业全部资产的所有权。 (　　)

项目 2　业财融合核算原理

案例导入

投资股票，你依靠什么？

在一次大学同学的聚会中，有四位活跃于股市的同学，第一位是代理股票买卖的证券公司的经纪人，第二位是受国家投资公司委托任某公司董事，第三位是个人投资者，最后一位是某报经济栏目的记者。他们在一起谈论关于股票投资的话题，当谈论到如何在股市中操作时，四位同学都发表了自己的意见。他们的答案分别是：

经纪人：随大流

董事：跟着感觉走

个人投资者：关键是获取各种信息，至于财务信息是否重要很难说

记者：至关重要的是掌握公司财务信息

假如你是听众，试问你支持哪种见解？为什么？

项目要求

1. 了解复式记账的基本原理。
2. 掌握会计等式及其应用。
3. 熟悉业财融合借贷记账法。
4. 掌握业财融合借贷记账法的应用。
5. 理解不同经营环节的会计核算内容。
6. 熟悉业财融合记账法在不同经营环节中的运用。

任务3 业财融合借贷记账法

1. 复式记账原理

企业在发生了经济业务后，必然会引起会计要素发生增减变动，账户能够全面、系统地反映各有关项目的增减变动情况及结果，但是如何将所发生的经济业务记录到有关账户中去，就需要采用一定的记账方法。所谓记账方法，是指在账簿中登记经济业务的方法，按其记录经济业务的方式不同，可以将记账方法分为单式记账法和复式记账法两种。

1.1 单式记账法

所谓单式记账法，是指对所发生的每一项经济业务，只在一个账户中进行登记的一种记账方法。一般地，在单式记账法下，只登记现金和银行存款的收付金额及债权债务的结算金额，一般不登记实物的收付金额。如：用银行存款20 000元购买一台设备，该笔经济业务发生后，只在“银行存款”账户中登记银行存款减少20 000元，而对购入设备这一业务，却不进行记录。

单式记账法的特点是，记账手续比较简单，没有一套系统、完整的账户体系；账户设置不完整，账户之间不能形成相互对应关系，所以不能全面地反映经济业务的来龙去脉，无法反映会计要素的增减变化情况；不利于检查账户记录是否正确和完整。

1.2 复式记账法

所谓复式记账法，是指以资产和权益平衡关系作为记账基础，对于每一笔经济业务，都要在两个或两个以上的账户中相互联系地进行登记，系统地反映资金运动变化结果的一种记账方法。由于复式记账法对于所发生的经济业务在两个或两个以上相互联系的账户中进行登记，所以它克服了单式记账法的缺点，是一种科学的记账方法。例如，用银行存款20 000元购买一台设备，对于这笔经济业务，一方面资金从银行存款流出，是该笔资金的起点，另一方面资金购入固定资产后，成为实物形态，是该笔资金的终点。通过这样登记就能够清晰地反映该笔经济业务的来龙去脉，如图1-2-1所示。

复式记账法

图1-2-1 复式记账法示意图

通过上述对单式记账法和复式记账法的介绍，我们可以发现，复式记账法具有与单式记账法明显不同的特点：

①能全面、清晰地反映经济业务的来龙去脉，也能通过会计要素的流动情况，来全面、系统地反映经济活动的过程和结果。

②由于每项经济业务发生后，都要以相等的金额在两个或两个以上的账户中进行登记，所以，便于对账户记录的结果进行试算平衡，进一步检查账户记账的正确性。

由此可见，复式记账法是一种科学的记账方法，目前世界各国都广泛采用这种方法。在1992年会计制度改革以前，我国所采用的复式记账法主要有借贷记账法、增减记账法和收付记账法。增减记账法是以“增”和“减”作为记账符号的一种复式记账方法。收付记账法是以“收”和“付”作为记账符号的一种复式记账方法。由于增减记账法和收付记账法各有其不足之处，而最科学的记账方法就是借贷记账法。我国2006年颁布的《企业会计准则——基本准则》中明确规定，企业应当采用借贷记账法。

2. 会计等式

会计等式，也称会计平衡公式，或会计方程式，或会计恒等式，它是反映各会计要素之间基本关系的等式，是内在经济关系利用数学关系所作的概括表达。

企业所发生的一系列交易或事项，都是资金运动的一个过程，其过程如图1-2-2所示。

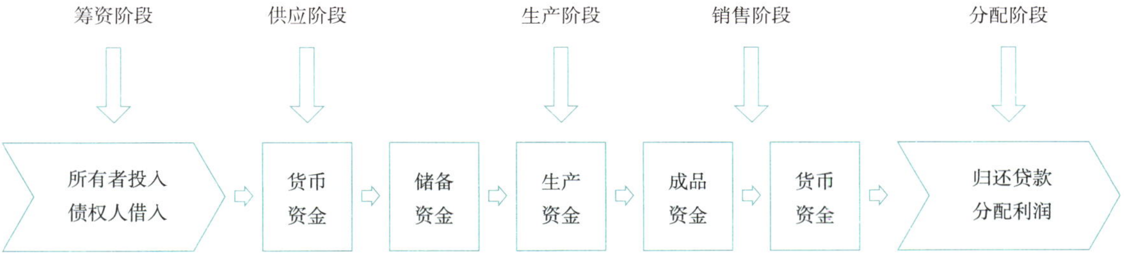

图1-2-2　企业资金运动图

在该过程中，会计要素之间存在着一定的内在联系，这些内在联系可以通过会计等式来表示，所以说：会计等式，从形式上反映了资金运动过程中各项会计要素之间的内在关系；从实质上则揭示了会计主体的产权关系、财务状况和经营成果。

2.1　财务状况等式

企业的运营离不开资本的支持。资本的来源，一方面来自投资者的投入；另一方面则是向银行或其他金融机构等债权人的借入。资本投入企业后，一来形成了企业的资产，能为企业带来经济利益的流入；二来无论是投入还是借入形成的资产，其所有者都有相应的要求权，投资者有获取企业利润分配的权利，债权人有收回本金及利息的权利，这部分权利在会计上被称为“权益”。

从本质上讲，资产与权益只是同一资源的两个方面，企业获得多少资产，其所有者（债权人）相应就享有多少权益，两者在金额上保持一致，可以用如下公式表示：

资产＝权益

在会计的核算中，由投资者投入的资产称为所有者权益，而举债形成的资产则为债权人权益，称为负债。所以，上述公式也可以表示如下：

资产＝负债+所有者权益

这一等式反映了资产、负债和所有者权益三个会计要素之间的数量关系，所包含的内容同时也是编制资产负债表的依据，揭示了企业在某一特定时点的财务状况，因此该等式也称为财务状况等式或静态会计等式。

2.2　经营成果等式

企业经营的主要目的就在于获得利润，而利润的形成则在于所取得的收入抵减所消耗的费用，在不考虑利得和损失的前提下，企业的收入扣除为获得收入而产生的费用后所得到的余额，即是利润，它们之间的关系可以表示为如下公式：

利润＝收入–费用

这一等式反映了收入、费用和利润三个会计要素之间的数量关系，揭示了企业的经营成果，同时也体现了三个要素在某一会计期间资金的运动情况，因此该等式也称为经营成果等式或动态会计等式。

2.3　财务状况和经营成果相结合的等式

我们知道，“资产＝负债+所有者权益”这一公式反映的是企业资金运动的静态状况，而“利润＝收入–费用”这一公式反映的则是资金运动的动态状况。而最终，企业的利润将归入所有者权益中，运动的结果将以相对静止的状态表现出来。将两者合并整理，它们之间的关系可表示如下：

资产＝负债+所有者权益+利润

或者：

资产＝负债+所有者权益+（收入–费用）

由以上等式可知，企业某一期间的经营成果必然会影响着相应某一时点的财务状况，即收入可导致企业资产的增加或负债的减少，最终导致所有者权益的增加；费用则可导致企业资产的减少或负债的增加，从而最终导致所有者权益的减少。

3. 借贷记账法

借贷记账法是用“借”和“贷”作为记账符号的一种复式记账法。借贷记账法是建立在会计基本恒等式，即“资产＝负债+所有者权益”基础上，以“借”和“贷”作为记账符号，以“有借必有贷，借贷必相等”作为记账规则，反映会计要素的增减变动情况的一种复式记账法。

记账规则

3.1 资金运动与账户关系

企业的经济业务可能纷繁复杂，但其所引起的资金运动归纳起来只有四种类型：第一种是资金进入企业；第二种是资金在企业内部循环与周转；第三种是资金退出企业；第四种是资金来源渠道之间发生互相转化（更加细分出来的一种情况）。为了弄清楚借贷记账法的记账规则，就必须分析这四种资金运动，从中找出资金运动的规律，揭示借贷记账法的本质。资金的起点登记在对应项目的“贷方”，资金的终点登记在对应项目的“借方”。

（1）资金进入企业

这里的资金运动，其起点表明资金从外部流入而形成的资金来源渠道的增加，终点表明资金流入企业后，以某种资金形态存在，是企业资产的增加。

【例1-2-1】企业向银行申请短期借款200 000元，款项已存入银行，其资金运动如图1-2-3所示。

图1-2-3　资金流入企业运动图

在这笔经济业务所引起的资金运动中，“短期借款”项目位于资金运动的起点，资金从本项目流出，应该在其对应的“短期借款”账户的贷方登记200 000元；“银行存款”项目位于资金运动的终点，资金流入本项目，应该在其对应的“银行存款”账户的借方登记200 000元，其账户关系如图1-2-4所示。

图1-2-4　资金流入企业业务账户关系图

（2）资金在企业内部循环与周转

这种经济业务表明，资金从某一种存在形态转化为另一种存在形态。起点反映因资金流出而减少的资金存在形态，终点反映的是因资金流入而增加的对应资金存在形态。

【例1-2-2】企业从银行提取现金10 000元备用，其所引起的资金运动如图1-2-5所示。

在这笔经济业务所引起的资金运动中，“银行存款”项目位于该资金运动的起点，资金从本项目流出，应该在其对应的“银行存款”账户的贷方登记1万元。“库存现金”项目位于

图1-2-5　资金内部循环运动图

该资金运动的终点，资金流入本项目，应该在其对应的“库存现金”账户的借方登记10 000元，其账户关系如图1-2-6所示。

图1-2-6　资金内部循环业务账户关系图

（3）资金退出企业

这类经济业务表明资金以某一种存在形态流出企业，冲抵原有的某一种资金来源渠道，是企业资金来源渠道的减少。起点反映的是因资金流出而减少了资金量的某一种资金存在形态，是资金存在形态的减少，终点是因资金流入而被冲抵（或冲减）的某一种资金来源渠道，是资金来源渠道资金量的减少。

【例1-2-3】企业以银行存款偿还前欠货款100 000元，其引起的资金运动如图1-2-7所示。

图1-2-7　资金退出企业运动图

在这笔经济业务所引起的资金运动中，“银行存款”项目位于该资金运动的起点，资金从本项目流出，应该在其对应的“银行存款”账户的贷方登记100 000元，“应付账款”项目位于该资金运动的终点，资金流入该项目，应该在其对应的“应付账款”账户的借方登记100 000元，其账户关系如图1-2-8所示。

图1-2-8　资金退出企业业务账户关系图

（4）企业资金来源渠道的相互转化

这类经济业务引起的资金运动表明，企业资金的来源渠道发生了变化，旧的资金来源渠道被新的资金来源渠道所取代，但并没有引起企业现有资产发生变化，即企业的资产总额和企业来源渠道金额之和都没有变化。在日常的经济业务中比较少发生该类资金运动。

【例1-2-4】企业开具的银行承兑汇票300 000元到期无法支付，承兑银行兑付后，向企业借出流动资金冲抵原商业汇票资金，其引起的资金运动如图1-2-9所示。

在这笔经济业务所引起的资金运动中，“短期借款”项目位于该资金运动的起点，资金从该项目流出，应该在其对应的“短期借款”账户的贷方登记300 000元，“应付票据”项目

图1-2-9　资金来源渠道转化运动图

位于该资金运动的终点，资金流入本项目，应该在其对应的“应付票据”账户的借方登记300 000元，其账户关系如图1-2-10所示。

图1-2-10　资金来源渠道转化业务账户关系图

3.2　借贷记账法记账规则

（1）借贷记账法的概念

所谓借贷记账法，就是以“借”和“贷”作为记账符号，运用复式记账原理，对每一笔经济业务所引起的资金运动，从其终点和起点两个方面，同时、相互联系地在相应的会计账户中进行记录、反映和控制的一种记账方法。

（2）借贷记账法的基本思路

从上述的分析可知，在经济业务所引起的资金运动中，谁位于资金运动的终点，就应该在其对应账户的借方进行登记，谁位于资金运动的起点，就应该在其对应的账户贷方进行登记，简言之，借贷记账法的记账思路就是：资金运动，终点记借，起点记贷。

（3）借贷记账法的记账规则

一笔资金运动不可能只有起点而没有终点（即只有“贷”没有“借”），也不可能只有终点而没有起点（即只有“借”而没有“贷”），资金运动起点与终点的关系，从符号上看就是借与贷的关系，即“有借必有贷，有贷必有借”，由于终点和起点至少有一个项目，因此从资金运动涉及的账户数来看，复式记账法是指对每一笔经济业务，都在两个或两个以上账户中相互联系地进行记录的记账方法。

在一笔资金运动中，起点项目资金的流出量，一定全额等于终点项目资金的接收量。从符号上看，资金金额就是借方金额与贷方金额的关系，即“借贷必相等”。

由此可见，“有借必有贷，借贷必相等”的记账规则只是一个表象，其本质反映的是资金运动流向与流量的关系。

3.3　借贷记账法记账符号

借贷记账法的记账符号是“借”和“贷”。“借”“贷”这两个字没有确切的文字含义，可将其看作一种抽象的符号，从不同的角度来看，“借”“贷”的含义会有所不同，具体如表1-2-1所示。

表1-2-1 借贷记账法记账符号含义表

记账符号	账户方向	资金运动方向	资金增减	项目余额
借	账户的左边	资金运动终点	资产类、费用类项目增加；负债类、所有者权益类、收入类账户减少	资产类
贷	账户的右边	资金运动起点	资产类、费用类项目减少；负债类、所有者权益类、收入类账户增加	负债类、所有者权益类

3.4 借贷记账法下试算平衡方法

借贷记账法是对全部经济业务记录的试算，它是一种借贷直接平衡法。所谓借贷直接平衡法，包括两方面内容：一是发生额平衡，即全部账户的借方发生额合计等于全部账户的贷方发生额合计；二是余额平衡，即全部账户期末借方余额合计等于全部账户期末贷方余额合计，用等式可以表示为：

发生额平衡：

企业在某一时期所有账户的借方发生额合计＝企业在同一时期所有账户的贷方发生额合计

余额平衡：

企业在某一时刻所有账户的借方余额合计＝企业在同一时刻所有账户的贷方余额合计

从发生额来看，因为每笔经济业务都是按“有借必有贷，借贷必相等”的记账规则进行记录的，所以每笔经济业务在账户中的记录，登记在借方账户的发生额，等于登记在贷方账户的发生额，全部经济业务在账户中的记录，也必然是借方发生额合计等于贷方发生额合计。数学上的等量加等量其和相等的规律，决定了借方发生额合计，必然等于贷方发生额合计。

账户借方余额表明其资产性质，账户贷方余额表明其负债或所有者权益性质，因此全部账户期末借方余额合计，等于全部账户期末贷方余额合计，这实质上就是“资产＝负债+所有者权益”的另一种表述。

4. 会计分录

4.1 会计分录的含义

会计分录是指对某项经济业务标明其应借应贷账户及其金额的记录，简称分录。会计分录的结构应该包含以下三个要素：

①记账符号：“借”或“贷”。

②会计科目（账户）：两个或两个以上。

③发生金额：借方和贷方，且两方的金额相等。

在会计实务中，编制会计分录是会计工作的初始阶段，一旦分录错了，将影响整个会计记录的准确性。所以，会计人员必须通过会计分录如实、准确地反映经济业务的内容，正确判断其应借应贷的会计科目及金额。

会计分录的编制步骤：第一，分析经济业务涉及的资金流向；第二，确定会计科目，并判断该科目位于资金流动的起点抑或终点，判断其记账方向（借或贷）；第三，确定记入哪个（或哪些）账户的借方、哪个（或哪些）账户的贷方；第四，确定应借应贷账户是否正确，借贷方金额是否相等。

4.2 会计分录的分类

按照所涉及账户的多少，会计分录分为简单会计分录和复合会计分录。简单会计分录指只涉及一个账户借方和另一个账户贷方的会计分录，即一借一贷的会计分录；复合会计分录指由两个以上（不含两个）对应账户所组成的会计分录，即一借多贷、多借一贷或多借多贷的会计分录，如图1-2-11所示。

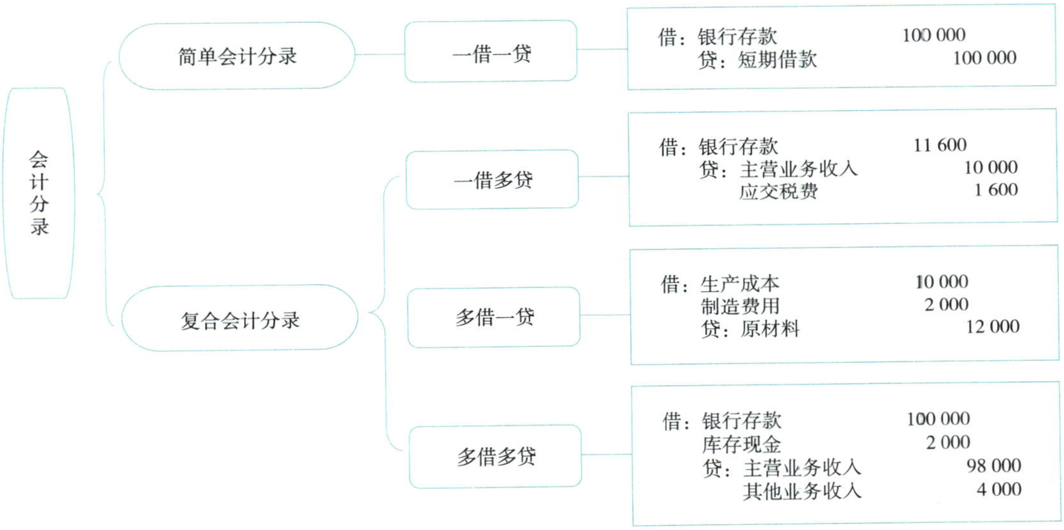

图1-2-11　会计分录分类图

4.3 会计分录的格式

以借贷记账法为基本前提，会计分录的书写格式如下：

①借贷分行列示，先借后贷，即先列所有借方会计科目，再列所有贷方会计科目。

②每个会计科目占一行，借贷错开，即“贷”字应与借方会计科目的第一个字对齐。

③对于复合会计分录，所有借方或贷方科目的首字各自保持对齐。

④借贷金额也相应错开写；所有借方金额个位数字右对齐，同时所有贷方金额个位数字也右对齐。

⑤在分录中需要列示明细科目时，应按科目级别高低从左到右列示，二级科目前加破折号，三级科目则写在小圆括号中；一级科目只在第一个二级科目前列示即可。

如：企业从高泰实业有限公司购入原材料20 000元，以备生产使用，增值税税率为

13%，价税合计款项已全部通过转账支票支付，材料已验收入库。根据业务情况，应做会计分录如下：

借：原材料	20 000	
应交税费——应交增值税（进项税额）	2 600	
贷：银行存款		22 600

技术要点

1. 理解复式记账的基本原理。
2. 以业财融合为基础理解借贷记账法。
3. 认识会计分录的格式，懂得如何编制会计分录。

边学边思考

1. 资金运动和复式记账的联系有哪些？
2. 以业财融合为基础，资金的起点记哪一方，资金的终点又记哪一方？
3. 编制出纳到银行提取现金的会计分录。

任务4 不同生产环节业务核算（选修）

1. 工业企业的会计核算概述

通过前面的内容，我们可知，工业企业的业务流程是最为复杂的。为了更直观地了解工业企业在不同生产环节中的会计核算内容，我们将借助一个企业的经济业务，通过例题的形式进行学习，阐述其会计的核算内容，包括筹资、供应、生产、销售等环节的核算和财务成果的核算。

1.1 业务流程与资金运动

我们知道，每个业务环节都是资金以不同的形式在运动，我们把资金流入的一方称为该环节的所得，即该环节所要完成的工作目标和任务，也是业务的终点，一般登记在借方；而资金流出的一方称为该环节的所失，即为该目标和任务所付出的代价，也是业务的起点，一般登记在贷方。那么，以下的各个环节，我们将围绕着其目标和任务，从所得和所失的角度来分析，确定其资金的运动情况。

1.2 企业的基本信息

企业名称：沃德日用品实业有限公司

注册资金：人民币300万元

法人代表：张诚信
地址：广州市海珠区宝岗大道152号
开户银行：中国工商银行宝岗支行
银行账号：3605 6822 3366 888
社会信用代码：1244087511334560××（一般纳税人）
电话：020-86682211
财务主管：林晓楠
会计：王轩
出纳：李丹丹
经营范围：主要生产销售水杯，包括儿童水杯和成人水杯
主要原材料：塑料、不锈钢
主要产品：儿童水杯、成人水杯

1.3 企业的会计信息

沃德日用品实业有限公司2020年8月的账户期末余额表如表1-2-2所示。

表1-2-2 2020年8月账户期末余额表

单位：元

账户名称	2020年8月期末余额		1～8月累计发生额	
	借方	贷方	方向	金额
库存现金	5 482			
银行存款	589 628			
应收账款	180 000			
预付账款	5 000			
原材料	113 750			
库存商品	10 300			
固定资产	5 600 000			
累计折旧		1 750 000		
短期借款		100 000		
应付账款		118 720		
应付职工薪酬		139 410		
实收资本		3 000 000		
资本公积		205 030		
本年利润		1 138 173		
利润分配		52 827		

续表

账户名称	2020年8月期末余额		1～8月累计发生额	
	借方	贷方	方向	金额
主营业务收入			贷	2 599 875
主营业务成本			借	1 260 000
税金及附加			借	26 693
销售费用			借	327 000
管理费用			借	205 100
财务费用			借	22 000
所得税费用			借	189 770.50

接下来将以例题的形式，对2020年9月的经济业务进行核算，我们以沙盘的模型来解释企业的经济业务如何反映其资金的运动。

2. 筹资过程业务的核算

2.1 主要资金运动分析

资金筹集是企业经营资金运动全过程的起点。设立企业必须拥有一定数量的资本金，生产经营过程中充足的资金是企业所必需，资金筹集主要包括股权性筹资和债务性筹资。下面从资金的来源渠道、存在形态和运动状况进行分析。

（1）资金来源渠道

筹资主要包括股权性和债务性两种形式。股权性筹资反映与所有者形成的产权关系及其在价值量的关系，表现为企业的所有者权益增加，即“股权性资金来源渠道”的产生；债务性筹资反映与企业债权人形成的产权关系及其在价值量的关系，表现为企业负债的增加，即“债务性资金来源渠道”的产生。

（2）资金存在形态

资金以何种形式存在，取决于进入企业的形态，比如是以货币形式进入企业，则是货币资产；如果是固定资产或无形资产等形式，则是长期性资产。

（3）基本资金运动

资金运动的状况可以用图1-2-12表示，资产流入的一方，即终点，登记为借方；资产

图1-2-12　筹资阶段的资金运动图

来源的一方，即起点，登记为贷方。

2.2 账户设置

下面将介绍筹资过程中主要涉及的账户。

银行存款：资产类，主要核算企业存入银行或其他金融机构的各种款项，借方登记注入或流入的金额；贷方登记流出的，即取出或转出的金额，期末余额在借方，表示结存的金额。

固定资产：资产类，主要核算企业同时具有下列特征的有形资产：①为生产商品、提供劳务、出租或经营管理而持有；②使用寿命超过一个会计年度。借方登记进入企业的固定资产的原价，贷方登记固定资产退出企业的原价，期末余额在借方，表示企业现有固定资产的原价。

实收资本：所有者权益类，是企业股权性资金来源的记录，即核算实际收到投资人投入的资本。投资人投入的可能是现金或银行存款，也可能是房屋、机器设备等实物。贷方登记接受投资者作为资本投入企业的各种财产，即资产进入企业；借方登记的则是投资者撤资等的减少额，即资产退出企业，期末余额在贷方。

长期借款：负债类，是企业债务性资金来源的记录，主要核算企业向银行或其他金融机构借入的期限在一年以上（不含一年）或超过一年的一个营业周期以上的各项借款。贷方登记的是借入的金额，即资金进入企业；借方则登记偿还额，即资金退出企业。

短期借款：负债类，是企业债务性资金来源的记录，区别在于借款期限在一年以内（含一年），其他相同，这里不再赘述。

2.3 主要核算类型

2020年9月份，沃德日用品实业有限公司所发生的与筹资相关的经济业务如下：

【例1-2-5】企业收到投资者王友善投入资金60万元，款项已全部存入银行。

分析：该经济业务是资金进入企业，其起点是资金从外部流入而形成的资金来源渠道的增加，即“实收资本”增加，记贷方；终点表明资金流入企业后，以货币资金形态存在，即“银行存款”的增加，记借方。资金运动如图1-2-13所示。

图1-2-13 业务资金运动图（一）

由此形成的账户情况如图1-2-14所示。

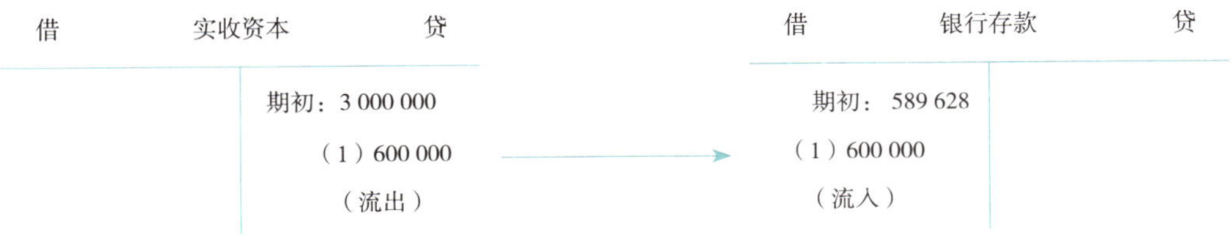

图1-2-14 “T”字账户情况图（一）

由图1-2-14，可编制会计分录如下：

借：银行存款　　600 000

　　贷：实收资本　　600 000

【例1-2-6】企业收到投资者张诚信追加的投资，大型设备一台，评估价50万元，设备已经安装完成。

分析：该经济业务是资金以实物形式进入企业，其起点是实物资金以股权性资金投入的形式进入企业，即“实收资本”增加，登记在贷方；而该资金以“固定资产”形式流入企业，成为业务的终点，登记在借方。资金运动如图1-2-15所示。

图1-2-15　业务资金运动图（二）

由此形成的账户情况如图1-2-16所示。

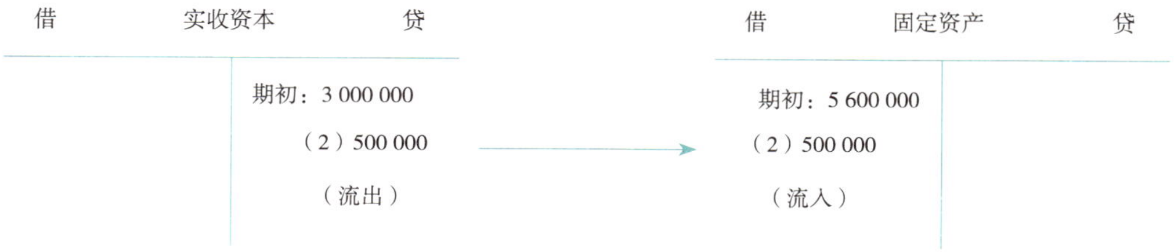

图1-2-16　“T”字账户情况图（二）

由图1-2-16，可编制会计分录如下：

借：固定资产　　500 000

　　贷：实收资本　　500 000

【例1-2-7】企业从中国工商银行宝岗支行借入为期6个月的借款30万元，款项已入账。

分析：该经济业务是资金以债务性资金来源进入企业，其起点是债务性的“短期借款”（借入期只有6个月，不超过1年）增加，登记在贷方；终点是该笔资金进入企业后以货币资金形式存在，即“银行存款”增加，登记在借方。资金运动如图1-2-17所示。

图1-2-17　业务资金运动图（三）

由此形成的账户情况如图1-2-18所示。

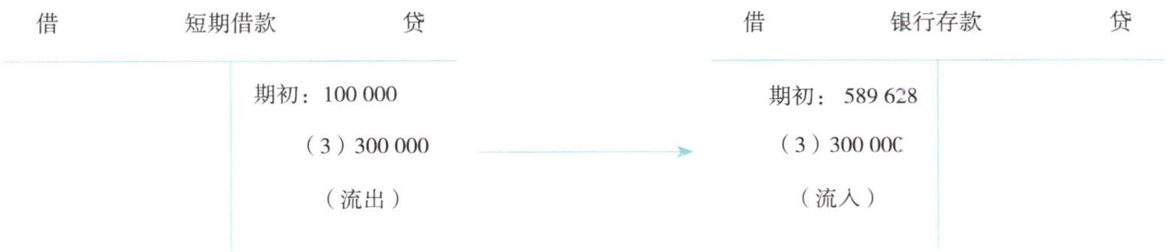

图1-2-18 “T”字账户情况图（三）

由图1-2-18，可编制会计分录如下：

借：银行存款　　300 000

　　贷：短期借款　　300 000

3. 供应过程业务的核算

3.1 主要资金运动分析

工业企业的供应过程是生产过程中内部循环的第一步，其经济业务是采购生产经营所需要的原材料，形成生产所需的储备资产。主要的业务是购入原材料、计算税费、支付货款及各种采购费用、材料入库等的核算。该环节所要完成的目标和任务是取得原材料，即是该阶段之所得，将以“储备资产”的形式存在，也是资产流入的终点；代价则是付出货币资产，即资产流出的起点。资金运动的状况可以用图1-2-19表示，资产流入的一方，即终点，登记为借方；资产来源的一方，即起点，登记为贷方。

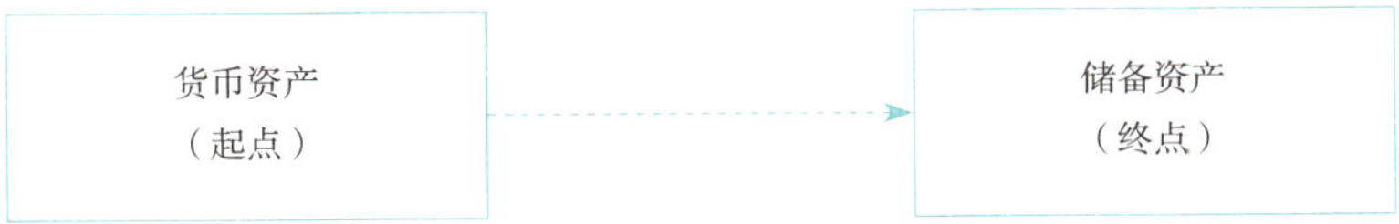

图1-2-19 供应阶段的资金运动图

3.2 账户设置

下面将介绍供应过程中主要涉及的账户。

原材料：资产类，是企业的储备资产，核算各种库存材料的增减变动情况。当作为资金运动终点时，登记在借方，代表储备资产流入的金额数；而作为资金运动起点时，登记在贷方，表示储备资产流出的金额数。

应付账款：负债类，是企业用来核算应付给供应单位的款项。当作为资金运动终点时，一般是归还了款项，登记在借方；而作为资金运动起点时，一般是发生了欠款，登记在贷方。

应交税费：负债类，核算企业应交的各项税费。当作为资金运动终点时，一般是缴交了税费，登记在借方；而作为资金运动的起点时，一般是因为经营业务而产生了应缴的税费，登记在贷方。

3.3 主要核算类型

【例1-2-8】企业购入生产用的原材料：塑料颗粒10 000千克，20元/千克；增值税税率为13%，货款已经通过银行转账支付，材料已验收入库。

分析：该经济业务是以货币资产换取储备资产的过程，其起点是货币资产“银行存款”流出企业，登记在贷方；终点是储备资产“原材料”流入企业，登记在借方；同时，由于购入原材料的同时需要支付增值税，即“应交税费——应交增值税（进项税项）”增加了，它是作为销项税额的备抵项，因此登记在借方。资金运动如图1-2-20所示。

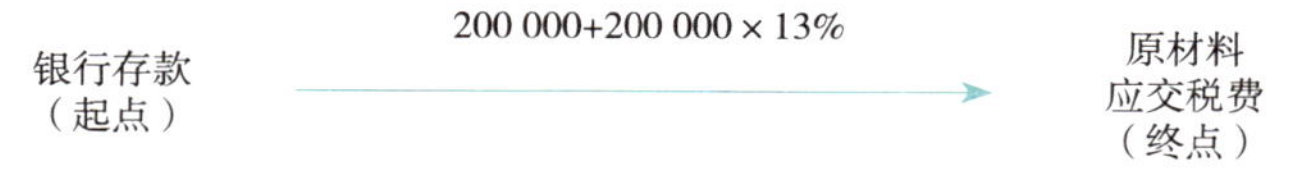

图1-2-20 业务资金运动图

由此形成的账户情况如图1-2-21所示。

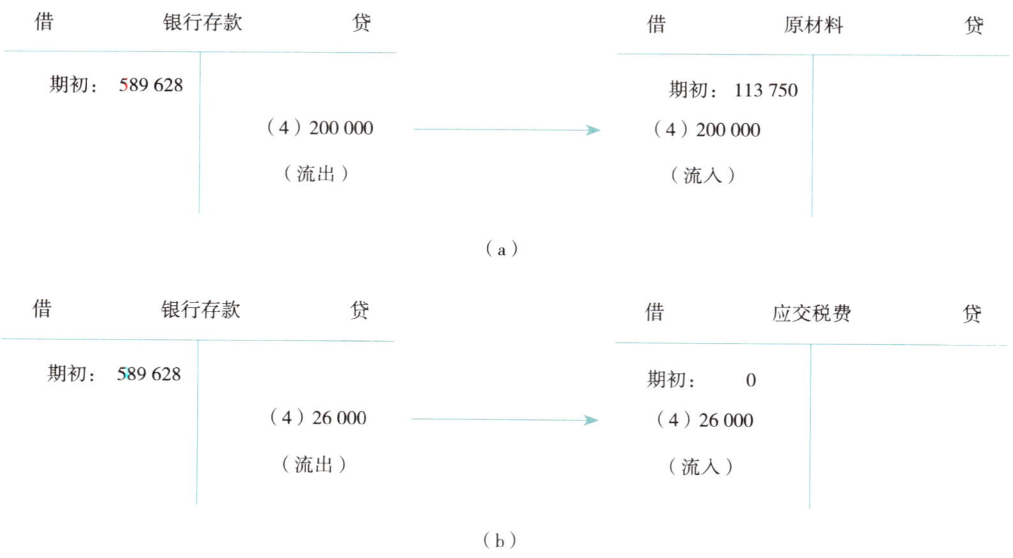

图1-2-21 “T”字账户情况图

由图1-2-21可编制会计分录如下：

借：原材料	200 000	
应交税费——应交增值税（进项税额）	26 000	
贷：银行存款		226 000

【例1-2-9】企业购入生产用的原材料：不锈钢薄片20 000张，18元/张；增值税税率为13%，货款尚未支付，材料已验收入库。

分析：该经济业务是以货币资产换取储备资产的过程，其起点是产生欠款，即发生了“应付账款”，登记在贷方；终点是储备资产“原材料”流入企业，登记在借方；同时，由于购入原材料而同时需要支付增值税，即“应交税费——应交增值税（进项税项）”增加了，它是作为销项税额的备抵项，因此登记在借方。资金运动如图1-2-22所示。

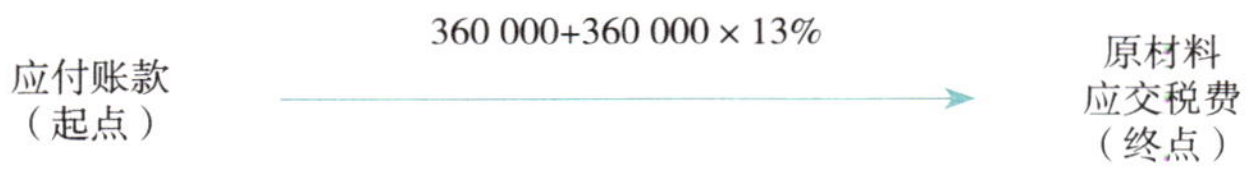

图1-2-22　业务资金运动图

由此形成的账户情况如图1-2-23所示。

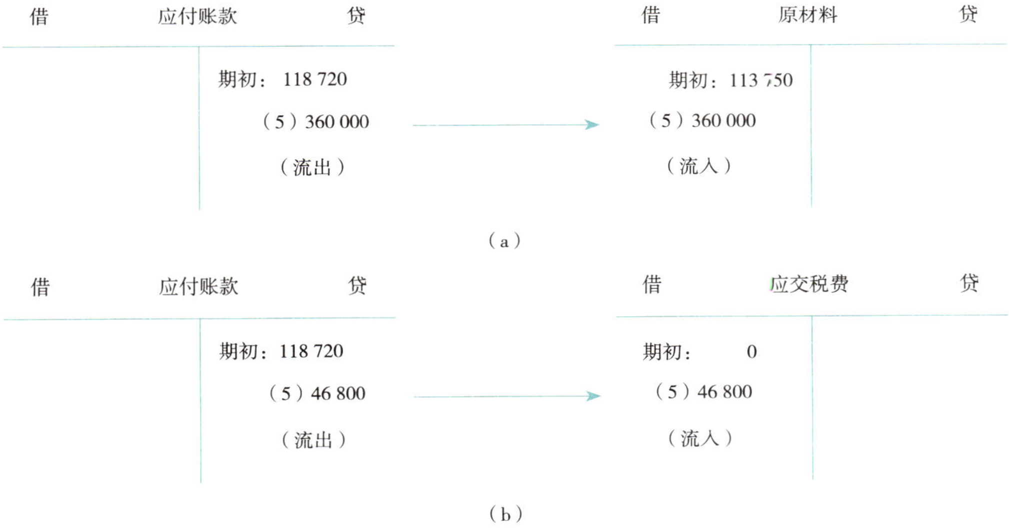

图1-2-23　“T”字账户情况图

由图1-2-23可编制会计分录如下：

借：原材料　　360 000

　　应交税费——应交增值税（进项税额）　　46 800

　　贷：应付账款　　406 800

4. 生产过程业务的核算

4.1 主要资金运动分析

工业企业中生产过程是最核心的工作，其会计核算也是最为复杂的，包含了从生产领用原材料，到生产过程中人工、辅助材料的投入，生产过程的控制管理，到最后产出成品交付仓库。该阶段分三大步来完成，首先提供原材料，即“储备资产”的付出，同时投入人力资产、制造费用，在这中间还需要进行生产投入，全部转化为“生产资产”；等生产完成后，再全部把“生产资产”转化为“成品资产”，换句话说，生产最终所要完成的目标和任务是获得产成品，即该阶段之所得，将以“成品资产”的形式存在。资金运动的状况可以用图1–2–24表示，每一个资产流入的一方，即终点，登记为借方；资产来源的一方，即起点，登记为贷方，其中“生产资产”既是上一个环节的终点，也是下一个环节的起点，登记的方向取决于其所处的环节。

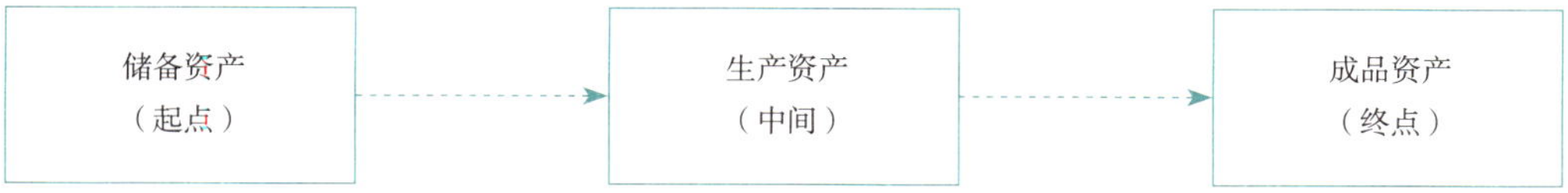

图1–2–24　生产阶段的资金运动图

4.2 账户设置

下面将介绍供应过程中主要涉及的账户。

生产成本：成本类，核算企业在生产产品过程中发生的各项费用，属于生产资产。当生产时投入直接材料、直接人工和期间费用时，它作为资金运动的终点，登记在借方；而当生产完成，完工入库时，生产环节已经完结，它又作为资金运动的起点流向“成品资产”，因此登记在贷方。

制造费用：成本类，核算生产车间所发生的各项间接费用，同属于生产资产。当生产需要而发生各项间接费用时，各类资金投入进来，它作为资金运动的终点，登记在借方；月末把费用分配到各个产品承担时，它又是资金运动的起点流向“生产成本”，因此登记在贷方。

管理费用：损益类，核算企业管理部门发生的各项费用。当管理需要而发生各项费用时，它作为承担者，是资金运动的终点，登记在借方；月末把该费用全部结转至本年利润时，它又是资金运动的起点，登记在贷方。

财务费用：损益类，核算企业为筹集资金而发生的各项费用，如利息支出、银行手续费等。当为筹集资金而发生各项费用时，它作为资金运动的终点，登记在借方；月末把该费用全部结转至本年利润时，它又是资金运动的起点，登记在贷方。

累计折旧：资产类，用来核算固定资产因磨损而减少的价值，是固定资产的备抵账户。当每月月末计提各类固定资产的折旧时，它作为折旧的承担者，登记在贷方；而在固定资产因报废等原因退出企业时，它也相应地减少而登记在借方。

应付职工薪酬：负债类，用来核算企业应该支付给员工的工资、奖金等。当计算工资时，企业因应支付职工工资而计入各类费用，因此它是资金运动的起点，登记在贷方；而当支付工资时，它又是作为终点而登记在借方。

库存商品：资产类，核算仓库中各种商品的实际成本。当产品完工入库时，它作为资金运动的终点，登记在借方；而当产品销售时，商品流出企业，它将作为起点而转化为“货币资产”，此时登记在贷方。

4.3 主要核算类型

【例1-2-10】生产部门领用原材料：不锈钢薄片10 000张，18元/张；塑料颗粒8 000千克，20元/千克；用于生产。

分析：该经济业务是把储备资产转化为生产资产的过程，其起点是储备资产“原材料”流出仓库，登记在贷方；终点是转化为“生产成本”流入生产线，登记在借方。资金运动如图1-2-25所示。

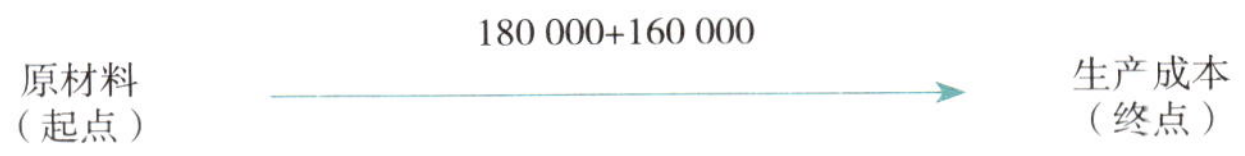

图1-2-25 业务资金运动图

由此形成的账户情况如图1-2-26所示。

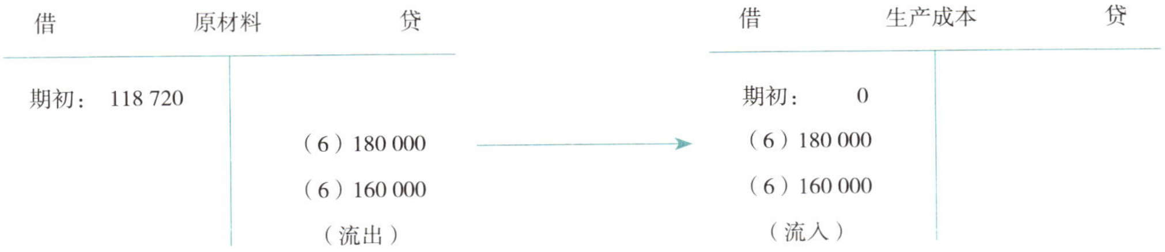

图1-2-26 “T”字账户情况图

由图1-2-26，可编制会计分录如下：

借：生产成本 340 000

贷：原材料——不锈钢片 180 000

原材料——塑料颗粒 160 000

【例1-2-11】月末计提本月固定资产折旧费，生产车间为30 000元，管理部门为20 000元。

分析：该经济业务是核算内部资产的转化，因固定资产的使用而形成的“累计折旧”费用，是其费用发生的起点，登记在贷方；而相应的承担者是“制造费用”和“管理费用”，登记在借方。资金运动如图1-2-27所示。

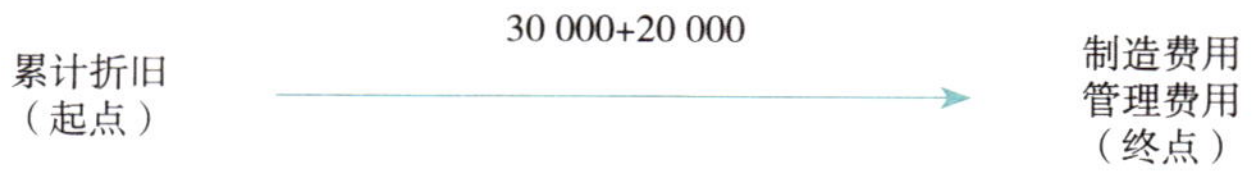

图1-2-27　业务资金运动图

由此形成的账户情况如图1-2-28所示。

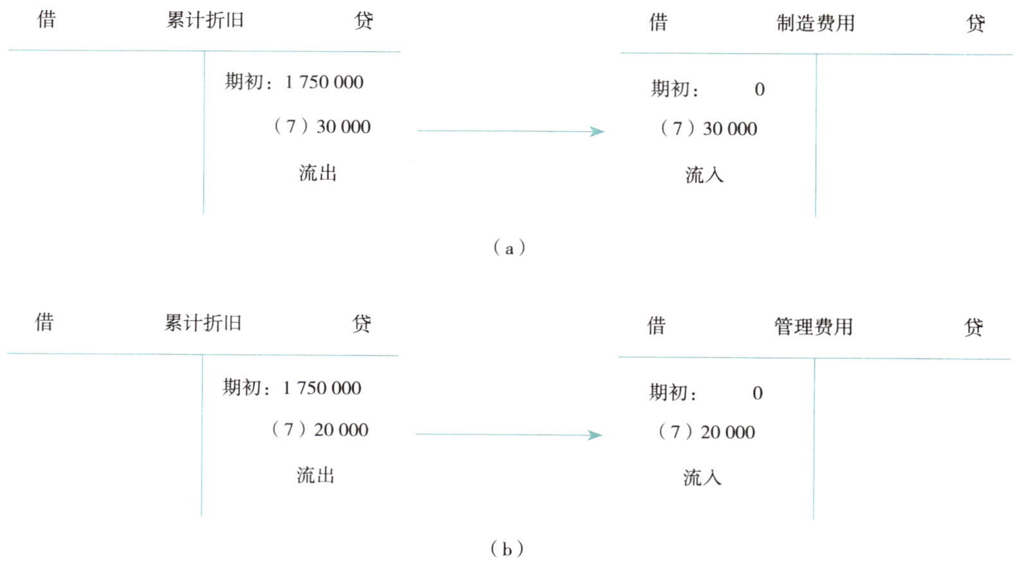

图1-2-28　“T”字账户情况图

由图1-2-28可编制会计分录如下：

借：制造费用　　30 000

　　管理费用　　20 000

　　贷：累计折旧　　50 000

【例1-2-12】企业以银行存款发放上月工资139 410元。

分析：该经济业务是核算内部资产的转化，用“银行存款”支付职工工资，资金流出企业，登记在贷方；以完成企业应支付的“应付职工薪酬”成为终点，登记在借方。资金运动如图1-2-29所示。

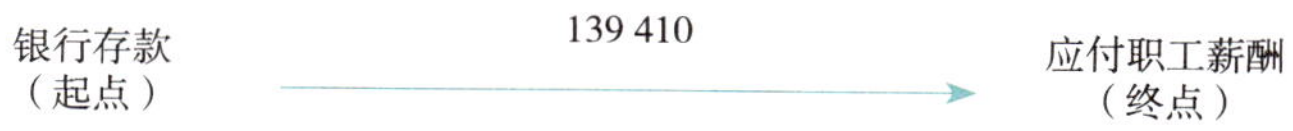

图1-2-29　业务资金运动图

由此形成的账户情况如图1-2-30所示。

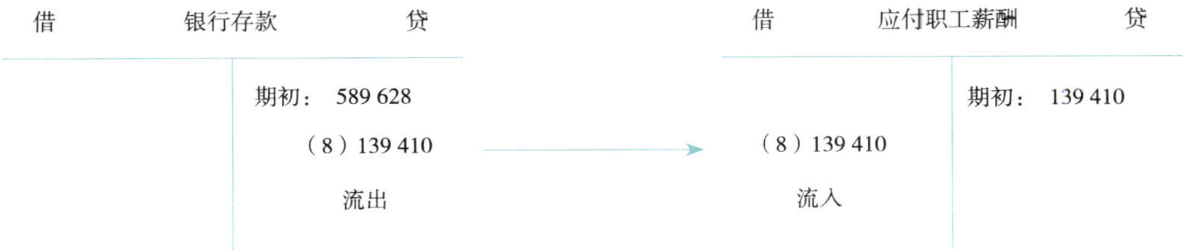

图1-2-30 “T”字账户情况图

由图1-2-30可编制会计分录如下：

借：应付职工薪酬　　　　139 410

　　贷：银行存款　　　　139 410

【例1-2-13】计算本月工资，生产工人的工资为50 000元，管理部门职工的工资为68 000元。

分析：该经济业务是核算内部资产的转化，企业职工因提供人力而获得工资，所以“应付职工薪酬”作为资金运动的起点登记在贷方，而相应的承担者是“制造费用”和“管理费用”，登记在借方。资金运动如图1-2-31所示。

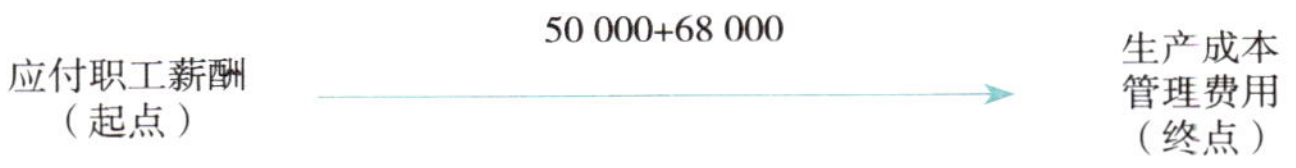

图1-2-31 业务资金运动图

由此形成的账户情况如图1-2-32所示。

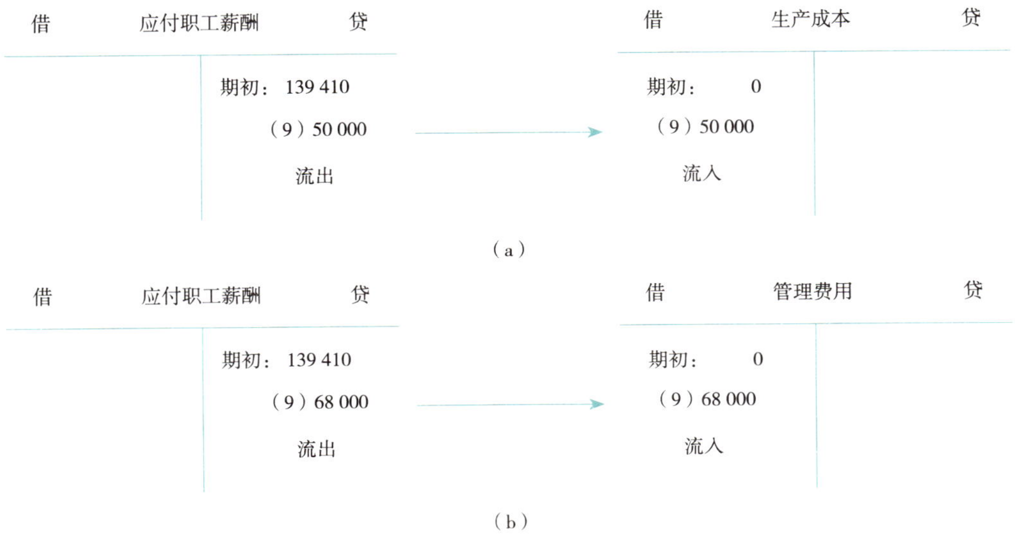

图1-2-32 “T”字账户情况图

由图1-2-32可编制会计分录如下：

借：生产成本　　　　50 000

　　管理费用　　　　68 000

　　贷：应付职工薪酬　　　　118 000

【例1-2-14】结转本月的制造费用（【例1-2-11】）30 000元。

分析：该经济业务是把制造费用结转至生产成本，即“制造费用 ”是起点，登记在贷方；“生产成本”是终点，登记在借方。资金运动如图1-2-33所示。

图1-2-33　业务资金运动图

由此形成的账户情况如图1-2-34所示。

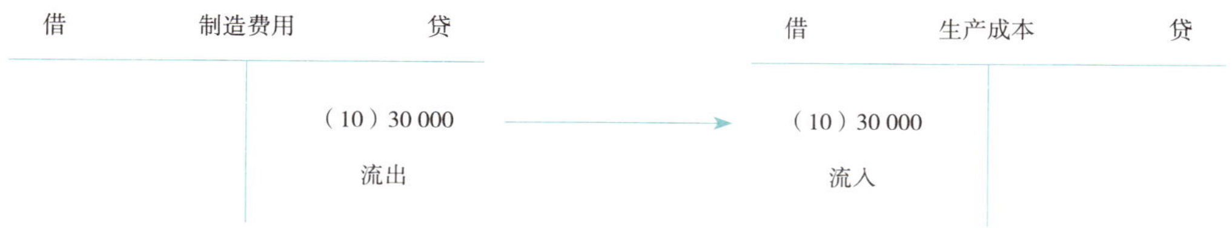

图1-2-34　“T”字账户情况图

由图1-2-34可编制会计分录如下：

借：生产成本　　　　30 000

　　贷：制造费用　　　　30 000

【例1-2-15】本月月末生产产品全部完工入库，结转生产成本（【例1-2-10】、【例1-2-13】、【例1-2-14】）共计420 000元，共20 000只杯子（即杯子成本单价为：21元/只）。

分析：该经济业务是“生产资产”转化为“成品资产”。产品从生产车间流出，即“生产成本”是起点，登记在贷方；进入仓库成为“库存商品”是终点，登记在借方。资金运动如图1-2-35所示。

图1-2-35　业务资金运动图

由此形成的账户情况如图1-2-36所示。

图1–2–36 “T”字账户情况图

由图1–2–36可编制会计分录如下：

借：库存商品　　　　420 000

　　贷：生产成本　　　　420 000

5. 销售过程业务的核算

5.1 主要资金运动分析

工业企业的销售过程是最关键的一步，因为这个阶段是把成品资产转化为货币资产，实现了经营成果。主要经济业务是计算产品销售的收入，结转相应的成本，以及相关税费的计提。该环节所要完成的目标和任务是把产品售卖出去，获得收入。成品资产流出是起点，货币资产流入是终点。资金运动的状况可以用图1–2–37表示。

图1–2–37 供应阶段的资金运动图

5.2 账户设置

下面将介绍销售过程中主要涉及的账户。

主营业务收入：损益类账户，用来核算企业在主要销售（提供劳务）活动中所产生的主营业务的收入。当销售商品（提供劳务），实现收入时，它作为资金运动的起点，登记在贷方；月末把该费用全部结转至本年利润时，登记在借方。

主营业务成本：损益类账户，用来核算因销售商品（提供劳务）而产生的对应实际成本。已经销售的商品结算成本时，“库存商品”发出是起点，登记在贷方，而结算“主营业务成本”是终点，登记在借方。月末把该费用全部结转至本年利润时，则登记在贷方。

税金及附加：损益类账户，用来核算相关税金。当税金发生时，是资金运动的终点，登记在借方；月末把该费用全部结转至本年利润时，则登记在贷方。

应收账款：属于资产类，是企业用来核算应收客户单位的款项。当作为资金运动终点时，一般是因销售等发生了应收账款，登记在借方；而一旦收回资金，即结清应收账款，登记在贷方。

5.3 主要核算类型

【例1-2-16】本月销售杯子10 000只，售价为50元/只，增值税税率为13%，价税款全部已经通过银行收取。

分析：该经济业务是销售了商品，实现了收入，获取了银行存款。实现了“主营业务收入”是起点，登记在贷方；同时一并收取了“应交税费——应交增值税（销项税额）”，也登记在贷方；而使得资金流入企业的“银行存款”，成为该环节的终点，登记在借方。资金运动如图1-2-38所示。

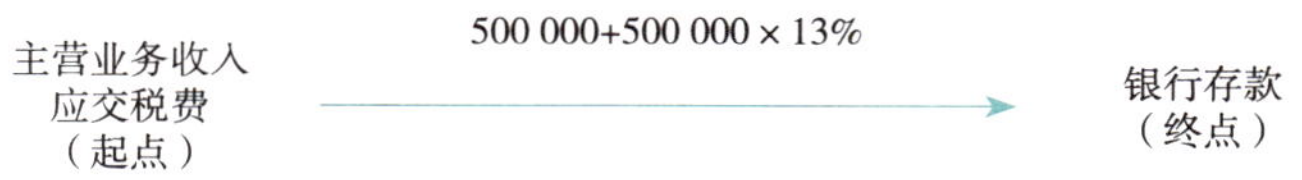

图1-2-38　业务资金运动图

由此形成的账户情况如图1-2-39所示。

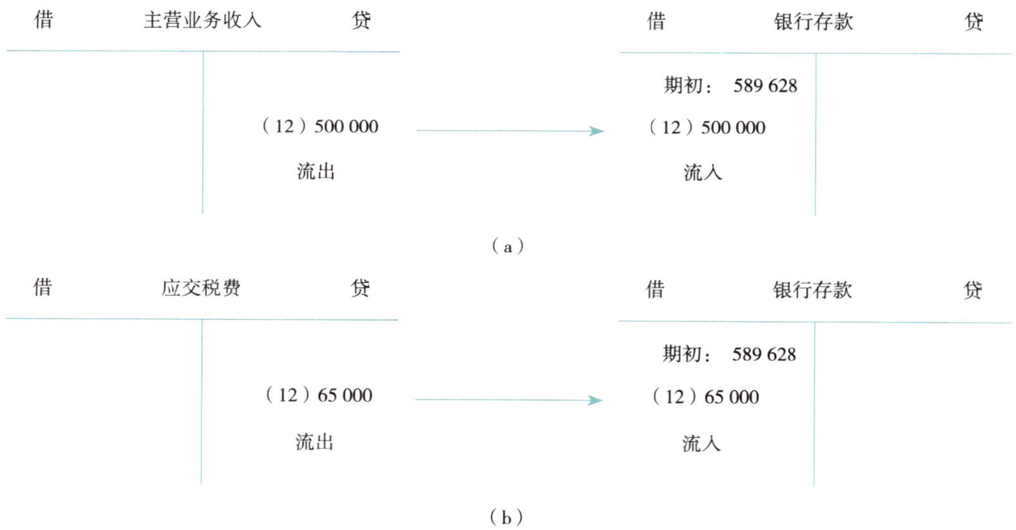

图1-2-39　“T”字账户情况图

由图1-2-39可编制会计分录如下：

借：银行存款　　565 000

　　贷：主营业务收入　　500 000

　　　　应交税费——应交增值税（销项税额）　　65 000

【例1-2-17】本月销售杯子8 000只，售价为50元/只，增值税税率为13%，价税款全部未收。

分析：该经济业务是销售了商品，实现了收入，获取了银行存款。实现了“主营业务收入”是起点，登记在贷方；同时一并收取了“应交税费——应交增值税（销项税额）”，也登记在贷方；由此发生的“应收账款”，成为该环节的终点，登记在借方。资金运动如图1–2–40所示。

图1–2–40　业务资金运动图

由此形成的账户情况如图1–2–41所示。

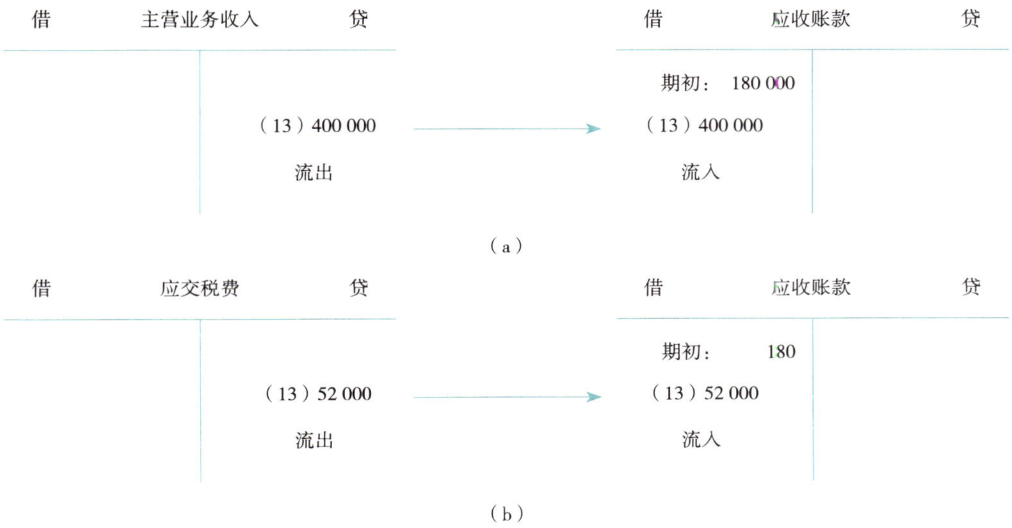

图1–2–41　“T”字账户情况图

由图1–2–42可编制会计分录如下：

借：应收账款　　452 000

　　贷：主营业务收入　　400 000

　　　　应交税费——应交增值税（销项税额）　　52 000

【例1–2–18】结转已经销售产品（【例1–2–16】、【例1–2–17】）共18 000只杯子的成本，已知成本单价是21元/只。

分析：该经济业务是结转商品成本，“库存商品”流出企业，是业务的起点，登记在贷方；而成为获取收入所对应的成本，登记在“主营业务成本 ”的借方。资金运动如图1–2–42所示。

图1–2–42　业务资金运动图

由此形成的账户情况如图1–2–43所示。

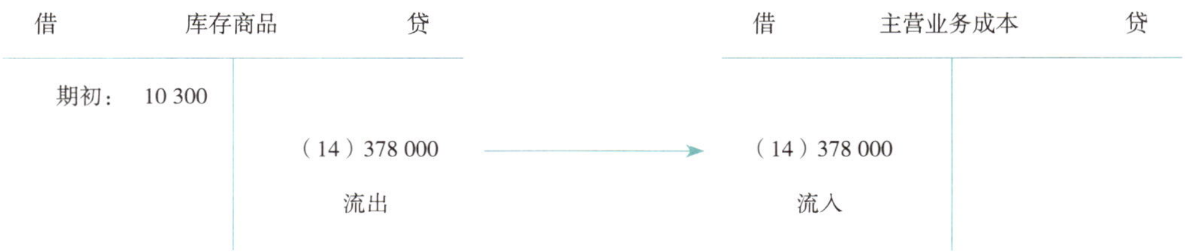

图1–2–43 “T”字账户情况图

由图1–2–43可编制会计分录如下：

借：主营业务成本　　378 000

　　贷：库存商品　　378 000

6. 财务成果的核算

6.1 主要会计业务

经过了一个营业周期（一个自然月），将要计算该周期的财务成果，主要核算通过以下的公式来实现。

营业收入＝主营业务收入+其他业务收入

营业成本＝主营业务成本+其他业务成本

营业利润＝营业收入–营业成本–税金及附加–销售费用–管理费用–财务费用–资产减值损失+公允价值变动收益+资产处置收益+其他收益

利润总额＝营业利润+营业外收入–营业外支出

净利润＝利润总额–所得税费用

6.2 账户设置

以下将介绍经营成果核算过程中主要涉及的账户。

本年利润：权益类，用来核算某一期间实现的净利润或发生的亏损，收入类的损益类账户转入该账户的贷方，费用（成本）类的损益类账户转入该账户的借方，余额如果在贷方说明盈利，在借方则是亏损。

投资收益：损益类，用来核算企业对外投资取得的收益或发生的损失，收益说明资产流入企业，登记在贷方；损失则会导致资产流出企业，登记在借方。

所得税费用：损益类，用来核算企业应缴纳的所得税费用。当计算应缴交所得税时，是资金运动的终点，登记在借方；月末把企业的所得税费用全部结转至本年利润时，则登记在贷方。

6.3 主要核算类型

【例1-2-19】根据【例1-2-8】、【例1-2-9】、【例1-2-16】、【例1-2-17】的业务可得企业的应交增值税情况如表1-2-3所示，并计算得到应交的其他相关税费如表1-2-4所示，要求编制会计分录。

表1-2-3 应交增值税计算表

2020 年 9 月　　单位：元

项目	当期销项税额	当期进项税额	当期应纳增值税
金额	117 000	72 800	44 200

表1-2-4 应交城市建设税及教育费计算表

2020 年 9 月　　单位：元

项目	计提依据	税费率	计提金额
城市建设税	44 200	7%	3 094
教育费	44 200	3%	1 326

分析：该经济业务是计提各项应交税费，起点是需要有缴纳税费义务，即“应交税费”增加了，登记在贷方；而终点是由“税金及附加”来承担，登记在借方。资金运动如图1-2-44所示。

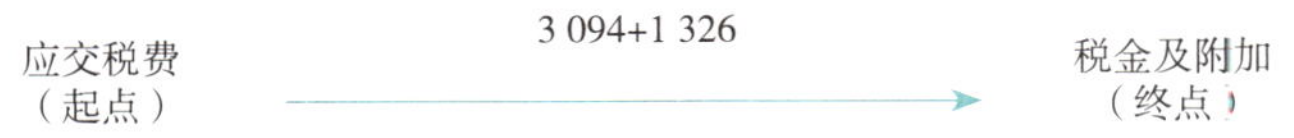

图1-2-44 业务资金运动图

由此形成的账户情况如图1-2-45所示。

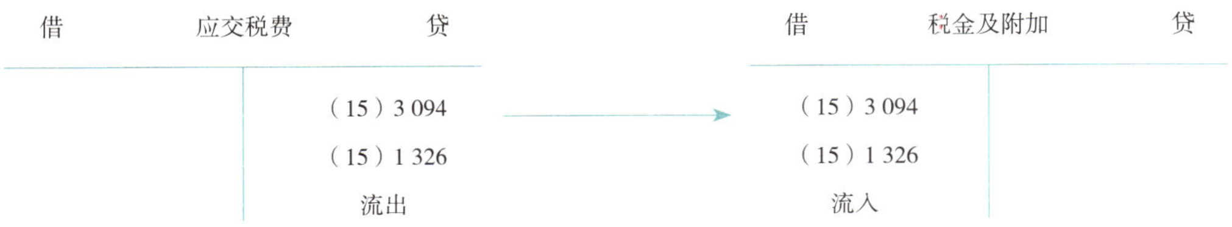

图1-2-45 “T”字账户情况图

由图1-2-45可编制会计分录如下：

借：税金及附加　　4 420

　贷：应交税费——应交城市建设税　　3 094

　　　　　　——应交教育费　　1 326

【例1-2-20】根据本月【例1-2-11】、【例1-2-13】、【例1-2-16】、【例1-2-17】、【例1-2-18】、【例1-2-19】的业务可得企业的损益类账户应结转情况如表1-2-5和表1-2-6所示，要求编制会计分录。

表1-2-5　企业内部转账表

2020 年 9 月 30 日　　　　单位：元

项目	科目	金额
应借科目	本年利润	470 420
应贷科目	主营业务成本（14）	378 000
	税金及附加（15）	4 420
	管理费用（7）（9）	88 000

表1-2-6　企业内部转账表

2020 年 9 月 30 日　　　　单位：元

项目	科目	金额
应借科目	主营业务收入（12）（13）	900 000
应贷科目	本年利润	900 000

由此形成的账户情况如图1-2-46所示。

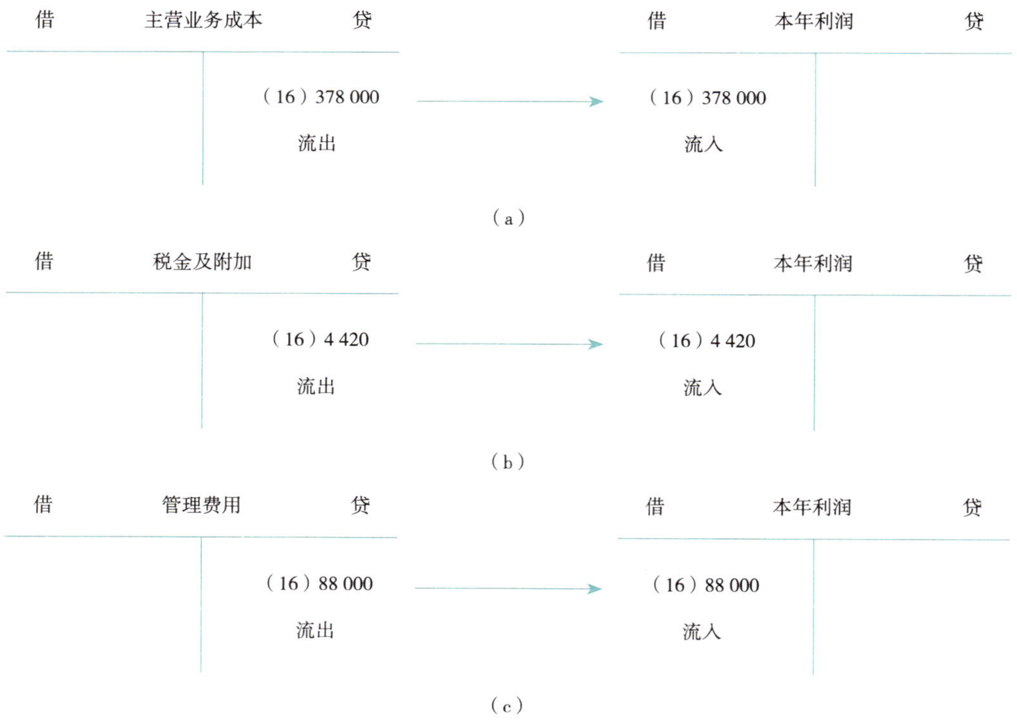

图1-2-46　“T”字账户情况图

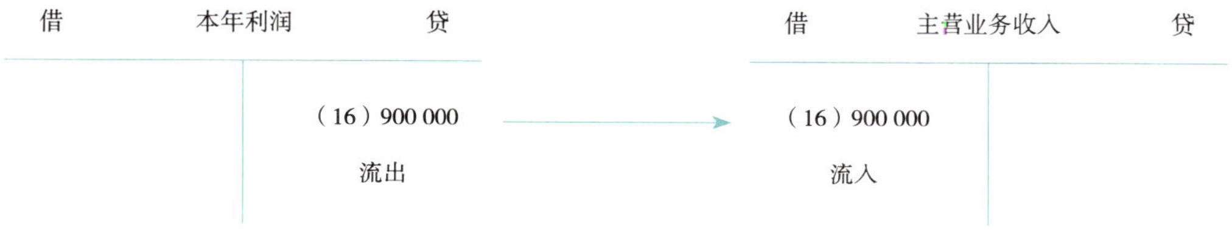

（d）

图1-2-46 “T”字账户情况图（续）

由以上的账户情况，本月本年利润的余额为900 000−470 420＝429 580（元），且在贷方，即为本月的利润总额。

分析：该经济业务是把损益类账户结转到本年利润，以便核算经营成果。可编制会计分录如下：

借：本年利润　　470 420
　　贷：主营业务成本　　378 000
　　　　税金及附加　　4 420
　　　　管理费用　　88 000
借：主营业务收入　　900 000
　　贷：本年利润　　900 000

【例1-2-21】根据所编会计分录及登记的有关账户，编制试算平衡表。

分析：从前面的表1-2-2已知企业2020年9月账户的期初余额情况，现编制试算平衡表如表1-2-7所示。

表1-2-7 试算平衡表

单位：元

账户名称	期初余额		本期发生额		期末余额	
	借方	贷方	借方	贷方	借方	贷方
库存现金	5 482				5 482	
银行存款	589 628		（1）600 000 （3）300 000 （12）565 000	（4）226 000 （8）139 410	1 689 218	
应收账款	180 000		（13）452 000		632 000	
预付账款	5 000				5 000	
原材料	113 750		（4）200 000 （5）360 000	（6）180 000 （6）160 000	333 750	
库存商品	10 300		（11）420 000	（14）378 000	52 300	
固定资产	5 600 000		（2）500 000		6 100 000	
累计折旧		1 750 000		（7）50 000		1 800 000

续表

账户名称	期初余额		本期发生额		期末余额	
	借方	贷方	借方	贷方	借方	贷方
短期借款		100 000		（3）300 000		400 000
应付账款		118 720		（5）406 800		525 520
应交税费			（4）26 000 （5）46 800	（12）65 000 （13）52 000 （15）4 420		48 620
应付职工薪酬		139 410	（8）139 410	（9）118 000		118 000
实收资本		3 000 000		（1）600 000 （2）500 000		4 100 000
资本公积		205 030				205 030
本年利润		1 138 173	（16）470 420	（16）900 000		1 567 753
利润分配		52 827				52 827
生产成本			（6）340 000 （9）50 000 （10）30 000	（11）420 000		
制造费用			（7）30 000	（10）30 000		
主营业务收入			（16）900 000	（12）500 000 （13）400 000		
主营业务成本			（14）378 000	（16）378 000		
税金及附加			（15）4 420	（16）4 420		
管理费用			（7）20 000 （9）68 000	（16）88 000		
合计	6 504 160	6 504 160	5 900 050	5 900 050	8 817 750	8 817 750

拓展链接

记账凭证的基本内容

为了满足记账的基本要求，记账凭证的基本内容包括以下几个方面：

①凭证名称：根据所采用的凭证类型（一般分为收款凭证、付款凭证和转账凭证三类），选择正确的凭证；

②填制日期：即填制记账凭证当天，对于月末结转业务的记账凭证，是当月的最后一天；

③凭证编号：根据凭证的类型，一般按收、付、转三类编号；

④经济业务事项的内容摘要：简要说明经济业务的基本内容；

⑤会计科目及其记账方向：按业务内容及科目性质进行确定；

⑥发生的金额及合计：每个经济业务所发生金额，并在合计处结出合计数，且一定是借、贷相等；

⑦记账标记：在登记账簿时进行标记，以此确定是否登记账簿；

⑧附件张数：即所附原始凭证的数量，因为原始凭证是登记记账凭证的依据；

⑨签章：一张完整的记账凭证需要有会计主管、记账、审核、制单等有关人员的签章，收款凭证和付款凭证还需要有出纳的签章。

记账凭证的基本内容如图1-2-47所示。

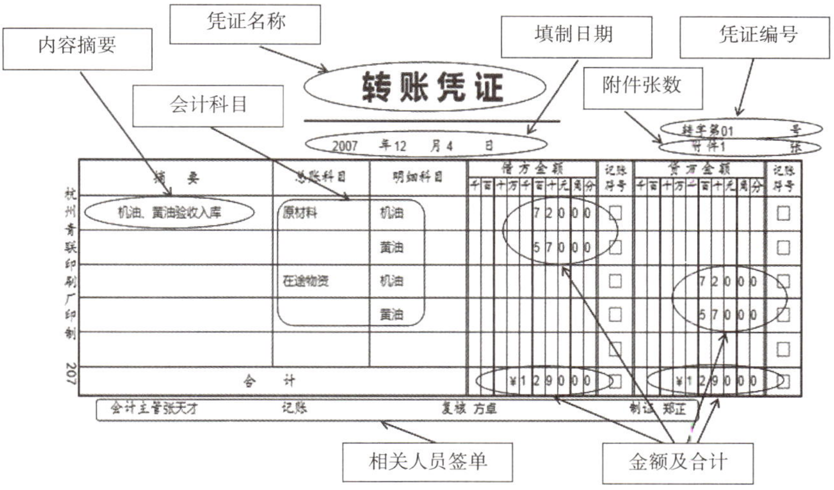

图1-2-47　记账凭证基本内容图

技术要点

1. 认识企业筹资阶段的会计核算。
2. 认识企业供应阶段的会计核算。
3. 认识企业生产阶段的会计核算。
4. 认识企业销售阶段的会计核算。
5. 认识企业经营成果的会计核算。

边学边思考

1. 投资人甲向企业投入资金100万元，编制会计分录。
2. 用银行存款2 000元购买原材料，编制会计分录。
3. 生产领用原材料1 000元，编制会计分录。
4. 销售商品5 000元，款项尚未收到，编制会计分录。

巩固训练

【资料】阳光实业公司2020年8月底部分总账期末余额如下：

账户名称	方向	金额/元	账户名称	方向	金额/元
固定资产	借	418 000	短期借款	贷	8 000
原材料	借	110 000	应付账款	贷	90 600
应收账款	借	38 000	应交税费	贷	21 000
其他应收款	借	4 000	实收资本	贷	460 000
库存现金	借	1 000			
银行存款	借	8 600			
合计		579 600			579 600

【日常业务】9月份发生的业务如下：

1. 9月2日，收到客户的欠款35 000元，存入银行。
2. 9月8日，从银行提取现金5 000元。
3. 9月11日，生产车间领用原材料8 000元，生产甲产品。
4. 9月15日，用银行存款缴纳税金20 000元。
5. 9月18日，采购员孙林出差回来，报销差旅费3 000元，并交回现金1 000元。
6. 9月20日，办公室人员肖恩出差预借款2 000元，现金支付。
7. 9月22日，用银行存款偿还欠款9 000元。
8. 9月23日，用银行存款8 000元偿还短期借款。
9. 9月25日，购入材料12 000元，已验收入库，款项尚未支付。

【要求】

（1）根据上述资料，开设有关账户，并登记期初余额。

（2）编制会计分录。

（3）根据会计分录编制试算平衡表。

巩固训练答案

模块 2 互联网 + 移动支付

知识概述

当支付遇到互联网，传统的现金支付渐渐“退居二线”，各种在线支付方式成为人们日常消费的主要支付方式。银行推出的网银以及民营企业推出的各种各样的第三方支付平台大大方便了人们的生活，互联网支付终端也从电脑桌面扩展到手机和电视等多种形式的终端上，互联网支付变得无处不在。

移动支付是指使用智能手机等移动设备完成支付或者确认支付，而不是用现金、银行卡或者支票支付。移动支付是互联网时代一种新型的支付方式，其以移动终端为中心，通过移动终端对所购买的产品进行结算支付，移动支付的主要表现形式为手机支付。

移动支付是第三方支付的衍生品。所谓第三方支付，是指在通过第三方支付平台的交易中，买方选购商品后，使用第三方平台提供的账户进行货款支付，由第三方通知卖家货款到达并进行发货；买方检验货品后，通知付款给卖家，第三方再将款项转至卖家账户。有研究者认为第三方支付实质上作为信用中介，为交易的支付活动提供一定的信用保障，从而消除由于买卖双方不对称信息而产生的信用风险问题。

思维导图

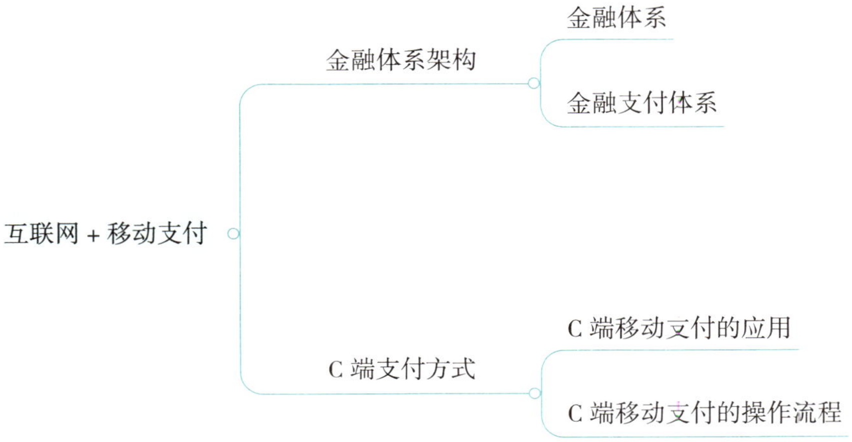

学习目标

1. 了解金融体系架构。
2. 掌握我国金融体系的构成。
3. 了解金融支付体系的基本知识。
4. 掌握C端移动支付应用与操作。
5. 培养学生信息安全意识。

项目 1　金融体系架构

案例导入

近年来全国支付系统运行总体平稳，支付系统业务量继续增长。2020年，支付系统共处理支付业务量7 320.6亿笔，较2019年增加1 635.5亿笔，同比增长28.77%；支付业务金额8 195.3万亿元，较2019年增加1 293.1万亿元，同比增长18.73%。

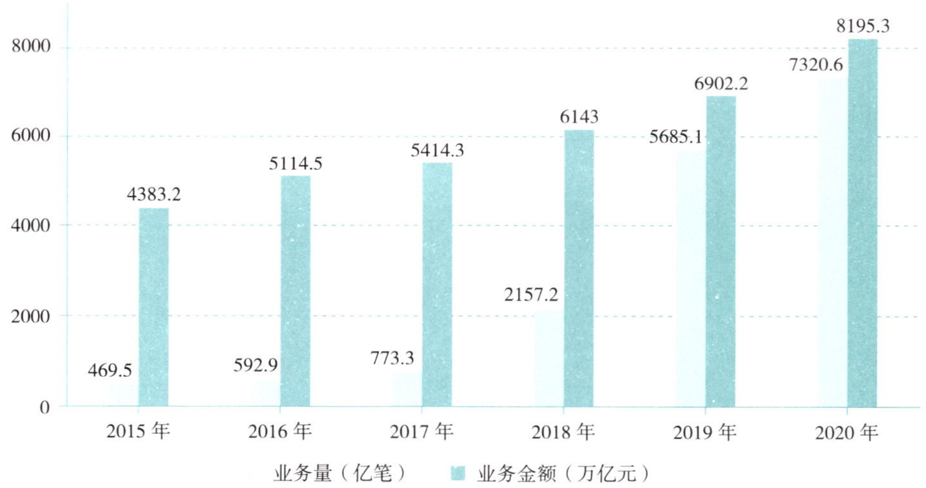

2015—2020年支付系统共处理支付业务量及金额

（资料来源：中国支付清算协会、智研咨询整理）

2020年，人民银行支付系统共处理支付业务196.68亿笔，较2019年增加16.5亿笔，同比增长9.16%，占支付系统业务笔数的2.69%；支付业务金额6 016.91万亿元，较2019年增加804.4万亿元，同比增长15.43%，占支付系统业务金额的73.42%。

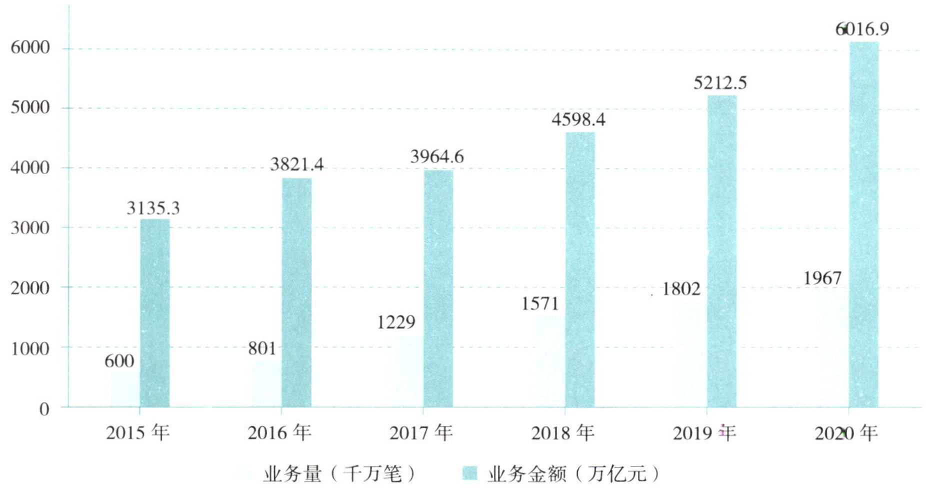

2015—2020年人民银行支付系统共处理支付业务量及金额

（资料来源：中国支付清算协会、智研咨询整理）

智研咨询发布的《2021—2027年中国支付系统行业市场研究分析及投资战略规划报告》数据显示：2020年，人民银行支付系统日均处理业务5 448.9万笔，较2019年增加339万笔，同比增长6.63%；日均处理业务金额23.71万亿元，较2019年增加3.08万亿元，同比增长14.93%。

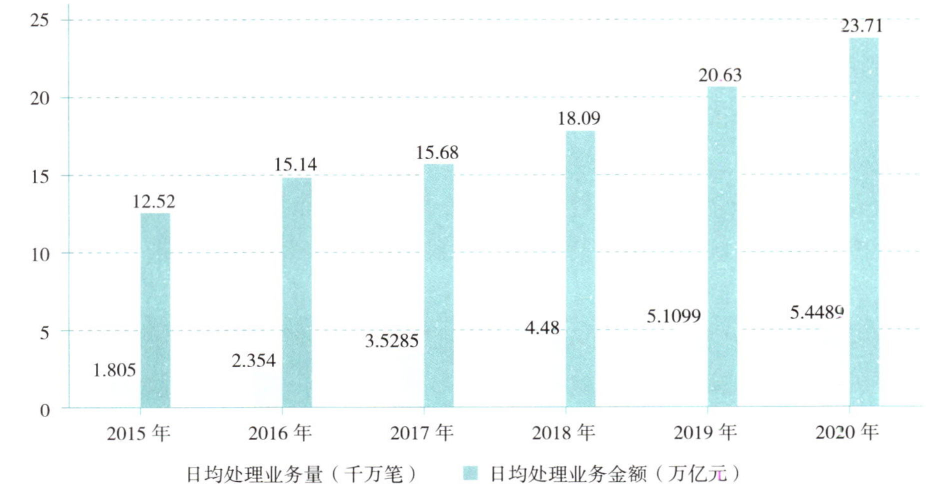

2015—2020年人民银行支付系统日均处理业务量及金额

（资料来源：中国支付清算协会、智研咨询整理）

项目要求

1. 了解金融体系架构。
2. 掌握我国金融体系构成。
3. 了解金融支付体系基本知识。

任务 5 金融体系

1. 现代金融体系

金融是现代市场经济的核心，一国经济的正常运转离不开健全的金融体系。金融作为实体经济的血脉，为实体经济服务是金融的天职，是金融的宗旨，也是防范金融风险的根本举措。健全具有高度适应性、竞争力、普惠性的现代金融体系，既是我国新时代实体经济转型升级的需要，也是金融体系发挥优化资源配置、提高我国经济运行效率、保证金融稳定和金融安全的需要。

1.1 金融体系的概念

金融体系是实现经济体中资金流动、集中和分配的系统，由连接资金盈余者和资金短缺者的一系列金融中介机构和金融市场共同构成。金融体系是家庭、公司和政府为执行其金融决策而使用的一套市场和中介机构，包括完成资金流动的信用工具（金融工具）、交易参与者（金融中介）和交易方式（金融市场）三大金融要素。

金融体系包括金融调控体系、金融企业体系（组织体系）、金融监管体系、金融市场体系和金融环境体系。

金融调控体系既是国家宏观调控体系的组成部分，包括货币政策与财政政策的配合、保持币值稳定和总量平衡、健全传导机制、做好统计监测工作，提高调控水平等，也是金融宏观调控机制，包括利率市场化、利率形成机制、汇率形成机制、资本项目可兑换、支付清算系统、金融市场（货币、资本、保险）的有机结合等。

金融企业体系，既包括商业银行、证券公司、保险公司、信托投资公司等现代金融企业，也包括中央银行、国有商业银行、政策性银行、金融资产管理公司、中小金融机构的重组改革、发展各种所有制金融企业、农村信用社等。

金融监管体系是一个国家或地区具有金融监管职能的职能机构组成的有机整体。一般包括金融监管机构、金融监管法律、金融监管内容和方法等，其中金融监管机构是金融监管体系的主要方面。金融监管机构，除了中央银行（或其他金融监管当局）外，还包括各金融机构内部稽核审计部门、金融同业自律组织（如行业协会）以及社会中介组织（如会计师事务所）。其中，中央银行或其他金融监管当局通常在一个国家或地区的金融监管组织机构中居于核心位置。

金融市场体系包括货币市场、资本市场、外汇市场、黄金市场。其中，货币市场是融通短期资金的市场，包括同业拆借市场、回购协议市场、商业票据市场、银行承兑汇票市场、短期政府债券市场、大面额可转让存单市场。资本市场是融通长期资金的市场，包括中长期银行信贷市场和证券市场。中长期信贷市场是金融机构与工商企业之间的贷款市场，证券市场是通过证券的发行与交易进行融资的市场，包括债券市场、股票市场、保险市场、融资租赁市场等，涉及扩大直接融资，建立多层次资本市场体系，完善资本市场结构，丰富资本市场产品，推进风险投资和创业板市场建设，拓展债券市场，扩大公司债券发行规模，发展机构投资者，完善交易、登记和结算体系，稳步发展期货市场。

金融环境体系包括建立健全现代产权制度、完善公司法人治理结构、建设全国统一市场、建立健全社会信用体系、转变政府经济管理职能、深化投资体制改革。

1.2 资金融通方式与金融体系

（1）资金盈余者与资金短缺者

任何一个国民经济体系，总是由家庭居民、企业、政府机构和对外部门四个经济单位构成的。在现代经济生活中，每一个经济单位都有自己的预算结构。居民通过向企业提供劳务获得薪金和报酬，然后用上述的收入向企业购买最终产品。企业通过向居民、政府和其他企业出售商品而取得收入，然后支付生产成本和追加资本等。政府通过税收取得收入，然后履行政府职能进行预算支出。从某一段时间看，总收入和总支出完全相等的经济单位是偶然的。金融活动常常由于这样或那样的原因，如自然禀赋不同、支出结构不一、投资机会差异等，总有一部分经济单位处于总收入大于总支出的状态，这类单位被称为资金盈余方；同时，还有一部分经济单位处于总收入小于总支出的状态，这类单位被称为资金短缺方。对于资金盈余方来说，存在着如何让渡多余的资金以便进行有效利用的问题；对于资金短缺方来说，金融活动存在着如何借入一定的资金以便抓住有利的投资机会的问题。如果资金盈余方将资金以某种方式借给资金短缺方，则双方的效用都会得到提高。在这种情况下，就自然地产生了资金在盈余方和短缺方之间的有偿调剂或借贷的活动，这种进行资金融通的活动就是“金融”或金融活动。可见，金融活动对于实现资金的合理配置和国民经济体系的顺利运行具有重要的意义。比如，对于资金短缺方来说，通过借入急需的资金，可以更为有效地安排自己的生产和消费。这一点对企业来说尤其重要。许多时候，企业之间的竞争其实是资金实力的竞争，谁能更有效地获得资金，谁就能在竞争中占据主动地位。在商场上，企业因资金不足而痛失投资良机，从而在竞争中失利，甚至被对手挤出市场的例子比比皆是。对于消费者来说，资金融通同样具有重要意义。即便是对于一个国家来说，片面地追求自身资金收支的平衡也并不总是可取的。在国家财力紧张的情况下，通过发行国债借入适量资金，对制约国民经济发展的某些“瓶颈”部门加以投资，往往能更好地促进经济的发展。当然，和任何其他经济主体一样，国家的借贷也不能超过一定的限度，否则就会反受其害。对于资金盈余方，如果把闲置的资金放在自己手里，就不可能从中获得收益。反之，如果把钱借给急需资金的人使用，借入资金的同时必须支付一定的报酬，从而本无收益的资金就变成了能够生息的资产，显然是有利的。虽然，就资金盈余方的个体来说，资金是分散的，不足以单独进行大的投资，但是通过资金融通，可以把分散的资金集中起来，积少成多，实现规模经济。

金融作为调剂盈余方和短缺方之间的资金的重要方式，具有明显的特点：一是回收性，即在金融活动中，金融活动债权人（授信人）原则上要在若干时间之后按等值收回原来贷出的货币资金（本金）；二是期限性，即金融都是有一定时间跨度的活动，资金融通一般要有事先约定的期限。当然也有期限不定的，如股票等没有偿还期，银行活期存款可以随时提取等；三是收益性，即金融活动都有一定的收益，债权人（授信人）除了可以等值收回原来付出的货币资金外，金融活动还可以得到额外的收入，如债务人（受信人）向债权人支付的利息等；四是风险性，即一切金融活动都是程度不同的风险投资活动，授信和受信双方都有蒙受意外损失的可能性。

（2）资金盈余者与短缺者之间的联系机制

资金从盈余部门转移到短缺部门的联系机制通常也叫储蓄-投资转化机制。储蓄-投资转化机制是指在一定的制度环境下，国民储蓄转化为一定规模、结构的投资的渠道、方式。它是实现资本和资源配置的手段、途径，因而决定着资源配置的效率。

储蓄，指一国常驻机构单位（含居民）收入与支出账户上汇总所有现期收入和支出后平衡的余额，包括总储蓄和净储蓄。总储蓄包括固定资产消耗（折旧价值）、资本转移和净储蓄；净储蓄是指各机构部门扣除固定资产折旧之后的收入中未用于现期消费和转移支付的全部剩余。储蓄是一种经济行为，是为了将来获取更大的收益而进行价值积累的过程。一般而言，从事经济活动交易的各利益主体都有可能成为储蓄主体，从而形成政府储蓄、企业储蓄（含金融机构）、居民储蓄。

政府储蓄：包括政府部门的资产折旧、转移收入中未用于现期支出的剩余等。

企业储蓄：包括企业资产折旧和一部分未分配利润及提取的各种基金等。

居民储蓄：包括居民在银行的各类存款、购买的股票和债券、手持现金、合伙或独自开办企事业的投资，以各种形式参加的社会集资和企业内部集资、外币存款等。

投资，指经济主体为了获得预期收益，预先垫付一定数量的货币或实物，经营某项事业的经济行为，这是一种资本积累的行为。投资主体包括政府、企业（含金融机构）和居民个人。投资也分为总投资和净投资。总投资包括固定资产投资和库存投资等。

固定资产投资：目的在于形成未来的生产能力，以便能生产更多的产品和提供更多的服务，从而获取更大的收益。

库存投资：由三部分组成，即生产准备过程中的原材料积累、生产过程中的半成品积累和企业持有的最后产成品的积累。

净投资永远等于总投资减去折旧。

一般来说，储蓄-投资转化机制包括财政转化机制和金融转化机制两类。

财政转化机制，又叫作“财政预算拨款制”，是指通过政府部门将社会的金融剩余集中起来，然后再由政府部门分配给各企业部门使用。财政是与国家职能相联系的对国民收入的分配机制，是以国家强制力为后盾的非自愿性机制。计划经济的主要转化机制就是财政转化机制。在财政转化机制下，政府常常凭借其国家强制力，对企业进行超经济权力的控制。实践已经证明，这种转化机制的效率非常低。

金融转化机制，又叫作“银行信贷资金供给制”，是通过金融系统来沟通资金的盈余与短缺的。资金盈余部门的一部分资金通过诸如银行等金融中介机构流向资金短缺部门，另一部分则通过直接金融市场流向资金短缺部门。前者称为间接金融转化机制，后者称为直接金融转化机制。

（3）直接金融与间接金融

从资金盈余单位到资金短缺单位的资金流动有两种渠道：直接金融和间接金融，如图2-1-1所示。

①直接金融：通过金融市场将资金盈余部门的闲置资金直接转移到资金短缺部门。资金

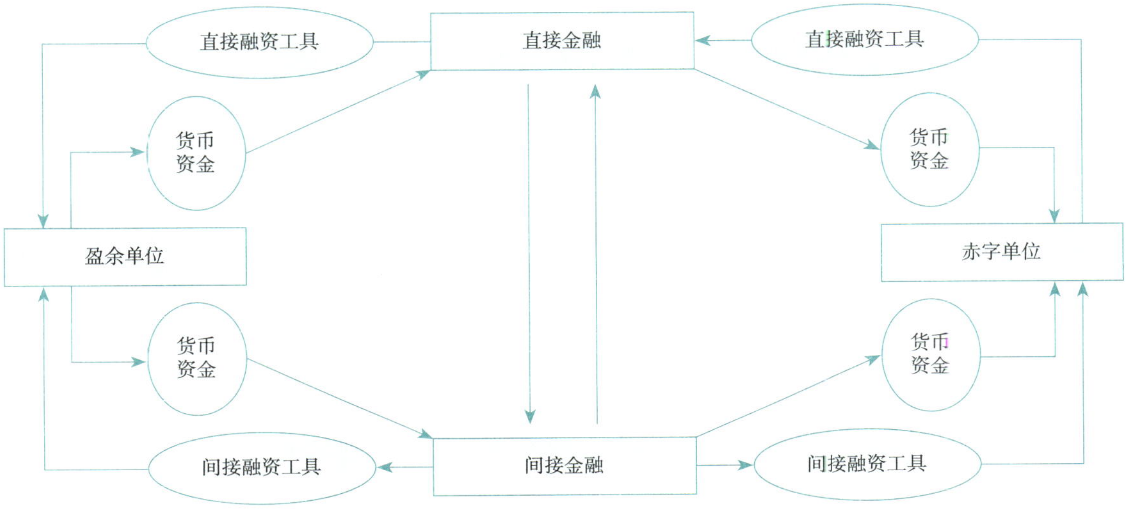

图2-1-1　金融转化机制中的资金流动

短缺部门通过发行股票和债券等金融工具筹集所需要的资金。在直接金融过程中，短缺单位通过出售股票、债券等凭证而获得资金，盈余单位持有这些凭证而获得未来的本息收入（债券）或股息分红（股票）。因此，对于短缺单位来说，这些凭证是一种负债；而对于盈余单位来说，它们则是一笔资产。这些凭证大多可以在市场上流通，因而具有较高的流动性。

直接金融的特点：第一，融资双方直接联系，根据各自的融资条件实现融资，在融资期限、规模、利率等方面具有较大的灵活性，这种方式有利于筹措长期资金。第二，由于资金供求双方联系紧密，债务人直接面对债权人有较大的压力和约束力，从而有利于资金的合理配置，提高资金的使用效率。第三，由于直接金融借助投资银行、证券交易所等金融机构的服务，从而避开了商业银行等中介环节，由资金供求双方直接进行交易，所以资金短缺单位可以节约一定的融资成本，资金盈余单位则可能获得较高的资金报酬。

资金短缺单位向最初的购买者出售新发行证券的市场，被称为一级市场或发行市场。而交易已发行证券的市场则被称为二级市场或交易市场，并可以分为有组织的证券交易市场和场外交易市场两种形式。一级市场的重要性是毋庸置疑的，因为正是在这个市场上，完成了资金短缺单位和资金盈余单位之间的资金融通，而二级市场仅仅是资金盈余单位之间的交易

市场，这与资金的融通并无直接关系。但这是否就意味着二级市场是可有可无的呢？答案是否定的。事实上，正是由于二级市场的存在，使得证券具有了流动性，也才使得证券为人们所欢迎，从而使资金短缺单位在一级市场的证券发行更容易成功。在20世纪80年代初我国刚开始恢复国库券发行时，由于国库券的二级市场没有开通，人们普遍不愿意接受它，必须依靠硬性摊派才能销售出去。但是当国库券的交易市场形成之后，它立刻变得十分抢手。这一例子充分说明了二级市场对于资金融通的重要意义。

直接金融也有其严重的不足。这主要表现在：第一，它要求资金盈余单位的从业人员具备一定的专业知识和技能。投资者（资金盈余单位）要通过对证券发行者（资金短缺单位）的了解和对市场行情的判断来决定购买哪一种证券，这需要很高的技巧，并需要投入大量的时间和精力。第二，它要求资金盈余单位承担较高的风险。由于金融市场瞬息万变，其风险是非常大的，它可以使人一夜暴富，也可以使人转瞬间一贫如洗。相反，把钱存入银行则要安全、省心得多。第三，对于资金短缺单位来说，直接金融市场的门槛是比较高的。一个知名度很高的大企业也许可以很轻易地将它所发行的证券推销出去，并且卖得一个好价钱；但是对于一个不太为人所知的中小企业来说，要让投资者接受它所发行的证券便会有很大的困难。因此可以说，直接金融市场只是政府和一些大企业的专利，中小企业很难涉足，个人消费者就更不用说了，其局限性主要体现在：一是直接融资受到的限制往往较多，进入门槛高，资金短缺单位不易进入；二是资金盈余单位自己承担风险，风险性较大。同时，信息是通过价格信号间接提供的，信息是否充分和准确就取决于市场的完善程度，比如，信息披露制度是否键全等。直接金融的上述不足为间接金融留下了广阔的活动空间。

②间接金融：间接金融是资金盈余单位把资金存放（或投资）到银行等金融中介机构中去，再由这些机构以贷款或证券投资的形式将资金转移到资金短缺单位手中。在间接金融中，资金的盈余单位和短缺单位并不发生直接的关系，而是分别同金融中介机构发生一笔独立的交易，金融中介机构发挥着吸收资金和分配资金的功能。它通过发行对自身的要求权（债权或股权）来获得资金，然后再把它转化成对短缺单位的要求权。特别值得注意的是，金融中介机构不是一般的代理人，而是一个独立的交易主体，盈余单位对中介机构的要求权和金融中介机构对短缺单位的要求权是两种独立的权利，两者并无一一对应的关系。也就是说，盈余单位对中介机构的要求权与中介机构对从该单位所获资金的具体运用无关。例如，假定银行从某一存款者手中获得10万元存款，并用它发放一笔贷款，那么即使到期后这笔贷款无法收回，银行也仍应该偿还原存款者本息。因此，在间接金融中，金融中介机构是融资风险的直接承担者。金融中介机构之所以从事这种中介活动，是为了获得相应的报酬，也就是从资金短缺单位获取的收益扣除向盈余单位支付的成本之后的剩余。对于银行这种中介机构来说，这种报酬主要就表现为存款和贷款的利差。

间接金融相对于直接金融，其特点表现在：一是融资能力极强。金融中介机构是专门从事融资的机构，资本雄厚，信誉卓越，拥有专门的融资人才、现代化的融资手段和融资工具，能够广泛动员社会资金，甚至还可以调动国外资金。二是对债权人而言安全性强。金融中介机构雄厚的经济实力、多样化的资产负债结构，可以分散融资风险，确保融资安全。三是具有信息优势。一方面，银行由于其贷款的非公开交易性可避免“搭便车”问题；另一方面，银行通过存款账户了解企业财务状况，可以相对有效地防范逆向选择和道德风险。间接金融的不足之处在于：资金使用效益低；盈余单位的投资收益低。

当然，直接金融和间接金融的划分不是绝对的，随着金融业的不断创新，两者在实践上的区别已经逐渐模糊。例如，贷款证券化就是将两者结合起来的一种融资方式。部分银行贷款也是可以在二级市场上流通转让的，这种将银行原来非标准化的贷款合同进行重新集合，然后细分为标准化的、具有相同金额、相同期限和相同收益的金融工具的过程就叫作证券化。具体来说，资产证券化是指将一组流动性较差但在一定阶段具有某种相对稳定收益的资产经过一系列组合，通过一定的结构安排（在大多情况下是成立一个特殊目的载体），分离和重组资产的收益和风险要素，保持资产组合在可预见的未来有相对稳定的现金流，并将预期现金流的收益权转变为可在金融市场流动的证券的技术和过程，其核心是对资产的收益和风险要素进行分离和重组，转移给一个特殊目的载体，如图2-1-2所示。

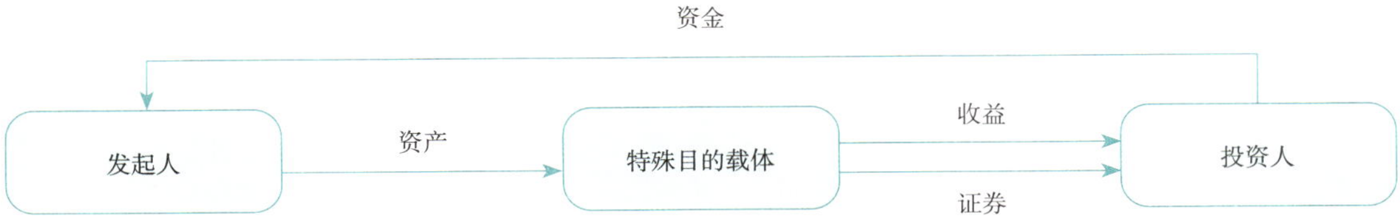

图2-1-2　资产证券化流程

证券化为银行更好地进行流动性管理提供了一个很好的渠道。由于抵押担保证券具有标准化的特点，并且可以有效地抵消单个抵押贷款的风险，所以具有较高的流动性。

1.3　金融体系的主要构成

（1）金融机构体系

金融机构体系是指金融中介机构的组成及其相互联系的统一整体。为适应市场经济资金融通的需要，各国金融体系大多数是以中央银行为核心来进行组织管理的，因而形成了以中央银行为核心、商业银行为主体、各类银行和非银行金融机构并存的金融机构体系。我国形成了以中央银行（中国人民银行）为领导，国有商业银行为主体，城市信用合作社、农村信用合作社等吸收公众存款的金融机构以及政策性银行等银行业金融机构，金融资产管理公司、信托投资公司、财务公司、金融租赁公司以及经国务院银行业监督管理机构批准设立的其他金融机构，外资金融机构并存和分工协作的金融机构体系。

金融机构也称金融中介或金融中介机构，是指主要以货币资金为经营对象，专门从事货币信用、资金融通、金融交易以及相关业务的专业化组织机构。金融机构在现代金融体系中的资金流动和分配过程中扮演着极其重要的角色。

金融机构的功能主要有：①便利支付结算；②促进资金融通；③降低交易成本；④改善信息不对称；⑤转移与管理风险。

（2）金融机构体系的构成

金融机构体系的一般构成包括中央银行、商业银行、专业银行和非银行类金融机构等。

中央银行：中央银行习惯上也称货币当局，在一国金融体系中居于核心和主导地位。中央银行对内代表国家负责制定和执行国家的货币政策，通过控制货币流通与信用活动对国民经济实行宏观调控，实现稳定物价、充分就业、经济增长和国际收支平衡等宏观经济目标，对整个金融体系实行领导、管理和监督，维护金融体系的安全运行。

作为一国金融体系的核心，中央银行不经营一般的银行业务，不以营利为目的，只为政府和金融机构提供金融服务。中央银行是发行的银行、政府的银行、银行的银行。对外它是一国货币主权的象征。

中央银行是在商业银行的发展过程中，由发行银行转化而来的。由于世界各国的社会、政治经济制度、商品经济发展水平以及金融业发展程度等各不相同，各国的中央银行制度也有较大差异。

中央银行业务主要分为两类：一是银行性业务，包括：清算业务、管理国库业务、会计业务和资产负债业务，其中资产负债业务包括：货币发行业务、准备金及存款业务、发行中央银行证券、再贴现业务和再贷款业务、公开市场业务和黄金、外汇业务。二是管理性业务，包括：存款准备金管理；货币流通管理；货币市场监管；黄金、外汇管理；征信管理；金融风险的评估与管理；反洗钱和金融安全管理；金融统计业务；国际金融活动与协调管理；对金融机构的稽核、检查、审计。

商业银行：商业银行是各国金融机构体系的主体，主要通过发行支票存款、储蓄存款和定期存款来筹措资金，用于发放工商业贷款、消费者贷款和抵押贷款、购买政府债券，提供广泛的金融服务。无论在哪个国家，商业银行都是最重要的一种金融中介机构，它们所拥有的总资产最大，机构数量多、业务范围广、提供的金融服务也最全面，尤其是它的支付结算业务，在加快资金周转的同时也带来了商品经济的快速发展。由于商业银行在金融体系中是最早发展起来的，其组织形式多种多样，其中以股份制形式较多，最具代表性。商业银行的主营业务包括三大类：负债业务、资产业务、中间业务。负债业务是商业银行形成资金来源的业务，是商业银行中间业务和资产业务的重要基础。商业银行负债业务主要由存款业务、借款业务、同业业务等构成。负债是银行由于受信而承担的将以资产或资本偿付的能以货币计量的债务。存款、派生存款是银行的主要负债，约占资金来源的80%，另外联行存款、同业存款、借入或拆入款项或发行债券等，也构成银行的负债。资产业务是商业银行运用资金的业务，包括贷款业务、证券投资业务、现金资产业务。中间业务是指不构成商业银行表内资产、表内负债形成银行非利息收入的业务，包括交易业务、清算业务、支付结算业务、银行卡业务、代理业务、托管业务、担保业务、承诺业务、理财业务、电子银行业务。

专业银行：专业银行是专门经营指定范围的金融业务和提供专门性金融服务的银行。专业银行是社会分工发展在金融领域中的具体表现。随着社会分工的不断发展，要求银行必须具有某一方面的专门知识和专门职能，从而推动着各式各样的专业银行不断出现。世界各国专业银行种类甚多、名称各异，这里介绍其中主要的几种：

储蓄银行是指以吸收居民储蓄存款为主要资金来源的银行。在西方发达国家，储蓄银行大多是专门设立的，其投资领域也受到专门立法限制，主要从事长期投资，如发放抵押贷款、投资于政府公众、公司债券和股票等。储蓄银行的名称很多，诸如互助储蓄银行、储蓄与贷款协会、国民储蓄银行、信托储蓄银行、信贷协会等。

抵押银行是专门从事以房地产和其他不动产为抵押物的长期贷款的银行。抵押银行的资金来源主要是通过发行不动产抵押证券来筹集，其长期贷款业务主要包括两类：一是以土地为抵押物的贷款，贷款对象是土地所有者或农场主；二是以城市不动产为抵押物的贷款，贷款对象主要是房屋所有者和建筑商。此外，也经营以股票、债券和黄金为抵押品的贷款。

农业银行，由于农业受自然因素影响大，对资金的需求具有鲜明的季节性特点；农村地域广，单个贷款需求数额小，利息负担能力低；抵押品集中和保管困难，贷款一般只能依靠个人信誉。基于以上原因，农业信贷的特点是规模小、期限长、风险大、利率低。一般商业银行等存款金融机构都不愿意从事此类信贷业务。因此在市场经济国家中，大多都以支持农业发展为原则而由政府设立农业银行。诸如美国的联邦土地银行、法国的农业信贷银行、德国的农业抵押银行、日本的农林渔业金融公库、我国的农业发展银行，其资金来源主要为政府拨款，也可以发行股票或债券、吸收存款等。由于农业贷款的收益低，风险大，一般都享有税收优惠或政府贴息。

非银行类金融机构：20世纪80年代以来，随着各国金融自由化进程的加快，非银行类金融机构的发展非常迅速，在金融体系中，非银行类金融机构的重要性和地位不断提升。非银行类金融机构比较庞杂，包括信用合作社、保险公司、投资银行、信托公司、金融公司、养老或退休基金、投资基金、租赁公司等。

信用合作社是围绕某一社会集团建立的合作性的放款机构，往往为某一大企业、政府机构、大学、工会团体的雇员所拥有，存款人即为股东，规模一般都很小。信用合作社从存款中获得资金，并主要用于发放消费者贷款。此外，也可以发行支票存款，并从事以不动产或有价证券为担保的抵押贷款。

保险公司主要有两种类型：人寿保险公司及财产和意外灾害保险公司。人寿保险公司有两种不同的组织形式：一种是股份公司型，其股份为股东所有；另一种则是基金型，其所有者为各投保人。从总体上看，人口死亡率是比较稳定的，所以人寿保险公司能够相当准确地计算出其未来的保险金支付额，因此人寿保险公司主要投资于收益较高的公司股票、债券、抵押贷款等长期性金融工具。财产和意外灾害保险公司主要是对火灾、盗窃、车祸、自然灾害等各种事件造成的财产损失进行保险。由于它们的保险赔偿额不像人寿保险公司那样可以准确地加以预期，所以它们更多的是投资于中央政府债券和市政债券，以保持必要的资产流动性。

投资银行是专门对工商企业办理投资和长期信贷业务的银行。投资银行在英国称为商人银行，在日本和我国称为证券公司。投资银行的资金来源主要依靠发行有价证券，包括股票和债券来筹集，其具体业务包括：①对工商企业的股票和债券进行投资；②对工业企业提供中长期贷款；③为工商企业承销股票和债券的发行；④参与企业的设立与兼并；⑤承销本国及外国公债；⑥从事投资与兼并的咨询；⑦从事租赁业务。

信托公司，信托是一种财产管理制度，是指委托人基于对受托人的信任，将其财产权委托给受托人，受托人按委托人的意愿，为受益人的利益或者特定目的，对信托财产进行管理的行为，主要业务包括信托、委托、代理、租赁、咨询等业务。信托业务主要包括信托存款、信托贷款、信托投资和财产信托。委托业务包括委托存款、委托贷款和委托投资等。投资信托公司的作用在于汇聚中小投资者的资金，分散投资于不同国家、不同证券，以使投资风险降至最低水平。

金融公司又称为财务公司。金融公司通过出售商业票据，发行股票或债券，以及向商业银行借款等方式来筹集资金，并用于向购买汽车、家具等大型耐用消费品的消费者或小型企业发放贷款，金融公司可以分为三种类型，即销售金融公司、消费者金融公司和商业金融公司。

养老基金可以分为私人养老基金和公共养老基金。私人养老基金通常是由企业为其雇员设立的，养老金预付款由雇员和雇主共同分担，同时政府还给予某些税收上的优惠。私人养老基金可以由商业银行的信托部、人寿保险公司或专门的养老基金经理来管理，往往大量投资于公司股票。公共养老基金则包括各级政府为其雇员所设立的养老基金和社会保障系统。这些基金在管理上和私人养老基金并没有太大的不同，只是在资金的投向方面受到一定的限制，所以不像私人养老基金那样大量投资于股票。社会保障系统在许多发达国家都存在，几乎涵盖了在私有部门就业的所有人员，资金来源主要是雇主和雇员缴纳的社会保障税。社会保障系统的主要任务是向年老、伤残、疾病、失业人员及死亡者家属提供必要的援助。和私人养老基金不同的是，社会保障系统的资金援助是根据需要发放的，而不是根据个人所缴纳的预付款发放的。

共同基金（又叫投资基金）通过向个人出售股份来筹集资金，然后用于购买多样化的股票和债券组合。共同基金把中小投资者的资金集中起来，并通过专家进行管理（基金管理人每年向其股东收取不超过1%的管理费），可以降低交易成本及信息成本，并可通过投资的多样化而降低风险，因而受到广大投资者的欢迎。

货币市场共同基金是一种特殊类型的共同基金。与其他共同基金一样，也通过出售股份筹集资金，但是它的投资对象仅限于安全性高、流动性大的货币市场金融工具，如短期国债、银行大额可转让定期存单等。由于这些金融资产的价格波动很小，所以货币市场共同基金的股份价格是固定的。更为独特的是，股份持有人可以根据他们所持有的股份价值来签发支票，因而它还具有某些存款机构的特征。不过，货币市场共同基金在签发支票方面存在着一定的限制，例如支票的金额不能低于一定数额等。

租赁公司作为一种金融中介机构，主要业务是购买大型设备再将该设备以经营租赁、融资租赁等形式出租给需要使用相应设备的企业。租赁公司的业务运作方式具有灵活、成本低、税收优惠等特点，能够降低生产企业进行设备技术更新的投资和技术风险，推动生产技术进步。

我国现行的金融机构体系：我国现行的金融机构体系，按照其地位和功能可以划分为五个层次：第一个层次为金融管理监管层；第二个层次为商业银行；第三个层次为政策性银行；第四个层次为非银行金融机构；第五个层次为在华外资金融机构，如图2-1-3所示。

国际金融机构体系：国际金融机构体系是指从事国际金融管理和国际金融活动的超国家性质的组织机构，按地区可分为全球性国际金融机构和区域性国际金融机构。其中，全球性

图2-1-3　我国现行的金融机构体系图

国际金融机构包括国际货币基金组织、世界银行集团等。

国际货币基金组织（IMF）是根据1944年联合国国际货币金融会议通过的《国际货币基金协定》建立的。1945年2月正式成立，1947年成为联合国的一个专门机构。其宗旨是：通过会员国共同探讨和协商国际货币问题，促进国际货币合作；促进国际贸易的扩大和平衡发展，开发会员国的生产资源；促进汇率稳定和会员国汇率有条不紊地安排，避免竞争性的货币贬值；协助会员国建立多边支付制度，消除妨碍世界贸易增长的外汇管制；协助会员国克服国际收支困难。会员国缴纳的基金份额是基金组织最主要的资金来源。国际货币基金组织的主要业务活动除了对会员的汇率政策进行监督，与会员国就经济、金融形势进行磋商和协调外，则是向会员国提供借款和各种培训、咨询服务。

世界银行集团包括世界银行、国际开发协会和国际金融公司。这三者的共同宗旨是通过提供和组织长期贷款和投资，解决会员国恢复和发展经济的资金需要，资助它们兴办特定的基本建设工程，但三者的贷款对象和方式有所不同。世界银行主要是向成员国提供长期的贷款优惠；国际开发协会则致力于向低收入国家提供长期低息援助性贷款；国际金融公司主要向成员国的私人部门提供贷款。世界银行的资金来源有会员缴纳的股金、向国际金融市场借款、出让债权、经营中的利润收入，其主要业务为向发展中国家提供长期贷款。

国际开发协会是专门对较穷的发展中国家发放条件优惠的长期贷款的金融机构，成立协会的建议是1957年提出的，正式成立于1960年9月。

国际金融公司建立于1956年7月，申请加入该组织的国家必须是世界银行会员国。国际金融公司的组织结构和管理方式与世界银行相同，其主要任务是对属于发展中国家的会员国中私人企业的新建、改建和扩建提供资金。

1.4 金融市场体系

（1）金融市场的含义

金融市场是指资金供应者和资金需求者双方通过信用工具进行交易而融通资金的市场，广而言之，是实现货币借贷和资金融通、办理各种票据和有价证券交易活动的市场。

金融市场是资金融通市场。所谓资金融通，是指在经济运行过程中，资金供求双方运用各种金融工具调节资金盈余的活动，是所有金融交易活动的总称。在金融市场上交易的是各种金融工具，如股票、债券、储蓄存单等。资金融通简称为融资，一般分为直接融资和间接融资两种。直接融资是资金供求双方直接进行资金融通的活动，也就是资金需求者直接通过金融市场向社会上有资金盈余的机构和个人筹资；与此对应，间接融资则是指通过银行等金融中介机构所进行的资金融通活动，也就是资金需求者采取向银行等金融中介机构申请贷款的方式筹资。直接融资和间接融资的主要区别不在于是否有银行等金融机构参与进来，而是看金融机构是否发行自己的债权债务凭证。金融市场对经济活动的各个方面都有着直接的深刻影响，如个人财富、企业的经营、经济运行的效率，都直接取决于金融市场的活动。

（2）金融市场的特点

①交易价格的趋同性：在商品市场，商品的价格是商品价值的货币表现，而金融市场上特殊商品的价格——利息率，不是表现特殊商品的价值，而是表现特殊商品的使用价值。货币等金融工具买卖、转让的不是货币，而是货币的使用权。买者购买使用权后，可以投资于各种经营活动，以获取更多的利益，即获得多于偿还给贷款者的本息。利息率的波动客观地反映了市场银根的松紧。在金融市场上，由于“商品”的单一性，决定了利率的一致性。不论借钱的目的是什么，在期限一致、金额相同时，利率基本相同。通过市场的运作，不一样的市场所具有的利率将趋于一致。因此，统一的利息率是金融市场特殊商品交易的参考值，对股票、债券等有价证券的价格有制约作用。

②交易对象的周转具有特殊性：在金融市场上，交易对象不是具有各种各样使用价值的商品，而是单一的货币形态的资金商品。资金商品无质的差别性，只有单一的“使用价值”——获得收益的能力。在商品市场上，商品随交易活动的结束而退出流通领域转入消费领域。但是，金融市场交易完成后，交易对象还会在预先约定的时间内，带着利息返回。因为金融市场交易只转让了资本的使用权而未出卖所有权。

③交易主体的可变性：在金融市场上，市场交易主体的角色并非固定不变。一般来说，企业通常是资金的短缺方，往往是资金的需求者；家庭或个人通常是资金的富裕方，往往也是资金的供应者。但是，当企业有闲置资金的时候，这时它成了资金的供应者，而家庭或个人可能成为资金的需求者。

④交易活动的集中性和交易场所的非固定性：金融市场的资金供给者很多，涉及政府、工商企业、家庭和个人等多方面，但却很少直接将资金提供给需求者，往往是通过金融机构把各方面的资金集中起来，然后再贷给需求者使用。可见，金融市场的借贷活动不是零散的，而是具有很强的集中性。在金融市场上，金融工具的交易是通过一些专业组织机构实现的，通常有固定的交易场所和无形的交易平台。

（3）金融市场的类型

金融市场的构成十分复杂，它是由许多不同的市场组成的一个庞大体系。一般根据金融市场上交易工具的期限，把金融市场分为货币市场和资本市场两大类。货币市场是融通短期资金的市场，资本市场是融通长期资金的市场。货币市场和资本市场又可以进一步分为若干不同的子市场。货币市场包括金融同业拆借市场、回购协议市场、商业票据市场、银行承兑汇票市场、短期政府债券市场、大面额可转让存单市场等。资本市场包括中长期信贷市场和证券市场。中长期信贷市场是金融机构与工商企业之间的贷款市场；证券市场是通过证券的发行与交易进行融资的市场，包括债券市场、股票市场、基金市场、保险市场、融资租赁市场等。

货币市场是指期限在一年以内的金融资产交易的市场，该市场的主要功能是保持金融资产的流动性，以便随时转换成可以流通的货币。它的存在，一方面满足了借款者的短期资金需求；另一方面为暂时闲置的资金找到了出路。该市场具有期限短、流动性强、收益稳定、安全性高、投资回报低、交易量大的特点，在货币供应量层次划分上被置于现金货币和存款货币之后，称之为“准货币”，所以将该市场称为“货币市场”。货币市场由同行业拆借市场、票据市场、大额可转让定期存单市场（CD市场）、国库券市场、消费信贷市场和回购协议市场六个子市场构成。

资本市场又称长期资金市场，是金融市场的重要组成部分。作为与货币市场相对应的理论概念，资本市场通常是指进行中长期（1年以上）资金（或资产）借贷融通活动的市场。由于在长期金融活动中，涉及资金期限长、风险大，具有长期较稳定收入，类似于资本投入，故称之为资本市场，主要包括国债市场、股票市场、企业中长期债券市场和中长期放款市场，其特点如表2-1-1所示。

表2-1-1　资本市场特征

特征	内容
融资期限长	至少在1年以上，也可以长达几十年，甚至无到期日。例如：中长期债券的期限都在1年以上；股票没有到期日，属于永久性证券；封闭式基金存续期限一般都在15～30年
流动性相对较差	在资本市场上筹集到的资金多用于解决中长期融资需求，故流动性和变现性相对较弱
风险大而收益较高	由于融资期限较长，发生重大变故的可能性也大，市场价格容易波动，投资者需承受较大风险。同时，作为对风险的报酬，其收益也较高
资金借贷量大	在资本市场上，资金供应者主要是储蓄银行、保险公司、信托投资公司及各种基金和个人投资者，而资金需求方主要是企业、社会团体、政府机构等，因此借贷量比较大
价格变动幅度大	资本市场交易对象主要是中长期信用工具，如股票、债券等，包括中长期信贷市场与证券市场，二级市场的流通加大了价格变动的幅度

外汇市场是指在国际间从事外汇买卖、调剂外汇供求的交易场所。它的职能是经营货币商品，即不同国家的货币。国际上因贸易、投资、旅游等经济往来，总不免产生货币收支关系。但各国货币制度不同，要想在国外支付，必须先以本国货币购买外币；另一方面，从国外收到外币支付凭证也必须兑换成本国货币才能在国内流通。这样就发生了本国货币与外国货币的兑换问题。两国货币的比价称汇价或汇率。西方国家和我国的中央银行为执行外汇政策、影响外汇汇率、经常买卖外汇的机构。所有买卖外汇的商业银行、专营外汇业务的银行、外汇经纪人、进出口商，以及其外汇市场供求者都经营各种现汇交易及期汇交易。这一切外汇业务组成一国的外汇市场。外汇市场的作用和特点如图2-1-4和表2-1-2所示。

图2-1-4　外汇市场的作用

表2-1-2　外汇市场的特点

特点	内容
有市无场	外汇交易的网络是全球性的，并且形成了没有组织的组织，市场是由大家认同的方式和先进的信息系统所联系，交易商也不具有任何组织的会员资格，但必须获得同行业的信任和认可。这种没有统一场地的外汇交易市场被称之为“有市无场”。全球外汇市场每天平均上万亿美元的交易，如此庞大的巨额资金，就是在这种既无集中的场所又无中央清算系统的管制，以及没有政府的监督下完成清算和转移
循环作业	由于全球各金融中心的地理位置不同，亚洲市场、欧洲市场、美洲市场因时差的关系，连成了一个全天 24 小时连续作业的全球外汇市场。早上 8 时半（以纽约时间为准）纽约市场开市，9 时半芝加哥市场开市，10 时半旧金山开市，18 时半悉尼开市，19 时半东京开市，20 时半新加坡开市，凌晨 2 时半法兰克福开市，3 时半伦敦市场开市 如此 24 小时不间断运行，外汇市场成为一个不分昼夜的市场，只有星期六、星期日以及各国的重大节日，外汇市场才会关闭
零和游戏	在外汇市场上，汇价的波动所表示的价值量的变化和股票价值量的变化完全不一样，这是由于汇率是指两国货币的交换比率，汇率的变化也就是一种货币价值的减少与另一种货币价值的增加。比如以前，1 美元兑换 360 日元，后来 1 美元兑换 120 日元，这说明日元币值上升，而美元币值下降，从总的价值量来说，变来变去，不会增加价值，也不会减少价值。因此，有人形容外汇交易是“零和游戏”，更确切地说是财富的转移

黄金市场是指以黄金为交易对象的市场。它是国际金融市场重要的组成部分。黄金市场的形成与黄金作为货币金属的历史有着密切联系。黄金市场是一个全球性的市场，不受制于任何国家、政府或企业，当中有不同的投资者进行买卖交易，主要的参与者有各国中央银行、国际金融机构、出售黄金的采金企业，以及进口黄金的各国工商企业等。

国际黄金市场可分为场外市场和场内市场。黄金交易与证券交易一样，都有一个固定的交易场所，世界各地的黄金市场就是由存在于各地的黄金交易所构成的。黄金交易所一般都是在各个国际金融中心，是国际金融市场的重要组成部分。场外市场主要经营黄金现货和黄金远期合约产品，伦敦金市便是场外市场的代表。

（4）金融市场的功能

金融市场具有资本积累、资源配置、调节经济和反映经济等重要功能。

①资本积累。金融市场的积累功能是指金融市场引导众多分散的小额资金汇聚成可以投入社会再生产的资金集合的功能。在这里，金融市场起着资金“蓄水池”的作用，可以调剂余缺。金融市场之所以具有资金的积累功能一是由于金融市场创造了金融资产的流动性；二是由于金融市场上多样化的融资工具为资金供应者的资金寻求合适的投资手段找到了出路。

②资源配置。金融市场的配置功能表现在三个方面：一是资源的配置；二是财富的再分配；三是风险分散与转移。

在经济的运行过程中，拥有多余资产的盈余部门并不一定是最有能力和机会作最有利投资的部门，现有的资产在这些盈余部门得不到有效的利用，金融市场通过将资源从低效率利用的部门转移到高效率利用的部门，从而使一个社会的经济资源能最有效地配置在效率最高或效用最大的用途上，实现稀缺资源的合理配置和有效利用。

在金融市场中，证券价格的波动反映出的实际上是证券背后的信息，能够判断整体经济运行情况以及相关企业、行业的发展前景，从而决定其资金与其他资金资源的投向。一般来说，资金总是流向最有发展潜力，能够给投资者带来最大利益的部门和企业，只有这样，通过金融市场的作用，有限的资源才能够得到最为合理的利用。

财富是各经济单位持有的全部资产的总价值。政府、企业及个人通过持有金融资产的方式来持有的财富，在金融市场上的金融资产价格发生波动时，其财富的持有数量也会发生变化，一部分人的财富量随金融资产价格的升高而增加了其财富的拥有量，而另一部分人则由于其持有的金融资产价格下跌，所拥有的财富量也相应减少。这样，社会财富就通过金融市场价格的波动实现了财富的再分配。

金融市场的发展促使居民金融资产多样化和金融风险分散化，同时也促使风险转移。在现代经济活动中，风险无时不在，无处不在，而不同的主体对风险的厌恶程度是不同的。利用各种金融工具，厌恶金融风险的人可以把风险转嫁给厌恶风险程度较低的人，从而实现风险的转移。

③调节经济。调节功能是指金融市场对宏观经济的调节作用。金融市场一边连接储蓄者，另一边连接投资者，金融市场的运行机制通过对储蓄者和投资者的影响而发挥着宏观调控的作用。

在金融市场大量的直接融资活动中，投资者为了自身利益，一般会谨慎、科学地选择投资的国家、地区、行业、企业、项目及产品。只有符合市场需要，效益高的投资对象，才能获得投资者的青睐。而且，投资对象在获得资本后，只有保持较高的经济交易和较好的发展势头，才能继续生存并进一步扩张。否则，它的证券价格就会下跌，继续在金融市场上筹资就会面临困难，发展就会受到后续资本供应的抑制。这实际上是金融市场通过其特有的引导资本形成及合理配置的机制首先对微观经济部门产生影响，进而影响到宏观经济活动的一种有效的自发调节机制。

金融市场的存在及发展，为政府实施对宏观经济活动的间接调控创造了条件。货币政策属于调节宏观经济活动的重要宏观经济政策，其具体的调控工具有存款准备金政策、再贴现政策、公开市场操作等，这些政策的实施都以金融市场的存在、金融部门及企业成为金融市场的主体为前提。金融市场既提供货币政策操作的场所，也提供实施货币政策的决策信息。首先，因为金融市场的波动是对有关宏微观经济信息的反映，所以，政府有关部门可以通过收集及分析金融市场的运行情况来为政策的制定提供依据。其次，中央银行在实施货币政策时，通过金融市场可以调节货币供应量、传递政策信息，最终影响到各经济主体的经济活动，从而达到调节整个宏观经济运行的目的。此外，财政政策的实施也越来越离不开金融市场，政府通过国债的发行及运用等方式对各经济主体的行为加以引导和调节，并提供中央银行进行公开市场操作的手段，也对宏观经济活动产生着巨大的影响。

④反映经济。金融市场历来被称为国民经济的“晴雨表”和“气象台”，是公认的国民经济信号系统。这实际上就是金融市场反映功能的写照。

金融市场的反映功能表现在如下几个方面：一是金融市场的价格发现功能。由于证券买卖大部分都在证券交易所进行，人们可以随时通过这个有形的市场了解到各种上市证券的交易行情，并据以判断投资机会。证券价格的涨跌在一个有效市场中实际上是反映着其背后企业的经营管理情况及发展前景。此外，一个有组织的市场，一般也要求上市公司定期或不定期公布其经营信息和财务报表，这也有助于人们了解及推断上市公司及相关企业、行业的发展前景。所以，金融市场首先是反映微观经济运行状况的指示器。二是金融市场反映宏观经济运行状况。金融市场交易直接和间接地反映国家货币供应量的变动。货币的紧缩和宽松均是通过金融市场进行的，货币政策实施时，金融市场会出现波动表示出紧缩和宽松的程度。三是金融市场反映微观经济运行状况。由于证券交易的需要，金融市场有大量专门人员长期从事商情研究和分析，并且他们每日与各类工商业直接接触，能了解企业的发展动态。四是金融市场的信息传递功能。金融市场有着广泛而及时地收集和传播信息的通信网络，整个世界金融市场已联成一体，四通八达，从而使人们可以及时了解世界经济发展变化的情况。

1.5 金融体系的功能

各种金融机构通过直接融资和间接融资渠道，将盈余部门的剩余资金转移到资金短缺部门，实现国民经济体系的资金融通功能。那么，金融体系在将储蓄转化为投资，实现资金融通方面具有哪些功能和优势呢？

（1）清算支付

金融体系中的金融机构可以为市场交易者提供清算支付功能，从而提高了市场交易的效率。例如，金融中介机构创造了票据结算的方法，企业与企业之间的交易大多通过银行转账或支票结算，相对于纸币的现金交易，大大降低了纸币携带和清点的时间和风险，极大地提高了社会经济的运行效率。随着电子计算机技术和网络技术的发展，现在个人也越来越利用借记卡、信用卡、POS机、网络银行、第三方支付来实现资金转账和结算。在现代金融体系中，现金结算的比例将逐渐降低。

（2）提供信息

信息不完全、不对称会很大程度地影响经济体对投资项目收益的判断以及储蓄投资转化的规模和效率。经济社会中充满不确定性，获得信息对经济主体而言是有益的，有助于减少风险。在金融体系中，投资者广泛参与金融交易，从而促进价格发现。另外，市场中的公允价格为不同经济部门决策提供信息，也有助于决策者把握市场方向。

（3）实现时间和空间的转换

利用金融中介机构可以将短期资金聚合起来转化为长期投资。一般来说，商业银行接受的存款大多是短期资金，其中有不少是活期存款和1年以下的定期存款，但是在某些资金被提走后，可以通过吸收新的资金进行补充，所以它能够发放长期贷款，有的可达到15～30年。例如，通过金融中介机构的抵押贷款，就能很好地解决人们收入流量与购买住房时的总价款之间的矛盾，将购房的支出均匀地分摊在未来相当长的一段时间里。由此可见，金融中介机构可以突破单个盈余单位资金量少、期限较短的限制，在保证盈余单位资金流动性的同时，满足短缺单位资金占用长期性的要求。

金融系统的时间转换不仅可以将短期资金转化为长期投资，而且还可以平滑生命周期内的收入，让人们合理地安排整个生命周期内的收支。在人的一生中，收入与支出在时间上也是不均匀的。一般来说，在参加工作前是没有收入的，但是需要维持生命的必需支出，以及进行学习教育方面的投资性支出；退休后收入一般也比较少，但可能需要支付养老和医疗方面的开支；青年和中年时期收入逐渐增加并达到个人顶峰，但是结婚、住房、抚养子女等开支都很庞大。如果没有金融系统，我们在生命周期里的生活质量就会遇到很多麻烦。例如，家境贫寒的学生如果没有助学贷款的资助，很可能就会由于无力支付大学期间的各项费用而辍学，不得不放弃接受高等教育的机会。

除了期限转换外，金融系统还可以克服金融资源在空间上的分布，调剂地区之间的资本余缺。在某一个既定时期，一个地区可能存在资本盈余，而另一个地区却存在资本短缺。如果没有金融系统，那么，资本短缺的地区就得不到发展所急需的资本，资本剩余地区的资本又得不到充分利用。金融系统则很好地解决了资金在地区间乃至国家间流动的问题。所以，东部的投资者可以通过金融系统足不出户地购买一家位于西部内陆地区的企业所发行的股票。不仅如此，人们还可以通过金融系统直接进行跨国投资。比如，欧美的投资者可以通过境外合格投资者渠道（QFII）购买中国证券市场发行的债券或股票；我国的投资者也可以通过境内合格投资者（QDII）渠道来投资海外证券市场。

（4）提供集中资本和股份分割的机制

金融体系具有归集和细分的功能。相对于企业运作的资本需要量，个人投资者的资金通常是不够的，这时金融体系可以发挥归集资源的作用，聚集众多投资者的资金，集中投向企业，满足企业生产所需。股票市场为企业股份的细分和流通提供了场所。在不影响企业实际生产的同时，为投资者提供了投资机会并分享企业收益。另外，股份细分降低了投资门槛，为投资者提供了新的投资机会和途径。

（5）分散、转移和管理风险

风险是由于未来存在不确定性而导致损失的可能性。金融体系提供了应付不测和控制风险的手段及途径。保险公司就是专门从事风险转移的金融中介。它们从希望降低风险的客户那里收取保费，同时将风险转移给为了换取某种回报而愿意偿付索赔、承担风险的投资者。此外，金融体系拥有多元化投资工具，为投资者分散投资风险提供了便利。

（6）监督与激励

金融体系还具有监督和激励机制。例如，某公司从1 000个人那里借款5 000万元资金。如果没有任何监督，该公司可能任意使用资金，甚至携款潜逃。对这些资金的监督由哪一位借款人执行呢？如果由于某个借款人执行监督而保证5 000万元贷款没有发生违约情况，1 000个借款人能够分享所有贷款收益。但是，所花费的监督费用却需要由唯一的监督者独自承担，显然，其余999个贷款者不需要支付1分钱却分享了贷款收益，属于典型的“搭便车”现象。由于存在“搭便车”，1 000个借款人都没有监督借款使用的积极性，结果造成了对借款者的监督真空。

实际上，1 000个借款人都明白如果没有借款监督，他们的本金就可能很难收回来，实行监督的总收益要远远大于监督的成本。因此，这1 000个贷款者就具有分摊委托费用，将监督权委托给第三方的激励，由第三方代表所有借款人对借款公司的投资行为进行监督。而金融中介机构能够有效克服“搭便车”的问题，尤其是商业银行发放的贷款不公开交易流通，使监督的收益内部化，因此，金融中介机构具有承担这一“代理监督”责任的监督激励。

在股票市场中，也同样存在着监督的“搭便车”问题。上市交易的股份公司股票持有人极为分散，要对上市公司的经营行为进行直接的监督极为不便，每个小股东都希望其他股东能够积极为权益最大化而监督，自己则可以坐享其成。可见，股份公司分散的股东结构，导致对公司的监督存在“搭便车”问题。如何解决这一金融市场的监督和激励问题呢？实际上，通过“用脚投票”来完成对股份公司的监督。所谓“用脚投票”，是指当股东对上市公司的经营不满时，就会在二级市场上出售他们所持有的股票。如果很多股东都这样做，该公司的股票价格就会急剧下跌。当该公司的股票价格跌到一定程度，它就有被别的企业收购或兼并的危险。由于股票在二级市场上的表现最终取决于该公司的业绩，所以为了使自己发行的证券在二级市场上有一个良好的表现，企业的管理者必须尽可能地提高本企业的经营业绩，这就使二级市场具有了对上市公司进行监督的功能。因此，二级市场不仅对资金融通具有重要意义，而且还在公司治理结构中扮演着重要角色。“用脚投票”和兼并重组对上市公司的管理层构成了一种较强的约束力。

2. 金融体系支付功能的本质和特点

支付是货币资金转移的过程，是发生在购买者和销售者之间的金融交换，是社会经济活动所引起的货币债权转移的过程，是现代经济正常运行的基础之一。支付包括交易、清算和结算。

2.1 支付的本质

支付源于交易客户之间的经济往来活动，但最终演化为银行与客户或客户的开户银行之间的资金收付活动。现代的支付活动表现为支付服务组织通过银行账户、支付工具、支付系统在不同的经济主体之间完成资金转移的过程。从复杂的支付活动中可以发现，现代支付的本质是支付信息的传输和账户余额的变化，即通过电子信息的传输联动账户余额变更，从而完成了资金的清算和结算。

支付信息清分的过程是清算，账户余额变动的过程是结算。清算和结算的有机统一是现代支付很重要的特点。支付信息以纸质票据、卡片和电子形式，通过支付清算系统进行清分和传输，这就是清算的过程。清算重在清，直观的解释就是A银行对一堆票据（或卡片，或电子形式数据）进行分解和归类汇聚，如果是B银行的就划给B，如果是C银行的就划给C，以此类推。

2.2 支付的本质要素

现代非现金支付的本质要素是账户和鉴权。提到支付就无法绕开账户的概念，所有的非现金支付都是基于账户进行的，账户是支付的起点也是终点。账户一般是银行账户，但也可以是第三方支付机构系统的账户（比如支付宝账户、财付通账户等）。具有支付功能的账户是一切现代支付的基础。账户是支付要素的静态要素，而支付是一个动态的过程，其动态要素就是鉴权。账户存在的意义在于去使用它，而甄别使用者身份的过程就是鉴权。当支付发起方需要动用账户数额进行实际支付前，需要进行鉴权操作。现代支付手段多种多样，千变万化，但是都脱离不了这两个要素，例如手机中的支付宝钱包，首先在使用之前必须关联好账户，使得支付宝钱包具备连通银行的现实支付基础，然后还要用指纹（刷脸）或者键盘输入密码来完成鉴权，从而成功达成一次支付。

2.3 支付的特点

（1）兼顾融资

支付是付款人和收款人之间的货币资金的转移，也体现付款人和收款人之间的借贷关系，即支付与融资的结合，是支付的一大特征。如信用卡就是支付和融资结合最典型的代表，既有支付的功能，又有融资的作用。再比如支票的授信业务，企业可以在其账户余额不足的情况下，使用银行给企业核定的信用额度进行支付。一方面企业可以放心支付，有利于降低空头支票发生数，减少空头支票带来的行政处罚成本和社会交易成本。另一方面银行可以获取利息，增强商业银行支付结算业务的服务水平和盈利能力。总体上将有利于增强中小企业的支付能力，促进国民经济的发展。这样支票就从一个支付工具演变为一个融资工具、信用工具。

商业汇票更是一种融资工具、延付工具。为了解决临时的资金周转困难，获得足够的流动资金，票据债权企业可以将持有的应收票据向银行申请贴现，从而从银行取得一笔款项。这种活动的实质相当于用应收票据这种权属凭证作为质押物向银行取得一笔质押借款，而且这种借款的一个好处就是其利率要比正常的短期借款略低。

（2）反映流向

支付还具有反映资金流向和账户联系的特点。根据这一特点可以用来加强金融监督、防范金融风险。通过监控资金流动的来源账户与目的账户，以及账户余额的变动情况，可以及早发现风险、预防风险。还可以根据这一特点评估账户的状态以及信用，为其他的金融活动提供必要的信息和参考。

任务 6 金融支付体系

1. 支付组织

1.1 支付组织含义

支付组织亦称支付服务组织，是指向机构和客户提供支付账户、支付工具、支付系统和支付服务的金融机构以及为这些机构运行提供清算和结算网络服务的组织或机构。支付组织是直接向社会提供支付服务的市场主体，是支付体系中的能动要素。

支付组织包括作为支付手段法定提供者的中央银行、直接面向企事业单位和公众提供支付服务的银行类金融机构和非金融支付服务组织，如图2-1-5所示。

图2-1-5 支付组织构成图

1.2 支付组织核心——中央银行

中央银行制定支付体系相关的法律规章制度，维持支付体系正常运转的秩序，向金融业机构提供国家级别的、主要是银行等金融机构之间资金转移的重要支付系统。中央银行建设和运营现代化支付系统，并通过与货币市场、债券市场、外汇市场等金融市场的业务系统相连接，直接面向银行业金融机构、金融市场参与者及专业化清算组织等相关机构，提供最终资金结算，是批发支付市场支付服务的主要提供者。中央银行提供的支付系统包括大额支付系统、证券结算系统、网银跨行互联系统等。通常，中央银行不但是一国支付体系的组织者、大额系统的执行者，还是支付法律法规的制定者、国家层面支付服务的监管者，负责金融稳定和审慎监管责任，同时负责支付行业的信息统计等工作。例如，人民银行负责组织、实施、运行和监管中国国家现代化支付系统，负责制定支付结算相关的法律法规及制度。

1.3 支付组织主体——银行类金融机构

银行类金融机构直接面向企事业单位和广大公众提供多种多样的零售支付服务。通常，银行类金融机构通过行内支付系统和相关支付工具提供支付服务。这些支付系统包括银行综合系统、网上银行系统、自动取款机等；支付工具包括柜台交易形式的支付工具，如汇票、支票、本票、汇兑和托收承付等，以及非柜台交易形式的支付工具，如自动借记、自动贷记、银行卡、电子汇票等。银行类金融机构面向社会公众提供零售支付服务，是传统的支付服务组织，其主要特点是业务种类多、规模大、覆盖面广，是支付组织的主要组成部分，是社会商品和劳务交易的媒介，是连接社会资金和国民经济各部门、各单位和个人经济活动的纽带。目前，中国银行类金融机构主要包括政策性银行、国有商业银行、股份制商业银行、城市商业银行、农村商业银行、农村合作银行、城市信用社、农村信用社、邮政储蓄银行、村镇银行、外资银行等，通过其覆盖全国城乡的网点机构，直接为广大企事业单位及个人提供灵活多样的支付服务，其支付服务具有基础性和盈利性等特点。

1.4 支付组织补充——社会化支付服务组织

社会化支付服务组织是提供支付服务的非银行金融机构、金融服务组织和非金融机构，主要提供支付信息的转接和交换及支付数据清分汇总等支付服务，包括支付系统和支付工具的提供和维护，支付信息的收集、传递、交换、处理、清算等，通过提供账户服务、新型支付系统、支付工具等手段为社会提供专业化的资金清算和结算服务。这类组织种类较多，覆盖面广。

传统意义上的社会化支付服务组织主要包括：证券存管托收和清算机构、外币清算机构、同城清算所、票据交换机构、银行卡信息转接机构、银行卡收单机构、银行卡发卡机构、集中收付机构等。目前，以上支付服务组织主要有中央债券登记结算公司、中国证券登记结算公司、中国银联股份有限公司、城市商业银行资金清算中心、农信银资金清算中心、集中代收付中心、各地的票据交换所等。

随着计算机技术和网络技术的深入发展，特别是互联网和通信网络的发展，许多新兴的支付手段，如网上支付、手机支付、物联网支付等不断涌现出来，满足了市场上支付创新的需求，支持了电子商务的发展。这些支撑新兴支付手段的技术公司以其技术创新、业务创新能力，在调节支付服务市场结构、增强市场竞争、优化资源配置、提高服务质量方面，发挥着越来越重要的作用。

目前，我国基本上形成了以中央银行为核心，银行业金融机构为主体，社会化支付清算组织为重要补充的支付服务组织体系。

2. 支付工具

现金、支票、银行卡等都可以称为支付工具，交易者通过这些工具转移他们之间的货币债权。通常，流通中的现金称为现金支付工具，而基于银行账户的支票、汇票、银行卡、直接借记、直接贷记、托收承付等称为非现金支付工具。

2.1 现金支付

在银行诞生以前，人们通常直接使用货币（主要是铸币）进行交易，现金交易属于典型的“钱货两讫”，特点是支付交易面对面，交易过程瞬时完成。但是，使用货币交易存在携带不便、运输安全、假币、现金管理成本高等方面的缺陷。银行出现后，以银行存款或基于银行账户的专门支付工具逐渐替代了现金交易。例如，支票的便利性、节约性等特性，使得支票替代了部分现金交易，尤其是替代了大额的现金交易；而电子技术的发展，使银行卡逐渐替代了零售交易中的现金交易和部分票据交易。

2.2 非现金支付

以银行账户为基础的支付工具将付款人存在银行账户上的存款资金向收款人银行账户转移。这一过程包括运用非现金支付工具发出支付指令、交易的确认、通过支付系统传递支付信息并实现资金的转移等。由于非现金支付工具与银行资金账户紧密相连，可以通过法律法规保障体系，应用先进的技术及规范，设计严密的业务流程来保障支付工具使用的安全性和高效率，因此，基于账户的非现金支付工具在安全性、流动性、经济性和透明性等方面较现金支付工具拥有较大的优势，能够满足多元化支付的需求，适应经济社会的发展。现代社会使用的支付工具主要是基于银行账户的各种支付工具，包括各种电子支付工具。

2.3 常用支付工具

支付工具是传递收付款人支付指令，实现债权债务关系清偿和资金转移的载体，其中的支付指令指付款人或收款人要求其支付服务提供者执行支付交易的指令。按照欧盟的定义，支付工具指支付使用者为发出支付指令而使用的支付服务提供者和使用者之间约定的一系列过程或方法。

支付工具可以分为现金支付工具和非现金支付工具。现金支付工具主要指流通中的纸币，非现金支付工具包括票据、银行卡、贷记转账、创新支付工具（如手机支付储值卡）

等，非现金支付工具可以根据介质的不同而分为票据支付工具和卡基支付工具，票据支付工具主要包括支票、汇票和本票，即所谓的“三票”，卡基支付工具有借记卡、信用卡、多用途储值卡、行业卡等；根据支付的贷记和借记方向，支付工具分为借记支付工具和贷记支付工具，如借记支付工具有支票、汇票、借记卡、定期借记等，贷记支付工具有汇兑、托收承付、信用卡、定期贷记等。目前，批发支付市场主要使用票据和汇兑等传统支付工具，而零售支付市场中，银行卡的发展非常迅速，逐渐占据主导地位。在银行卡逐渐成为主流支付工具的同时，各种以卡基支付为基础的新型支付模式和支付渠道不断产生。银行卡的应用，促进了支付方式的发展，引领支付服务的多元化发展趋势。

随着电子商务的迅速发展，传统支付工具的使用遇到了困难，主要表现在网上支付非面对面、支付额度小、支付频率高等特性，纸介质支付工具无法在网上流通，传统支付工具在电子商务交易中的安全性和效率性受到新兴支付工具的挑战。新兴支付市场中出现了一些新的支付工具，如电子票据、预储值卡、以Q币为代表的网币、各种形式的电子货币等。新兴支付工具的使用是金融支付服务创新的重要内容，这些支付工具的使用目前越来越广泛，拓展了金融服务对象，延伸了金融服务领域，丰富了金融服务产品。表2–1–3列出了中国目前支付服务市场中的部分支付工具。

表2–1–3　部分支付工具

类别	名称	使用范围及特点
传统支付工具	汇兑	用于商业、政府、银行间及个人消费者异地、同城资金划拨和支付
	汇票	用于异地的商业、消费或其他支付
	支票	用于全国范围内的商业和个人消费性支付
	本票	用于票据交换范围内的商业和个人消费性支付
	借记卡	用于全国范围内的商业和个人消费性支付
	信用卡	用于全国范围内的商业和个人消费性支付
	定期贷记	用于同城或异地的定期支付，如个人工资、保险金发放的支付
	实时贷记	用于通存业务、代收付中心发起的实时代付业务等业务
	托收承付	用于异地的商业性支付，资金划回收款人时通过支付系统处理
	委托收款	主要用于同城和异地的商业性支付，资金划回收款人时通过支付系统处理
	旅行支票	未来提供给个人用于异地旅行时的消费性支付
	定期借记	用于同城或异地的支付，如房租、水电费、电话费、税款的收取
	实时借记	用于通兑业务、代收付中心发起的实时代收业务
	商业汇票	通过银行委托收款，资金划回时通过支付系统处理
	国内信用证	用于异地商业性支付
	网银贷记支付	用于客户或第三方支付服务组织依照客户委托依托互联网发起的电子支付业务

续表

类别	名称	使用范围及特点
新兴支付工具	电子票据	用于全国范围内的商业和个人支付
	储值卡	用于区域范围内的商业和个人消费性支付
	行业卡	用于某行业范围内的商业和个人消费性支付，如公交卡
	虚拟账户	用于互联网上交易的支付

【例2-1-1】截至2021年年末，全国共开立银行账户136.64亿户，同比增长9.00%。非现金支付业务方面，2021年，全国银行共办理非现金支付业务34 395.06亿笔，金额4 415.56万亿元，同比分别增长23.90%和10.03%。人均持有银行卡大约是6.55张，银行卡卡均消费金额同比增长较快，这说明银行卡在小额高频消费方面发挥了重要作用。支付系统方面，2021年，支付系统共处理支付业务9 336.23亿笔，金额9 450.69万亿元，同比分别增长27.53%和15.32%。2021年，人民币跨境支付系统（CIPS）处理业务笔数和金额同比分别增长51.55%和75.83%。

3. 支付系统

3.1 支付系统的含义与作用

支付系统是由提供支付清算服务的中介机构和实现支付指令传送及资金清算的专业技术手段共同组成，用以实现债权债务清偿及资金转移的一种金融安排，有时也称为清算系统。支付系统层次划分如图2-1-6所示。

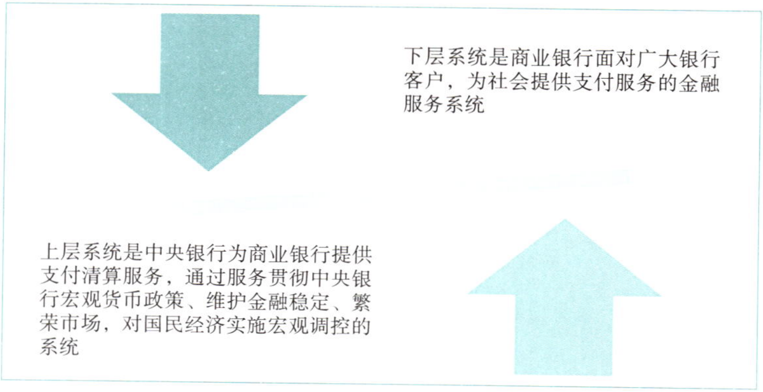

图2-1-6　支付系统层次划分图

简单来说，支付系统是支撑各种支付工具应用，实现资金清算和结算并完成资金最终转移的渠道，包含从支付指令发起到支付最终完成的业务流程、技术保障和制度安排。支付系统将各个支付要素整合在一起，是支付体系的核心，是金融市场和经济运行的核心基础设施。

例如，中央银行大额支付系统，通过提供银行清算账户服务，为银行业金融机构之间的资金跨行支付、同业拆借等提供了安全高效的资金转移支付服务，支持支票、汇兑、托收承付、信用证等支付工具；中国银联银行卡支付系统，为银行卡支付提供信息转接、清算服务。

从支付服务的批发市场角度来看，支付系统作为经济金融体系的重要基础设施，是维系金融机构和金融市场之间的纽带，其能否安全稳定运行关系到金融市场中的资金和证券能否在中央银行与金融机构之间及金融机构之间进行顺利转移的问题。从支付服务的零售角度来看，支付系统提供各种支付工具传递和处理的渠道，为企事业单位和广大公众提供各种支付便利，促进商品的消费，维持经济秩序。总而言之，支付系统具有如下作用：

①支付系统作为资金运动的大动脉，对加快社会资金周转、提高支付清算效率、畅通货币政策传导、保障金融稳定、促进国民经济健康发展发挥着重要作用。

②支付系统是维系社会正常运转的基础设施之一。

③支付系统的运行效率制约着经济运行效率，经济运行效率是经济发展和实现经济增长的核心问题之一。

④支付系统与契约经济和契约社会息息相关，是契约社会资金流转的中枢。

⑤支付系统信息是宏观经济决策的依据之一。

⑥支付系统运行事关经济安全和社会稳定。

3.2　支付系统分类

支付系统按照提供者可以分为国家支付清算系统、商业银行行内资金汇划系统、同城票据交换所系统以及提供社会支付服务的第三方专业化支付服务系统等。支付系统也可以按照处理支付业务的不同类型分为大额支付系统、零售支付系统、外汇结算系统和证券结算系统等，还可以按照支付工具的不同分为银行卡支付系统、票据支付系统等。

支付系统之间的互联互通，能够实现各个金融市场的有效连接，有效支持金融市场安全高效的资金转移，有效支持各种金融创新。例如，国家支付系统与债券支付系统连接，通过债券的正回购和逆回购操作，有效吞吐货币的供应量，支持国家货币政策的实施，如公开货币市场操作。银行业网银的互联互通系统使原本孤立的网银系统信息相互共享，不但方便了客户，同时有利于电子商务的发展。银行卡系统的互联互通，促进了银行卡产业的形成和发展，为经济社会提供了更加便利的支付服务，为支付创新提供了更为广阔的平台。

3.3　我国支付系统发展趋势

随着近年支付行业监管思路更加清晰，从单个重要环节整顿向规范支付全流程发展，通过实现支付产业链条的监管闭环，进一步确定支付在交易、清算、结算等不同环节的功能，更加明确了参与者的相应责任和风险。我国支付体系发展趋势如图2–1–7所示。

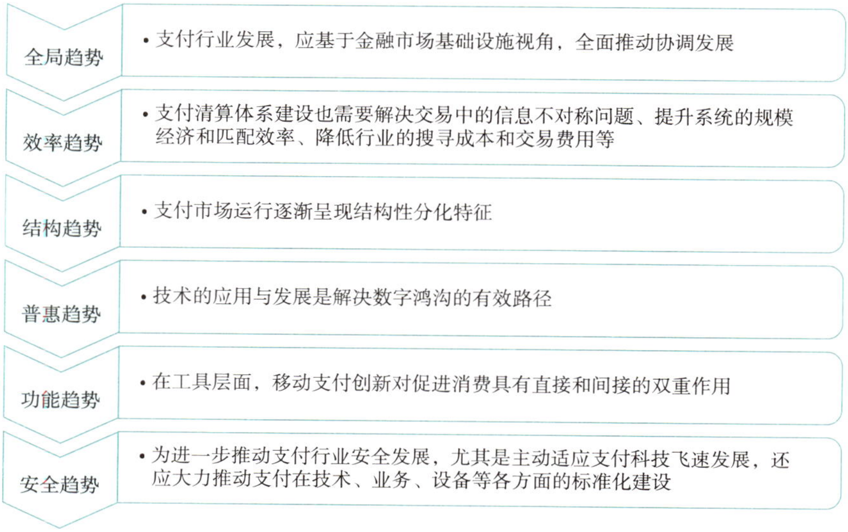

图2-1-7　我国支付体系发展趋势

3.4　我国支付系统的构成

我国常见的支付系统有：大额支付系统、小额支付系统、银行卡支付系统、同业清算系统、支票影像处理系统、电子票据清算系统、证券结算系统、网上支付系统等。第三方专业化组织提供更加专业的系统，如信用卡账单处理系统、自动存取款机系统等。

20世纪90年代，我国开始了现代化支付系统体系的建设，已经形成了以大小额支付系统为核心，银行业金融机构行内支付系统为基础，票据支付系统、银行卡支付系统、境内银行间外币支付系统、第三方及各专业化支付系统为补充的支付系统体系。

目前，我国的支付系统可以分为中央银行及各金融市场运行和维护的核心支付系统、商业银行运行维护的支付系统、社会化组织运行和维护的支付系统三个层次。

4. 支付系统风险与监管措施

4.1　支付系统风险类型

金融支付是与商品交易相伴的资金转移行为，是社会经济活动的基本形式。高效和安全的金融支付促进经济社会的发展，反之，则会对经济社会的发展形成阻力，甚至带来破坏性的影响。

从支付组织方面来看，无论是银行业金融机构还是社会化支付服务组织，一旦发生信用或安全问题，都会带来经济社会的巨大震动，严重影响经济社会的正常运行。而基于银行账户的支付工具，也会因为身份欺诈、操作失误或恶意欺骗带来严重的交易损失。

特别是在支付系统中，由于交易中产生的时滞问题、信用控制问题、操作问题、系统技术安全、法律问题、自然灾害等问题，都会给系统带来严重的损害，继而造成交易者的损失。

而且，这些问题可能会在金融系统中传播，进而导致系统性风险，对经济造成较大的破坏。

国际结算银行《关于重要支付系统的核心原则》认为支付系统中可能出现流动性风险、信用风险、操作风险、法律风险、系统性风险。流动性风险指支付系统参与人的资金头寸暂时无法偿付收款人，即因为参与者流动性不足而导致支付失败的风险，流动性风险的产生可能是支付系统参与者本身的可用头寸不足，也可能是应收款项不能按时到账导致的；信用风险是付款者无力偿还款项导致的风险；操作风险是指由于技术原因或经营操作方面导致的风险，如误操作、停电、系统设计问题等导致的风险；法律风险是由于法律保障方面的问题而导致支付市场参与人的风险敞口，如第三方组织目前提供的虚拟账户，就没有相关的法律保障，一旦出现纠纷，就不能通过法律途径保障支付参与人的权利；系统性风险是由于上述风险在支付市场或金融市场的进一步扩散，导致出现“多米诺骨牌效应”，造成大面积金融支付市场出现危机的风险。

4.2 支付系统风险链条

支付风险之间存在着内在的联系，一种风险出现并扩大时，有可能导致另一种风险的发生。例如，一个参与者的流动性风险会导致其他参与者的流动性风险，进而导致部分参与者产生信用风险，再进而导致大面积的系统性风险；法律、法规的缺位或不完善及应用软件设计缺陷、机器硬件和网络通信故障、操作失误等情况会导致系统参与者出现流动性风险，而道德风险和法律风险会起到推波助澜的作用，导致参与者出现信用风险，当信用风险普遍发生时，系统性风险就隐约浮现了。纽约清算所同业支付系统的数据模拟显示，如果一家参与轧差的大银行无力支付，将会导致其他近一半的参与者无力结算，由于连锁反应，与这家无力支付银行未发生交易的机构也会受到影响，这种“多米诺骨牌效应”很容易使部分参与者的流动性风险和信用风险在系统中蔓延，进而形成系统性风险。

各种风险之间存在明显的传导性，构成一个风险传递链条，如图2-1-8所示，表示了这些风险之间的传导联系。风险链中流动性风险和信用风险处于关键和核心地位。风险传递的过程如下：

①如果付款方资金由于流动性问题出现延期支付，迫使收款方为弥补资金缺口不得不寻求其他融资途径，并要承担融资成本。

②若此资金缺口不能如期弥补，将迫使收款方对其债权人延期支付。

③这种连锁拖欠效应越来越大时，对整个支付系统的正常运行构成极大威胁，最终导致系统性风险。由此可见，支付风险链中不管哪一个环节出现问题，都会使支付体系出现震

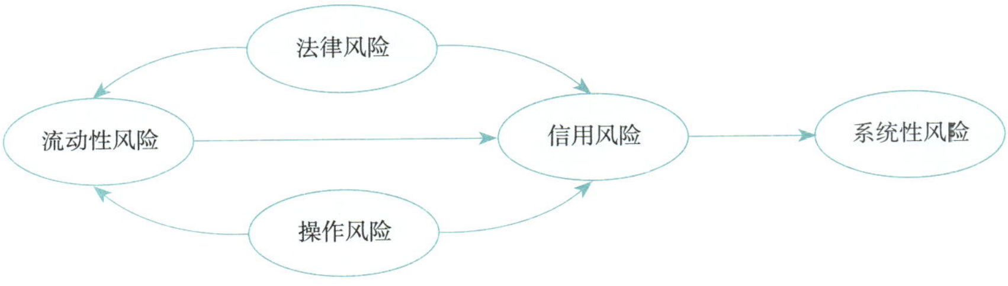

图2-1-8 支付系统风险传递链条

荡，影响其平稳高效运行，影响货币政策有效实施和为金融机构提供资金清算服务，影响公众对整个金融系统的信心，对金融稳定构成巨大威胁。

重要支付系统运行的中断还会造成金融市场交易和整个社会支付链的中断，引发严重的商业运营风险。此外，一些重要的零售支付系统，如银行卡支付系统、票据支付系统等运行的中断可能会造成大面积、长时间无法使用非现金支付工具，直接影响生产和生活，造成社会的不稳定，并损害社会公众对货币转移机制的信心。

如前所述，支付体系是国家金融体系的重要组成部分。它是实现资金转移制度和技术安排的有机组合，是实现社会经济活动所需求的债权债务关系清偿、资金转移安排的重要基础设施。支付体系的安全和效率决定资金转移的安全和效率，进而影响经济活动的效率。

4.3 支付系统监管

各国经济发展的经验表明，经济越发展，经济活动及其参与者对支付体系运行质量的要求越高。

从宏观角度看，支付体系的高效和安全运行是维系金融机构、金融市场之间的纽带，其能否安全稳定运行关系到金融市场中的资金和证券能否在中央银行与金融机构之间及金融机构之间顺利转移问题。从微观角度看，支付体系的高效和安全运行，关系着社会经济每一个参与人的财产安全和生活质量，关系着每一次商品交易的成功与否。从金融创新角度看，支付系统等金融基础设施的建设及不断完善，提升了支付产业的处理能力和市场竞争力。在支付工具方面，非现金支付工具是金融支付产品创新的重要内容，非现金支付工具的不断创新和广泛应用，拓展了金融服务对象，延伸了金融服务领域。金融创新不断深入经济领域的方方面面，推动了金融创新和经济发展。

但是，正如上文中对支付风险的分析一样，无论是宏观层面还是微观层面，特别是创新层面，支付体系都可能存在影响国计民生的巨大风险或风险隐患。因此，对支付体系的监督和管理就成为支付体系重要的组成部分，通过一系列的法律法规，审慎监管体制、监督管理流程、准入机制、行业自律规范、安全技术标准、职业规范等方面的严格要求，保障支付体系的稳定、高效安全的运作。

支付体系监督管理是为维护支付结算秩序、防范和化解支付风险而综合运用经济、法律和行政手段，对支付服务组织、支付系统、支付工具及其支付业务活动实施管理和监督控制的行为。由于支付体系涉及国家的金融安全、社会经济的正常运行、交易人信息的安全以及交易各方的权益，各国对支付体系的监管都非常重视，出台了一系列专门针对支付的法律规章制度。目前，我国已出台了一系列与支付相关的法律法规，包括《中华人民共和国中国人民银行法》《中华人民共和国商业银行法》《中华人民共和国票据法》《支付结算管理办法》《人民币银行结算账户管理办法》《银行卡业务管理办法》《中国现代化支付系统运行管理办法》《城市商业银行银行汇票业务依托大额支付系统处理办法》《非金融机构支付服务管理办法》等，对我国支付体系的正常发展起到重要的作用。

另外，各种技术标准、征信系统、公民身份核查系统、账户管理系统、犯罪记录系统、各种预警评估系统、灾备系统等都为支付体系的安全高效发挥着作用。成立金融支付行业协会，发挥行业协会自律的协调机制，也是支付体系的监管内容之一。

拓展链接

数字人民币

数字人民币，字母缩写按照国际使用惯例暂定为“e-CNY”，是由中国人民银行发行的数字形式的法定货币，由指定运营机构参与运营并向公众兑换，以广义账户体系为基础，支持银行账户松耦合功能，与纸钞硬币等价，具有价值特征和法偿性，支持可控匿名。

数字人民币的概念有两个重点：一个是数字人民币是数字形式的法定货币；另外一个是与纸钞和硬币等价，数字人民币主要定位于现金类支付凭证（M0），也就是流通中的纸钞和硬币。

技术要点

1. 金融体系架构。
2. 我国金融体系组成。
3. 金融支付体系的构成及作用。

边学边思考

对比国际上专业银行与我国政策性银行的功能异同。

巩固训练

巩固训练答案

一、单项选择题

1.（　　）机构是指从事金融业务而不具有创造支票存款能力的金融机构。

A. 银行　　B. 非银行金融　　C. 互联网金融　　D. 信托

2. 非银行金融机构主要有五类：（　　）、租赁公司、证券公司、保险公司和财务公司。

A. 支付宝公司　　B. 小贷公司　　C. 信托投资公司　　D. 典当公司

3. 从识别的精确度看，人脸识别技术主要基于人脸（　　）的检测。

A. 嘴巴　　B. 关键点　　C. 眼睛　　D. 头

二、判断题

1. 理想状态下，货币供给量是法定准备金的倒数。（　　）
2. 国家以法律形式规定商业银行的存款必须按一定比例上缴中央银行作为法定存款准备金。（　　）
3. 我们需要的是对电子支付系统的感情信任，而不是依赖于基于密码学的机制保证来进行电子支付。（　　）

项目2　C端支付方式

案例导入

以前，如果你要买东西的话，一般是使用现金支付，出门会带钱包，里面装一定的现金和银行卡。而时至今日，如果你出门买东西，大概率不会拿钱包，只需要拿一部手机即可，因为就连菜市场都有二维码给你扫了。可是你有没有想过，使用扫码支付是挺轻便，但这究竟是谁做的产品呢？谁在背后提供服务呢？你肯定会说是支付宝和微信，没错，但是这究竟是如何做到的？各种移动支付手段中，存在哪些异同？各自的优劣又是什么？

项目要求

1. 了解C端支付的含义。
2. 掌握C端支付的原理。
3. 掌握C端支付的应用场景。
4. 能在日常生活中使用C端支付。

任务7　C端移动支付的应用

1. C端移动支付含义

1.1　C端支付的概念

C就是Consumer，消费者，通常指个人或者家庭用户。C端移动支付，指支付过程中涉及个人或家庭用户的部分。

1.2　我国C端支付市场格局

第三方支付行业的发展前期以C端市场（账户侧）作为主要切入点，C端支付占据了第三方支付市场规模的绝大部分，但目前行业新增用户流量已经趋向饱和，由增量市场逐渐转为存量市场。总体上来看，我国第三方支付行业C端市场相对成熟，市场寡头竞争格局基本形成，支付宝、财付通两大巨头已占据绝对优势，份额达93.8%。

支付宝先行从商家端突围，财付通则是依赖微信等社交平台的巨大C端流量，以及推出的红包功能实现快速占领市场。另外，支付宝和财付通本身的发展已经进入了成熟期，在规模扩容和运营方面比较稳定。2020年8月，蚂蚁集团发布的招股书披露，支付宝年度活跃用户超过10亿人，月度活跃用户达到7.11亿人，月度活跃商家超过8 000万家。在支付业务方面，财付通也在保持健康增长。腾讯财报显示，2021年第三季度金融科技及企业服务业务的收入增长30%至人民币433亿元，这其中主要受商业支付金额增长所推动。

支付宝和财付通凭借扫码、刷脸等支付方式基本瓜分C端市场，双方现已形成了深厚的用户基础，第三方C端支付趋于存量。不过随着网络技术的进步，以及用户需求不断升级，C端市场仍有下沉空间。

2020年以来，腾讯金融科技持续围绕着视频号、小程序等方面扩增微信的用户支付场景。用户对微信、QQ等社交平台已养成较强的使用习惯，有微信等社交平台的巨大流量导入，附着于其中的财付通才会更容易地触及到用户。最主要的是因为平台属性的影响，具有社交属性的财付通下沉C端支付市场，相比于生活服务工具本质的支付宝来说更加游刃有余，其主要原因与用户习惯有很大的关系。活跃度便是用户对平台依赖性的一大佐证，前瞻研究数据显示，截至2020年12月我国App活跃度排名中，微信和支付宝的活跃渗透率分别为86.9%和56.9%，位居第一、第二。可见，用户对于社交软件的使用会比生活服务等非社交软件更加频繁。支付宝为了缓解活跃度的问题，在C端功能的上新上也下了不少功夫，其接连推出社交“圈子”、蚂蚁森林、小鸡庄园等社交互动功能，以及余额宝、花呗等应用，尝试留存C端流量。在C端，客观上支付宝和财付通已被绝大部分的用户选择，即便是很火爆的抖音、B站、美团等平台现已构建有自己的支付生态，但也无法摒弃对支付宝和财付通等第三方支付机构的依赖。拉卡拉和银联正着力通过数字人民币进入C端业务，可以借助数字人民币涉足未开发领域，借此在支付市场上获取更多的市场份额。

数字货币（DCEP）将打造数字经济（即为数字新基建），C端小额高频交易是核心场景，银行系数字货币钱包或成“超级钱包”，对支付宝/微信支付构成全场景渗透、创造支付新生态。既然DCEP定位于M0，未来必然将依托数字钱包以及第三方支付工具，对小额高频零售场景进行全面渗透。也就是说，DCEP将广泛渗透进支付宝和微信支付两大巨头的现有场景，各类支付场景有望迎来重塑。

虽然，中国的第三方支付应用发展迅速，但面向C端的支付场景一直呈现“割裂”的格局。研报指出，国内当前第三方支付体系由阿里（支付宝）、腾讯（微信支付）两家寡头垄断，双方分别占据电商、社交流量入口，形成“流量-支付”的独立闭环，彼此无法打通。比如，支付宝与微信支付之间不能互通支付、互相转账的现状，给广大C端用户带来使用不便。虽然“网联”的建立在一定程度上缓解了这种割裂分立，但本质问题是网络支付平台连接了共同的消费者，相互之间却并没有实现互联互通，必将造成社会资源的浪费。DCEP的“法定数字货币”属性有望一统C端小额零售场景的“割裂”局面。

2. C端支付清算原流程

C端支付清算主要是用户进行付款时使用，平台包含了移动端和PC端；支付核心主要包含了支付方式、通道对接、财务处理、营销服务。具体流程如图2-2-1所示。

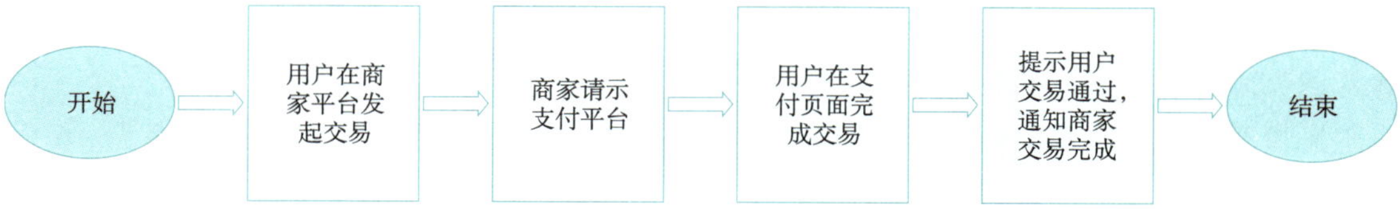

图2-2-1　C端支付流程图

下面我们通过一个例子来分析C端支付清算的过程。

【例2-2-1】小张用美团外卖App购买一份烤牛肉拌饭，商家随餐饮送达的小票上显示实收金额与平台下单信息显示合计金额不相同，小张实际付款多少？平台交易过程如何？

由以上图片可见，外卖盒上的小票，烤牛肉拌饭1份一共39元，餐盒费1元，没有配送费，合计40元，优惠了19元，实付21，实收17元。再看美团订单的信息，烤牛肉拌饭1份39元，打包费1元，配送费原价7元现价2元，美团会员15元；美团红包减7元，满减优惠14元；总优惠26元，合计36元。可以发现，商家的小票和美团的订单信息之间有不少的差异，特别是优惠的明细展示以及优惠总额和应付总额之间存在差异。下面我们就来分析一下：

先认清一个关系，订外卖的消费者跟商家没有直接的关系，美团跟商家是结算关系，也就是美团帮助商家代收餐费，并进行结算；简而言之就是消费者付给美团综合的外卖费，美团抽一部分然后给商家结算餐费。这个过程可以做如下梳理（图2-2-2）：

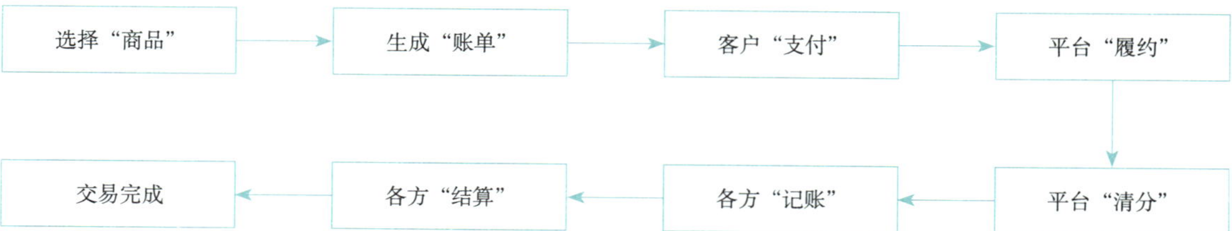

图2-2-2　订单交易流程图

按照这个思路，下面来看，上面的小票在每个环节都是怎么处理的呢？

（1）商品（服务）

商品广泛用于电商系，在O2O领域也可称为“服务”。那么这一单外卖的商品有4个（这里我们将配送服务也看作商品）：

商品名称	单价	数量	商品总价
烤牛肉拌饭	39	1	39
餐盒	1	1	1
美团会员	15	1	15
配送服务	7	1	7
合计			62元

美团会员是美团推出的一个会员服务，相当于花钱买了多张优惠券，所以购买美团会员获得优惠券也是一次交易，而且本交易要先于外卖单，因为外卖单的支付用到了这批券，交易层处理很有意思，大家可以思考一下。

（2）订单

选购好了商品，那么就需要下单了，这时候订单会去营销系统获取可以使用的活动优惠或者卡券，从本小票我们可以看出来，有以下优惠可以使用：

优惠	优惠金额
配送费立减	-5元
美团红包	-7
满减优惠	-14
合计	26

因为目前我们还不清楚美团和商家之间的清结算协议，所以暂且认为所有优惠由美团提供给用户，后续美团再基于协议跟商家之间做优惠的分摊。

这样我们就得到了订单信息：

订单信息	订单单号	用户	商家		
	111	陈老师	韩时烤肉		
商品信息	商品名称	单价	数量	商品总价	
	烤牛肉拌饭	39	1	39	
	餐盒	1	1	1	
	美团会员	15	1	15	
	配送服务	7	1	7	
	合计			62	
优惠信息	优惠金额			-5	
				-7	
				-14	
	合计			-26	
订单应付	合计			36	

其实我们发现，其中的美团红包是基于15元购买了优惠券以后才能使用的优惠，相当于这一单，你要先买会员获得优惠券，然后在本单同时使用优惠券进行优惠。

虽然是同一个订单，但我们可以想象出来，在交易处理层，至少需要做两次处理：一个是对美团会员的处理；另一个是对本单整单的优惠处理，所以订单需要拆成两个子单：一个是外卖单；另一个是美团会员单。

订单类型	订单号	商品总价	总优惠	应付总价
总订单	111	62	-26	36
外卖子单	11101	47	-26	21
会员子单	11102	15	0	15
合计				36

我们看到商家的小票，商品总价是40元，总优惠是19元；跟订单11101之间的7元差额是什么呢？其实就是配送费。那么将配送费刨除后跟商家小票一致，我们可以推断出商家承担了5元的配送优惠成本，加上满减优惠14元，商家总优惠成本是19元。

但最后我们发现商家实收17元，那么这4元是什么呢？其实我们有两个推断：一是美团抽佣4元；另一个可能是商家承担美团红包7元优惠中的4元；如果是取中间可能的话那么实际可能是：

4元＝$x+y$；

x＝美团抽佣，x属于［0～4］元；

y＝分摊美团红包优惠，y属于［0～4］元。

（3）交易

完成了订单以后就需要创建支付账单了，基于以上分析交易处理是非常复杂的，因为要先处理美团会员的购买，然后处理外卖订单，如图2-2-3所示。

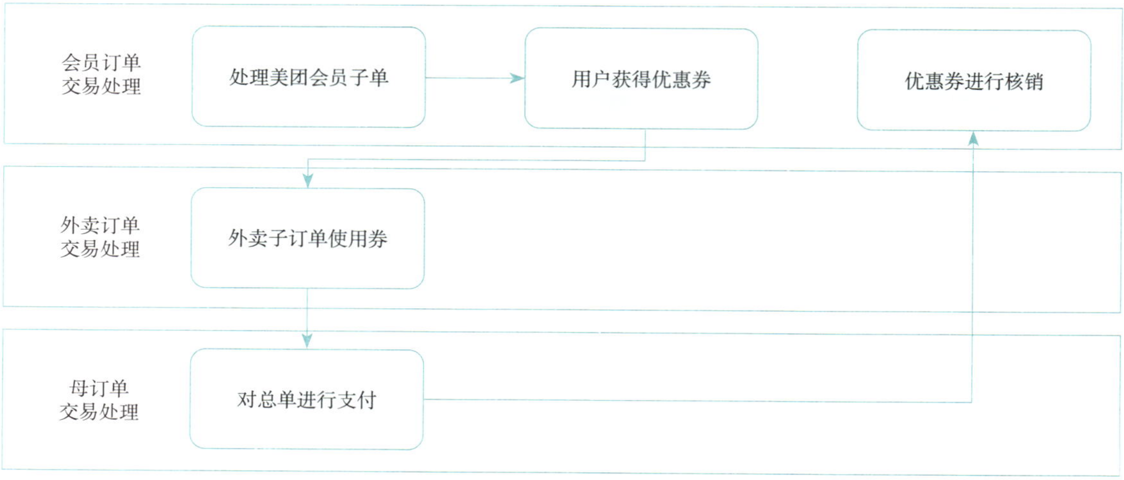

图2-2-3　账单处理示意图

这里因为有两个子单，所以有两个交易账单，但是在支付的时候进行合并支付：

账单类型	账单号	订单号	账单总价
外卖账单	zd11101	11101	47
会员账单	zd11102	11102	15
合计			62

基于账单生成支付请求：

账单类型	账单号	账单金额	支付方式	支付金额
外卖账单	zd11101	47	立减优惠	5
			满减优惠	14
			美团红包	7
			微信	21
会员账单	zd11102	15	微信	15
			微信合计	36
合计				62

（4）支付

账单生成以后进行支付处理。微信支付请求支付系统，优惠类支付等待微信支付成功以后请求营销系统，完成优惠券的核销，这样就完成了账单的支付。这时候账单变为已支付，订单支付状态变为已支付，订单状态变为待配送。

支付流水号	支付方式	支付金额
001	立减优惠	5
002	满减优惠	14
003	美团红包	7
004	微信支付	36
	合计	62

（5）履约

订单变为待配送时会生成服务订单，也就是配送订单，由骑手小王01抢单了。

然后的过程大家都熟悉，取了餐、送餐、确认已送达、服务单完成，将订单推送至清算中心进行清分计算。

（6）清算

清算系统接收到的清算订单信息包含订单信息、账单信息、支付信息、履约信息等。

订单信息	订单单号	用户	商家		
	111	陈老师	半肉仙		
商品信息	商品名称	单价	数量	商品总价	
	烤牛肉拌饭	39	1	39	
	餐盒	1	1	1	
	美团会员	15	1	15	
	配送服务	7	1	7	
	合计			62	
优惠信息	优惠金额			-5	
				-7	
				-14	
	合计			-26	
订单应付	合计			36	

账单类型	账单号	账单金额	支付方式	支付金额
外卖账单	zd11101	47	立减优惠	5
			满减优惠	14
			美团红包	7
			微信	21
会员账单	zd11102	15	微信	15
			微信合计	36
合计				62

支付流水号	支付方式	支付金额
001	立减优惠	5
002	满减优惠	14
003	美团红包	7
004	微信支付	36
	合计	62

在清分计费环节有几个关键的模块，我们可以设定为以下模型：

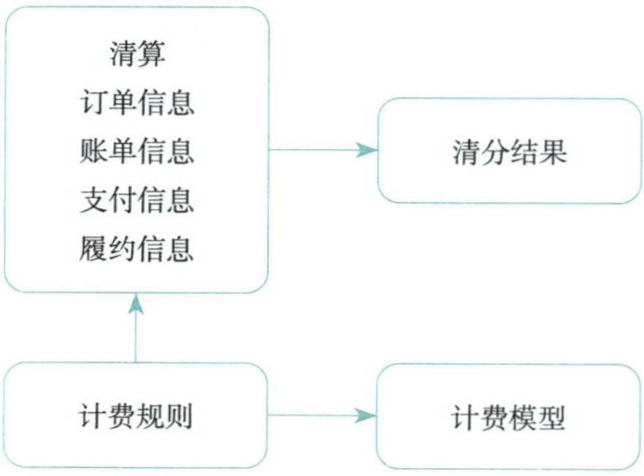

计费模型就是基于订单业务我们就知道应该计算出什么样的费用，比如本单其实有两个业务：一个是外卖业务；一个是美团会员业务。

假设计费模型是这样的：美团外卖业务需要计算商家应结算金额、抽佣金额、优惠分摊金额；美团会员计费模型需要计算出美团会员费给平台业务的分成，模型设计如下：

清分流水号	费用类型	清分金额	清分对象	记账账户
01	商家结算款	17	韩时烤肉	商家结算户
02	美团抽佣	4	平台业务线	平台收入户
03	平台会员分成	5	平台业务线	平台收入会
04	会员侧收入	10	会员业务线	会员收入户
05	配送费	7	骑手	骑手结算户

剩下的就是优惠成本的分摊了。

（7）账务

完成清分计费以后需要请求账务系统完成记账，为了简单起见我们只对商家的结算和骑手的结算进行记账。

（8）结算

商家和骑手都可以在钱包里看到账户里入账了，然后可以对余额发起提现；生成提现订单，请求打款中心完成付款。

技术要点

1. 了解C端支付的原理。
2. 认识C端支付的应用场景。

边学边思考

如何合理设置C端支付应用场景？

任务 8 C 端移动支付的操作流程

1. 下单支付

买方选购商品后，使用支付宝提供的账户进行货款支付（支付给支付宝），并由支付宝通知卖家货款到账、要求发货；买方收到货物，检验货物，并且进行确认后，通知支付宝付款；支付宝再将款项转至卖家账户。这里的支付宝平台起到了“代收代付的中介服务”和“第三方担保”信用中介的作用。支付宝下单支付流程如图2–2–4所示。

C 端移动支付的应用

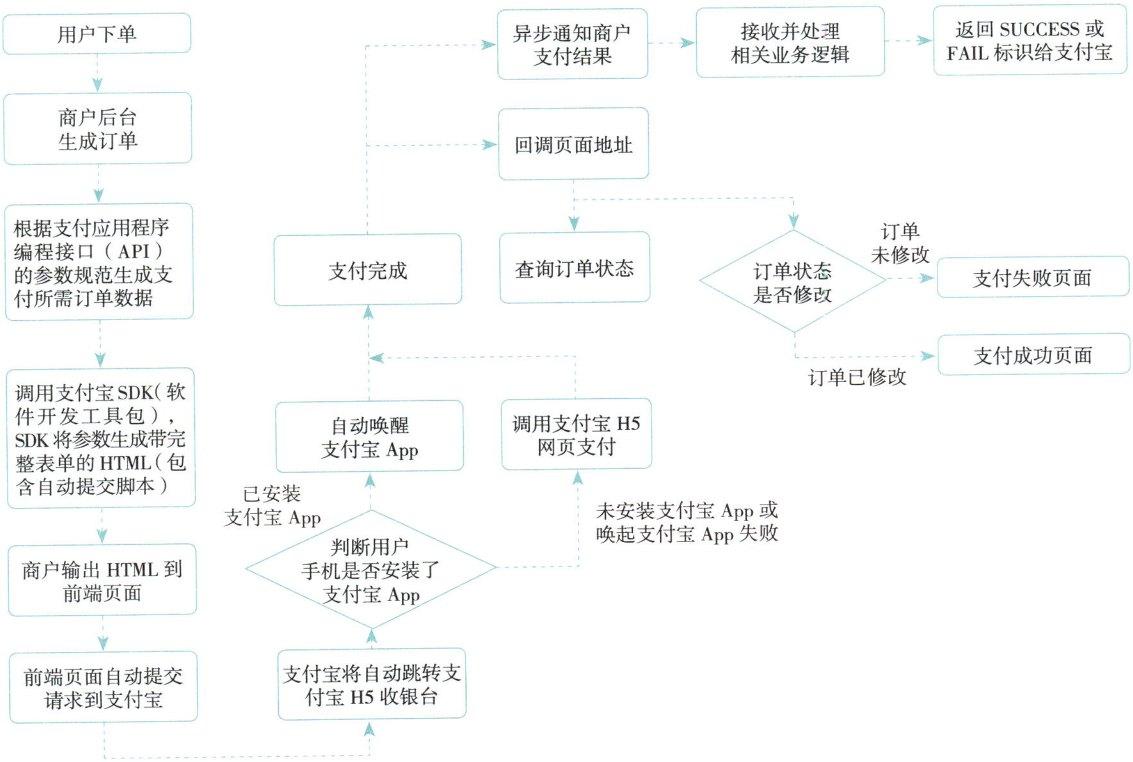

图2–2–4 支付宝下单支付流程

2. 扫码支付和刷卡支付

扫码支付是指用户扫描商户的二维码进行支付。刷卡支付是指用户展示条码，商户扫描完成刷卡支付。扫码支付和刷卡支付正好是相互对应的，一个是扫商户的码，一个是扫用户的码。

2.1 支付流程框架

支付宝扫码和刷卡支付流程如图2-2-5所示。

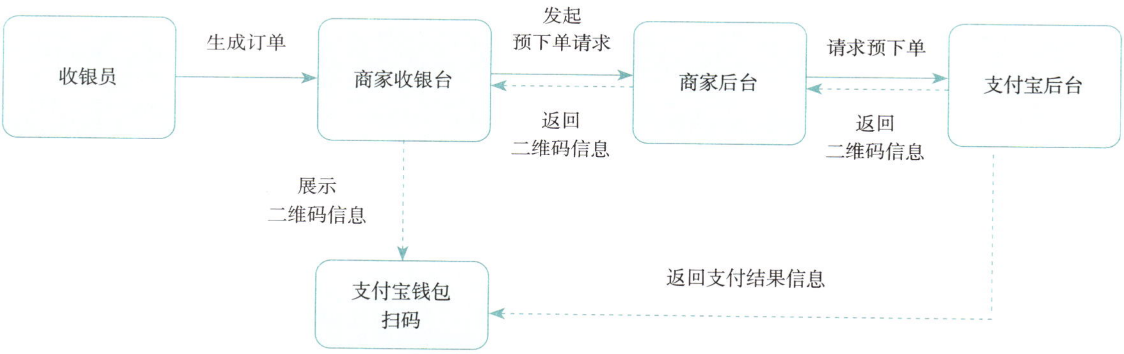

图2-2-5　支付宝扫码和刷卡支付流程

2.2 使用步骤

①收银员在商家收银系统操作生成支付宝订单，扫码支付会生成二维码，若刷卡支付则等待用户打开付款二维码。

②用户登录支付宝，点击首页“收付款”，直接打开付款码；或点击“扫一扫”，进入扫一扫界面。

③用户扫收银员提供的二维码，核对金额，确认支付；若刷卡支付，则向收银员展示付款码。

④用户付款后商家收银系统会收到支付成功或者失败的提示。

3. 支付宝代付

①打开支付宝，点击【消息】，找到【代付信息】。

②点击代付信息，点击【慷慨付款】即可。

思政园地

做"信息安全"的守卫者

【资料】

2017年3月至4月，以犯罪嫌疑人徐某、段某等人为首的犯罪团伙，通过张某等人非法购得大量公民信息，通过互联网聊天软件结识许某等专业编程人员编写黑客软件。犯罪团伙再利用上述非法获取的公民信息和扫码黑客软件，攻击移动支付平台数据库，非法获取平台用户的账号、登录密码甚至支付密码等信息，并利用获取的信息隔空盗刷用户的信用卡，涉案金额高达人民币300余万元。

【分析】

在大数据和新技术飞速发展的时代，保护个人信息十分重要，收到不明来历的链接不随意点击，不轻信中奖返利、刷单赚钱等信息。同时，拒绝参与信息贩卖的相关行为，做"信息安全"的守卫者。

模块 3　大数据下货币时间价值

知识概述

本模块介绍货币时间价值的含义，讲解复利终值与现值、年金终值与现值的计算方法，并把货币时间价值的计算方法应用于投资项目的决策中，要求学生学会运用动态投资回收期法、净现值法、现值指数法、内部收益率法以及年等额净回收额法用于投资项目评价。

思维导图

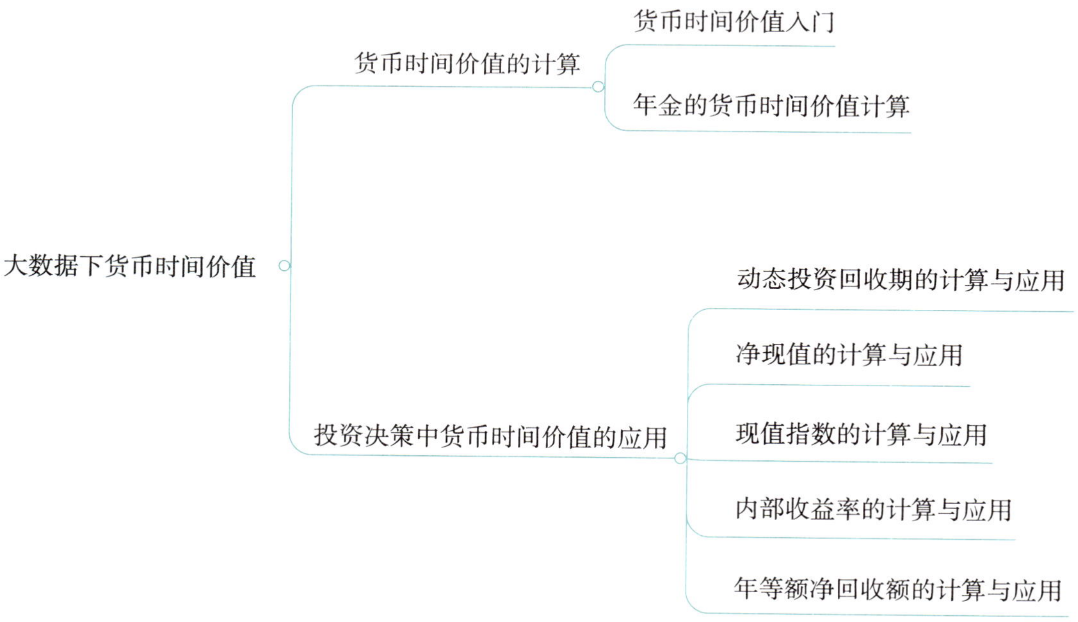

学习目标

1. 了解货币时间价值的含义。
2. 理解单利与复利计息的区别。
3. 理解年金的各种表现形式。
4. 理解各类投资项目评价方法的使用范围及优缺点。
5. 能运用复利计息方式计算复利终值与现值。
6. 能计算年金的终值与现值。
7. 能运用动态投资回收期法、净现值法、现值指数法、内部收益率法和年等额净回收额法等方法对投资项目进行评价。

项目 1　货币时间价值的计算

案例导入

小张打算毕业后自主创业，在学校附近开一家奶茶店。他发现学校附近有一家便利店贴出了招租告示，于是与便利店老板李先生取得联系，提出要求承租便利店铺面3年。便利店老板李先生因便利店受到附近某一新开张的大型连锁超市影响，生意日渐冷清，也愿意清场把铺面让给小张开奶茶店，但提出应一次性支付3年的租金300 000元。小张觉得现在一次性拿出300 000元比较困难，因此要求缓期支付。李先生同意3年年末支付，但金额改为500 000元。

问题：

（1）若银行的贷款利率为6%，小张3年后支付是否合算？

（2）假定李先生要求小张不是在3年后一次性支付，而是3年内每年年末支付120 000元，若银行的贷款利率仍为6%，那小张是现在一次性付清还是分3次付清更划算？

项目要求

1. 了解单利与复利的区别；掌握复利终值与复利现值的计算方法。
2. 了解年金的含义，掌握年金终值与年金现值的计算方法。

任务9 货币时间价值入门

1. 货币时间价值的概念

货币时间价值，是指在不考虑风险和通货膨胀的情况下，货币经过一定时间的投资和再投资所产生的增值，也称为资金的时间价值。比如，若银行存款年利率为10%，将今天的100元钱存入银行，1年后就会得到110元，即这100元钱经过1年时间的投资增加了10元，这10元的增值就是货币的时间价值。同时也可以发现，今天的100元钱比1年以后的100元钱经济价值要大一些，今天的100元钱与1年后的110元是等值的。

2. 货币时间价值产生的原因

现在的一单位货币与未来的一单位货币不等值，前者价值大于后者，即同样数额的资金在不同的时间点上具有不同的价值，是由以下原因造成的。

（1）货币时间价值是资源稀缺性的体现

经济和社会的发展要消耗社会资源，现有的社会资源构成现存社会财富，利用这些社会资源创造出来的将来物质和文化产品构成了将来的社会财富。由于社会资源具有稀缺性特征，又能够带来更多社会产品，所以现在物品的效用要高于未来物品的效用。在货币经济条件下，货币是商品的价值体现，现在的货币用于支配现在的商品，将来的货币用于支配将来的商品，所以现在货币的价值自然高于未来货币的价值。市场利息率是对平均经济增长和社会资源稀缺性的反映，也是衡量货币时间价值的标准。

（2）货币时间价值是信用货币制度下流通中货币的固有特征

在目前的信用货币制度下，流通中的货币是由中央银行基础货币和商业银行体系派生存款共同构成的，由于信用货币有增加的趋势，所以货币贬值、通货膨胀将成为一种普遍现象，现有货币也总是在价值上高于未来货币。市场利息率是可贷资金状况和通货膨胀水平的反映，反映了货币价值随时间的推移而不断降低的程度。

（3）货币时间价值是人们认知心理的反映

由于认识上的局限性，人们总是对现存事物的感知能力较强，而对未来事物的认识较模糊，结果人们存在一种普遍的心理就是比较重视现在而忽视未来。现在的货币能够支配现在商品满足人们现实需要，而将来货币只能支配将来商品满足人们将来不确定需要，所以现在单位货币的价值要高于未来单位货币的价值。为使人们放弃现在货币及其价值，必须付出一定代价，利息率便是这一代价。

3. 货币时间价值的计算

资金时间价值的计算涉及利息计算方式的选择。目前有两种利息计算方式：单利计息和复利计息。单利计息方式下，每期都按初始本金计算利息，当期利息即使不取出也不计入下期的计息基础，每期的计息基础不变。现行的银行存款计息方法采用的就是单利计息法。复利计息方式下，每期都按上期期末的本利和作为当期的计息基础，即通常所说的“利滚利”，不仅要对初始本金计息，还要对上期已经产生的利息再计息，每期的计息基础都在变化。不同的计息方法使资金时间价值的计算结果截然不同，在投资决策中一般使用复利计息方式。

3.1 单利的终值与现值

终值，是指现在一定量的货币折合到未来某一时点所对应的金额。现值，是指未来某一时点上一定量的货币折算到现在所对应的金额。现值和终值的差额即为货币的时间价值。

（1）单利终值的计算

单利终值指按单利计算出来的资金未来的价值，也就是按单利计算出来的本金与未来利息之和。单利终值的计算公式为：

$$F = P + P \cdot n \cdot i = P \cdot (1+n \cdot i) \qquad (3\text{-}1)$$

单利计息的计算公式为：

$$I = P \cdot n \cdot i \qquad (3\text{-}2)$$

式中，P是现值（本金），F是终值（本利和），I是利息，i是利息率，n是计算利息的期数。

【例3-1-1】钱多多于2021年1月1日存入银行10 000元人民币，存期5年，存款利率为5%，到期本息一次性支付，试计算到期单利终值与利息分别是多少？

解：单利终值计算如下：

$$\begin{aligned} F &= P + P \cdot n \cdot i \\ &= P \cdot (1+n \cdot i) \\ &= 10\,000 \times (1+5 \times 5\%) \\ &= 12\,500（元） \end{aligned}$$

利息计算如下：

$$\begin{aligned} I &= P \cdot n \cdot i \\ &= 10\,000 \times 5 \times 5\% \\ &= 2\,500（元） \end{aligned}$$

（2）单利现值的计算

单利现值是指未来在某一时点取得或付出的一笔款项，按单利计息方式折算到现在所对应的价值。单利现值的计算公式为：

$$P = \frac{F}{1+n \cdot i} \qquad (3\text{-}3)$$

可以看出，单利现值的计算公式与单利终值的计算公式是相反的，二者互为逆运算。

【例3-1-2】钱多多希望在5年后取得本利和12 500元，用以支付一笔款项。在利率为5%，单利方式计算条件下，钱多多现在需要存入银行多少钱？

解：

$$P=\frac{F}{1+n \cdot i}$$

$$=\frac{12\ 500}{1+5\times 5\%}$$

$$=10\ 000\text{（元）}$$

3.2 复利的终值与现值

（1）复利终值的计算

复利终值是指现在一定量的资金按复利计算在将来一定时间的价值，即现在一定量的本金在将来一定时间按复利计算的本金与利息之和。

假定本金为100元，年利率为10%，各期复利终值推导如表3-1-1所示。

表3-1-1 100元资金未来各年份的终值（年利率10%，复利计息）

单位：元

年份	本金（P）	期初账户余额（上期期末账户余额）	当期利息（期初账户余额 × 利率）	期末账户余额（F）（期初账户余额 + 当期利息）
1	100	100	$100\times10\%$	$100+100\times10\%$ $=100\times(1+10\%)^1$
2	100	$100\times(1+10\%)^1$	$100\times(1+10\%)^1\times10\%$	$100\times(1+10\%)^1+$ $100\times(1+10\%)^1\times10\%$ $=100\times(1+10\%)^1\times(1+10\%)$ $=100\times(1+10\%)^2$
3	100	$100\times(1+10\%)^2$	$100\times(1+10\%)^2\times10\%$	$100\times(1+10\%)^2+$ $100\times(1+10\%)^2\times10\%$ $=100\times(1+10\%)^2\times(1+10\%)$ $=100\times(1+10\%)^3$
$n-1$	100	$100\times(1+10\%)^{n-2}$	$100\times(1+10\%)^{n-2}\times10\%$	$100\times(1+10\%)^{n-2}+100\times(1+10\%)^{n-2}\times10\%$ $=100\times(1+10\%)^{n-2}\times(1+10\%)$ $=100\times(1+10\%)^{n-1}$
n	100	$100\times(1+10\%)^{n-1}$	$100\times(1+10\%)^{n-1}\times10\%$	$100\times(1+10\%)^{n-1}+$ $100\times(1+10\%)^{n-1}\times10\%$ $=100(1+10\%)^{n-1}\times(1+10\%)$ $=100\times(1+10\%)^n$

根据上述推导，如果年利率为i，本金为P，存期为n年，在n年后的终值为F，则F与P的关系可表述为：

$$F=P(1+i)^n \tag{3-4}$$

式（3–4）是计算复利终值的一般公式，其中（1+ i）^{n}被称为复利终值系数或1元的复利终值，用符号（F/P，i，n）表示。例如，（F/P，5%，6）表示利率为5%的6期复利终值的系数。为简化计算，可直接查阅复利终值系数表，见附录1。

假定现值为1元，则复利终值与期数n和利率i的关系如图3–1–1所示。

附录1
复利终值系数表

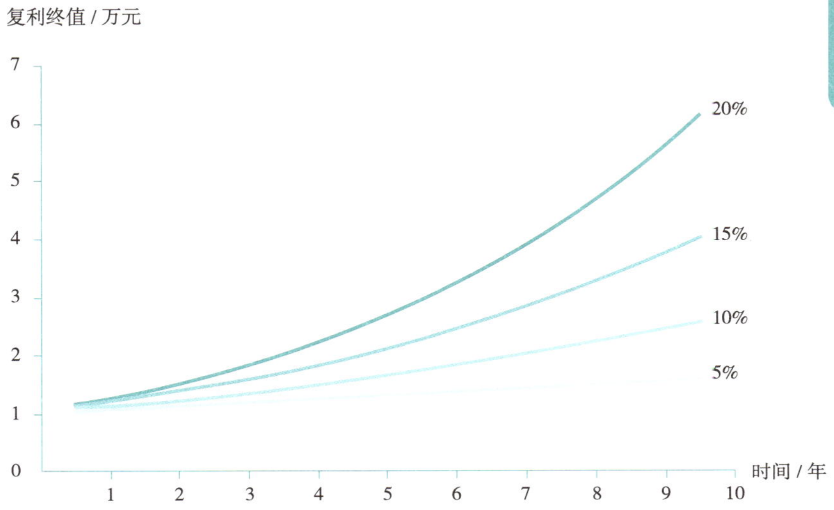

图3–1–1　1元本金在不同时间点与利率情形下的复利终值

【例3–1–3】钱多多将10 000元存入银行，年存款利率为3%，试求5年后按复利计算方式下的本利和是多少？

解：

$$F = P(1+i)^n$$
$$= 10\,000 \times (1+3\%)^5$$
或
$$= 10\,000 \times (F/P, 3\%, 5)$$
$$= 11\,593\ (元)$$

（2）复利现值的计算

复利现值是指未来一定时间的特定资金按复利方式折算到现在的价值，或者说为取得将来一定本利和现在所需要的本金。

复利现值计算是指已知F、i、n时，求P。通过复利终值计算公式（3–4）已知：

$$F = P(1+i)^n$$

则得到复利现值计算公式如下：

$$P = \frac{F}{(1+i)^n} = F \cdot (1+i)^{-n} \qquad (3\text{–}5)$$

上式中的（1+i）$^{-n}$是把复利终值折算成复利现值的系数，称为复利现值系数，或称1元的复利现值，用符号（P/F，i，n）来表示。例如，（P/F，5%，10）表示利率为5%时10期的复利现值系数。为简化计算，可直接查阅复利现值系数表，见附录2。

假定终值为1元，则复利现值与期数n和利率i的关系如图3-1-2所示。

附录 2
复利现值系数表

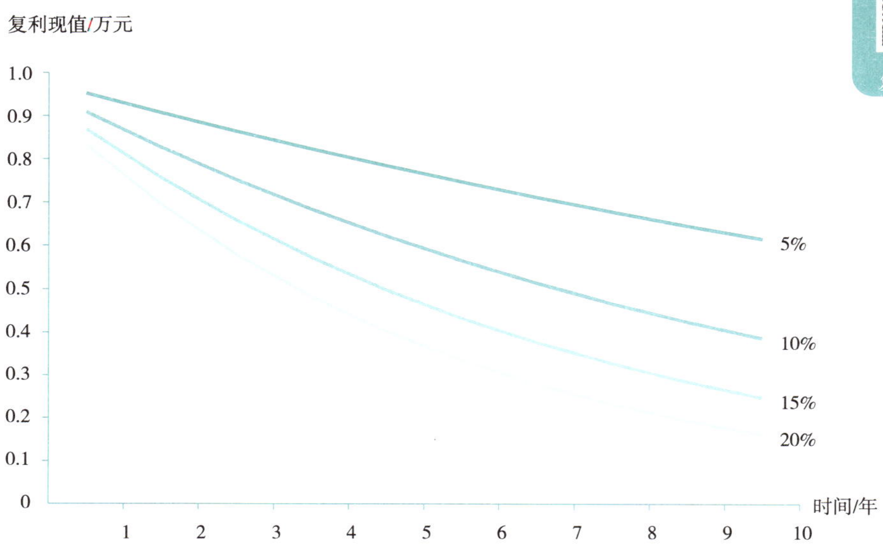

图3-1-2　1元本金在不同时间点与利率情形下的复利现值

【例3-1-4】刘先生5年后退休，他希望到时能有100 000元作为旅游经费，目前他本人的投资收益率为6%，现在需要准备多少钱进行投资？

解：

$$P = F(1+i)^{-n}$$

$$=100\,000 \times (1+6\%)^{-5}$$

或 $$=100\,000 \times (P/F，6\%，5)$$

$$=74\,726（元）$$

拓展链接

时间价值与风险

并不是所有货币都有时间价值，只有把货币作为资本投入生产经营过程才能产生时间价值。同时，将货币作为资本投入生产过程所获得的价值增加并不全是货币的时间价值，因为货币在生产经营过程中产生的收益不仅包括时间价值，还包括货币资金提供者要求的风险收益和通货膨胀贴水。

在财务学中，风险是指在一定条件下或一定时期内预期结果的不确定性或实际结果偏离预期目标的程度。这种偏离或不确定性是由于经济、社会中的各种不能预期的变化引起的，如企业在每年年初都会确定该年度的计划销售额和利润，但在实际实施过程中可能由于其他新产品的引进而冲击本企业的产品市场，或者由于原料供应商未能及时供货而延误生产，这些都可能引起企业利润额的变化，各种经济活动和经济行为都有各自不同的特点，因此风险有大有小。

风险是客观的、普遍的，广泛地存在于企业的财务活动中，并影响着企业的财务目标。由于各种难以预料和无法控制的因素作用，可能会使企业遭受风险，蒙受损失，但是如果只有损失，就没有人会去冒风险，而企业冒风险投资的最终目的是得到额外收益，因此，仔细分析风险，以承担最小的风险来换取最大的收益就显得十分必要。

任务10 年金的货币时间价值计算

1. 年金的定义

年金是指一定期间内，每隔相同时期（一年、半年、一季度、一个月）收入或付出相等金额的款项。年金具有三个特点：一是每次收付金额相等；二是每次收付的时间间隔相等；三是每次收付方式相同。生活中常见的年金形式有：等额分期付款赊购、等额分期偿还贷款、发放养老金、分期支付工程款、每年相同的销售收入等。按照收付时点和方式的不同，可以将年金分为普通年金、预付年金、递延年金和永续年金四种形式。

年金现值应用

2. 年金的计算

2.1 普通年金

普通年金是指从第一期起，在一定时期内每期期末等额收付的款项，又称后付年金。年金一般用字母A表示。比如，钱多多同学目前每个周末都在麦当劳兼职，每月月末都能收到一笔固定工资500元。这数笔工资就是典型的年金，如图3-1-3所示。

图3-1-3 普通年金的收付形式

（1）普通年金终值的计算

普通年金终值是指在一定时期内每期期末等额收付系列款项的复利终值之和。设年金为A，利率为i，期数为n，则普通年金的终值计算公式推导如图3-1-4所示。

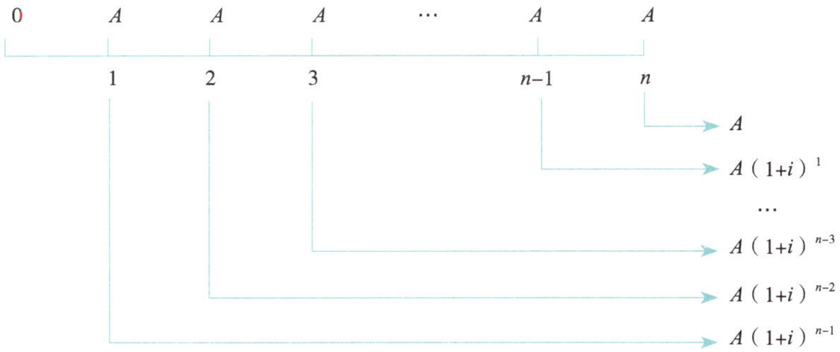

图3–1–4　普通年金终值计算原理图解

根据图3–1–4，普通年金终值计算如下所示：

$$F=A+A(1+i)+A(1+i)^2+\cdots+A(1+i)^{n-3}+A(1+i)^{n-2}+A(1+i)^{n-1} \qquad (3\text{–}6)$$

将式（3–6）两边同时乘以（$1+i$），得到：

$$F(1+i)=A(1+i)+A(1+i)^2+A(1+i)^3+\cdots+A(1+i)^{n-2}+A(1+i)^{n-1}+A(1+i)^n \qquad (3\text{–}7)$$

将式（3–7）减去式（3–6），得到：

$$F(1+i)-F=A(1+i)^n-A$$

$$F=A\times\frac{(1+i)^n-1}{i} \qquad (3\text{–}8)$$

式（3–8）中，$\frac{(1+i)^n-1}{i}$称为普通年金终值系数或1元的普通年金终值，记为（F/A，i，n）。

为简化计算，可直接查阅年金终值系数表，见附录3。

【例3–1–5】钱妈妈计划在未来5年，每年年底将5 000元钱存入一个年利率为8%的理财账户，5年后理财账户的余额是多少？

附录3
年金终值系数表

解：

$$F=A\times\frac{(1+i)^n-1}{i}$$

$$=5\,000\times\frac{(1+8\%)^5-1}{8\%}$$

或 $=5\,000\times(F/A,8\%,5)$

$$=5\,000\times5.866\,6$$

$$=29\,333\text{（元）}$$

（2）普通年金现值的计算

普通年金现值是指为在每期期末收付等额的款项，现在需要投入或收取的金额，即一定时期内每期期末等额收付系列款项的复利现值之和。设年金为A，利率为i，期数为n，则普通年金的现值计算公式如图3–1–5所示。

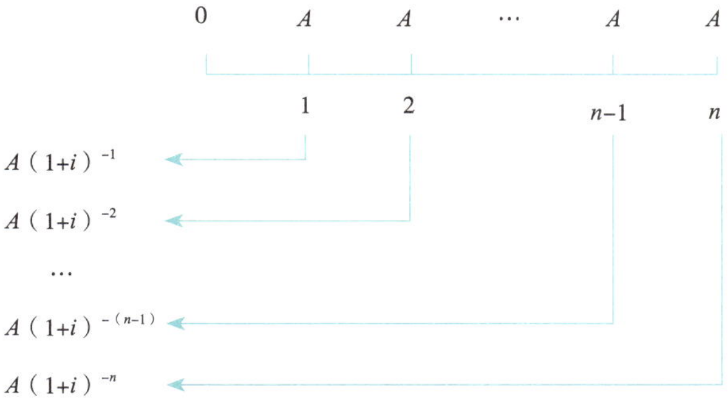

图3-1-5　普通年金现值计算原理图解

根据图3-1-5，普通年金现值计算如下所示：

$$P=A(1+i)^{-1}+A(1+i)^{-2}+\cdots+A(1+i)^{-(n-2)}+A(1+i)^{-(n-1)}+A(1+i)^{-n} \qquad (3-9)$$

将式（3-9）两边同时乘以（1+*i*），得到：

$$P(1+i)=A+A(1+i)^{-1}+\cdots+A(1+i)^{-(n-3)}+A(1+i)^{-(n-2)}+A(1+i)^{-(n-1)} \qquad (3-10)$$

将式（3-10）减去式（3-9），得到：

$$P(1+i)-P=A-A(1+i)^{-n}$$

即

$$P=A\times\frac{1-(1+i)^{-n}}{i} \qquad (3-11)$$

式（3-11）中，$\frac{1-(1+i)^{-n}}{i}$ 被称为普通年金现值系数或1元的普通年金现值，记为（P/A，i，n）。为简化计算，可直接查阅年金现值系数表，见附录4。

【例3-1-6】某企业租入一台设备，每年年末需要支付租金1 000元，年利率为10%，则5年内应支付的租金的总现值是多少元？

解：

附录4
年金现值系数表

$$P=A\times\frac{1-(1+i)^{-n}}{i}$$

$$=\frac{1-(1+10\%)^{-5}}{10\%}\times 1\,000$$

或 $=1\,000\times(P/A,\ 10\%,\ 5)$

$=3\,790.8$（元）

（3）年金终值与现值计算的应用

- 偿债基金的计算

偿债基金是指为使年金终值达到既定金额于每年年末应支付的年金数额。它是年金终值的逆运算，即已知年金终值F，求年金A。

根据年金终值计算公式：

$$F = A \times \frac{(1+i)^n - 1}{i}$$

可知：

$$A = F \times \frac{i}{(1+i)^n - 1} \tag{3-12}$$

式中，$\frac{i}{(1+i)^n - 1}$称为偿债基金系数，记为（A/F，i，n），它是年金终值系数的倒数。

【例3-1-7】钱多多拟在5年后还清10 000元的债务，从现在起每年年末等额存入银行一笔款项。假设银行存款利率为10%，每年年末需要存入多少元？

解：

$$A = F \times \frac{i}{(1+i)^n - 1}$$

$$= 10\ 000 \times \frac{10\%}{(1+10\%)^5 - 1}$$

或 $= 10\ 000 \div (F/A, 10\%, 5)$

$= 1\ 638$（元）

- 年资本回收额的计算

年资本回收额是指在约定年限内等额回收初始投入资本或清偿所欠债务的金额。每次等额回收或清偿的数额相当于年金，初始投入的资本或所欠的债务就是年金现值。年资本回收额与普通年金现值互为逆运算。

根据年金现值计算公式：

$$P = A \times \frac{1 - (1+i)^{-n}}{i}$$

可知：

$$A = P \times \frac{i}{1 - (1+i)^{-n}} \tag{3-13}$$

式中，$\frac{i}{1 - (1+i)^{-n}}$称为资本回收系数，记为（A/P，i，n），它是年金现值系数的倒数。

【例3-1-8】钱多多向银行借款50 000元，约定在5年内按利率10%等额偿还，每年应付的金额是多少？

解：

$$A = P \times \frac{i}{1 - (1+i)^{-n}}$$

$$= 50\ 000 \times \frac{10\%}{1 - (1+10\%)^{-5}}$$

或 $= 50\ 000 \div (P/A, 10\%, 5)$

$= 13\ 190$（元）

2.2 预付年金

预付年金又称为即付年金或先付年金，是指在每期期初等额收付的年金。预付年金与普通年金的区别在于收付款时间的不同，前者收付款发生在每期期初，后者则发生在每期期末。二者区别用图3–1–6和图3–1–7示意如下。

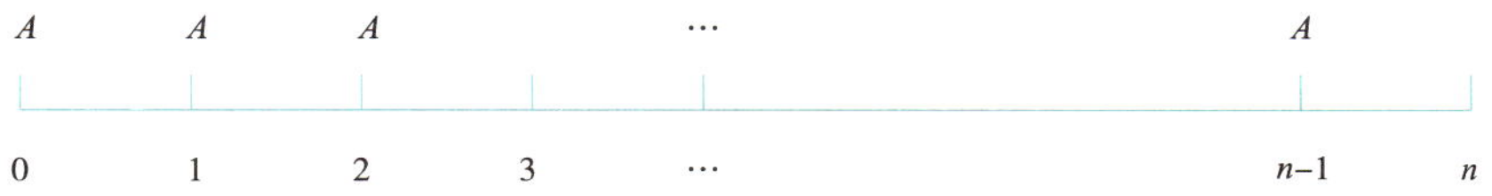

图3–1–6　预付年金示意图

图3–1–7　普通年金示意图

（1）预付年金终值的计算

预付年金终值是指在一定时期内各期期初等额收付的系列款项的复利终值之和。设年金为A，利率为i，期数为n，则预付年金的终值计算公式可用图3–1–8推导如下。

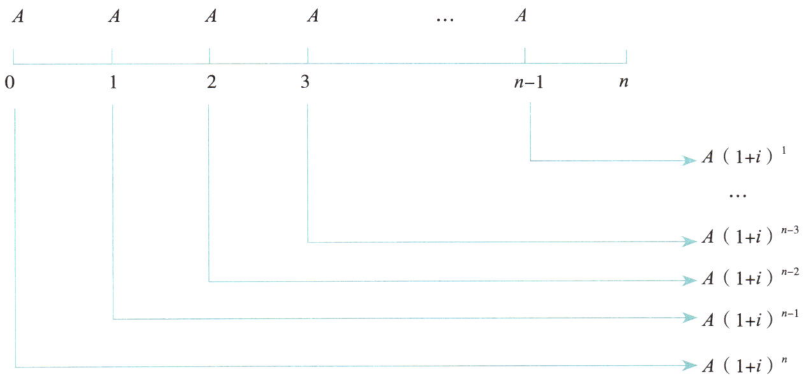

图3–1–8　预付年金终值计算原理图解

根据图3–1–8，预付年金终值计算如下所示：

$$
\begin{aligned}
F&=A(1+i)^{1}+A(1+i)^{2}+\cdots+A(1+i)^{n-3}+A(1+i)^{n-2}+A(1+i)^{n-1}+A(1+i)^{n}\\
&=(1+i)[A+A(1+i)+A(1+i)^{2}+\cdots+A(1+i)^{n-3}+A(1+i)^{n-2}+A(1+i)^{n-1}]
\end{aligned}
\quad (3\text{–}14)
$$

对比普通年金终值计算式（3–6）和式（3–14），发现后者比前者多了一个（$1+i$）。根据普通年金终值计算公式：

$$F=A\times\frac{(1+i)^{n}-1}{i}$$

得到预付年金终值计算公式：

$$F = A \times \frac{(1+i)^n - 1}{i} \times (1+i)$$
$$= A\left[\frac{(1+i)^{n+1}-1}{i} - 1\right] \quad (3-15)$$

式（3-15）中，$\left[\frac{(1+i)^{n+1}-1}{i}-1\right]$称为预付年金终值系数或1元的预付年金终值。它和普通年金终值系数$\frac{(1+i)^n-1}{i}$相比，期数加1，而系数减1，记作［（F/A，i，n+1）-1］。可利用附录3的普通年金终值系数表查得（n+1）期的值，然后减去1即可得到1元的预付年金终值。

【例3-1-9】钱多多在今后5年内，于每年年初存入银行10万元，如果存款利率为6%，则第5年年末的存款余额是多少？

解：

$$F = A\left[\frac{(1+i)^{n+1}-1}{i} - 1\right]$$
$$= 10 \times \left[\frac{(1+6\%)^{5+1}-1}{6\%} - 1\right]$$

或 $= 10 \times [(F/A, 6\%, 6) - 1]$

$= 59.75$（万元）

（2）预付年金现值的计算

预付年金现值是指在一定时期内各期期初等额收付的系列款项的复利现值之和。设年金为A，利率为i，期数为n，则预付年金的现值计算公式可用图3-1-9推导如下。

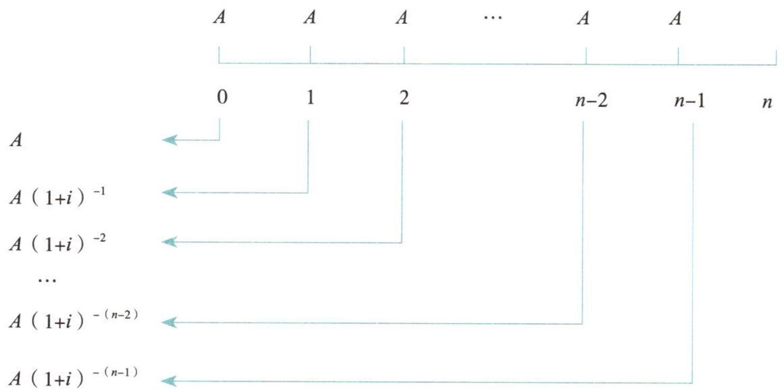

图3-1-9　预付年金现值计算原理图解

根据图3-1-9，预付年金现值计算如下所示：

$$P = A + A(1+i)^{-1} + A(1+i)^{-2} + \cdots + A(1+i)^{-(n-2)} + A(1+i)^{-(n-1)}$$
$$= (1+i)[A(1+i)^{-1} + A(1+i)^{-2} + \cdots + A(1+i)^{-(n-2)} + A(1+i)^{-(n-1)} + A(1+i)^{-n}] \quad (3-16)$$

对比普通年金终值计算式（3–9）和式（3–16），发现后者比前者多了一个（1+i）。根据普通年金现值计算公式：

$$P = A \times \frac{1-(1+i)^{-n}}{i}$$

得到预付年金现值计算公式：

$$P = A \times \frac{1-(1+i)^{-n}}{i} \times (1+i)$$

$$= A \times \left[\frac{1-(1+i)^{-(n-1)}}{i} + 1\right] \qquad (3\text{–}17)$$

上式中，$\left[\frac{1-(1+i)^{-(n-1)}}{i} + 1\right]$称为预付年金现值系数或1元的预付年金现值，它和普通年金现值系数$\frac{1-(1+i)^{-n}}{i}$相比，期数要减1，而系数要加1，记为［（P/A，i，n–1）+1］。可利用附录4的普通年金终值系数表查得（n–1）期的值，然后加1即可得到1元的预付年金现值。

【例3-1-10】钱多多分期付款购买一辆小轿车，每年年初付款10 000元，15年付清，假定银行贷款利率为6%，该项分期付款相当于一次性现金支付的金额是多少？

解：

$$P = A \times \left[\frac{1-(1+i)^{-(n-1)}}{i} + 1\right]$$

$$= 10\,000 \times \left[\frac{1-(1+6\%)^{-(15-1)}}{6\%} + 1\right]$$

或 $= 10\,000 \times [(P/A,\ 6\%,\ 14) + 1]$

$= 102\,950$（元）

2.3 递延年金

递延年金是指第一次收付款发生的时间不是第一期，而是在若干期后才开始发生的系列等额收付款项。凡不是从第一期开始的普通年金都是递延年金，可以说它是普通年金的特殊形式，因此递延年金的终值与现值的计算可以在普通年金终值与现值的基础上得到。

设递延期数为m，年金期数为n，时间总跨度为（$m+n$）期，递延年金用图3–1–10示意如下。

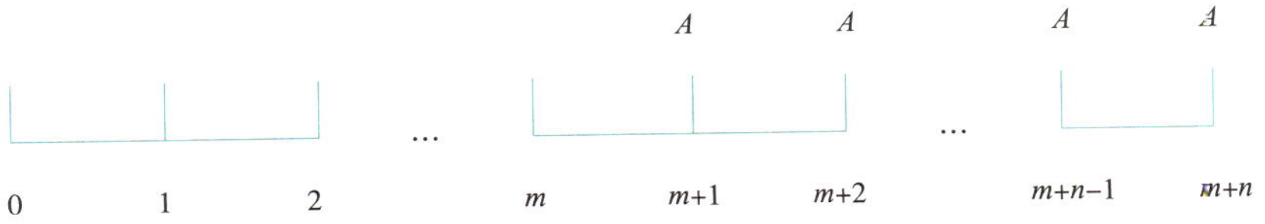

图3–1–10　递延年金示意图

（1）递延年金终值的计算

由图3-1-10可知，递延年金终值与递延期m无关，其计算方法与普通年金终值的计算相同，计算公式如下：

$$F=A\times\frac{(1+i)^n-1}{i}=A\times(F/A,\ i,\ n) \quad (3\text{-}18)$$

【例3-1-11】钱多多拟一次性投资开发某度假山庄，预计该山庄能存续15年，前5年不会产生净收益，从第6年开始每年年末能产生净收益10万元，假定年利率为10%，则该项目到第15年年末共计可得到多少净收益？

$$F=A\times\frac{(1+i)^n-1}{i}$$

$$=10\times\frac{(1+10\%)^{10}-1}{10\%}$$

或 $$=10\times(F/A,\ 10\%,\ 10)$$

$$=159.37（万元）$$

（2）递延年金现值的计算

递延年金现值的计算方法有三种：

方法一：把递延年金视为n期普通年金，求出其在递延期末的现值，然后再将此现值调整至第一期期初（即复利折现m期），计算思路示意如图3-1-11所示。

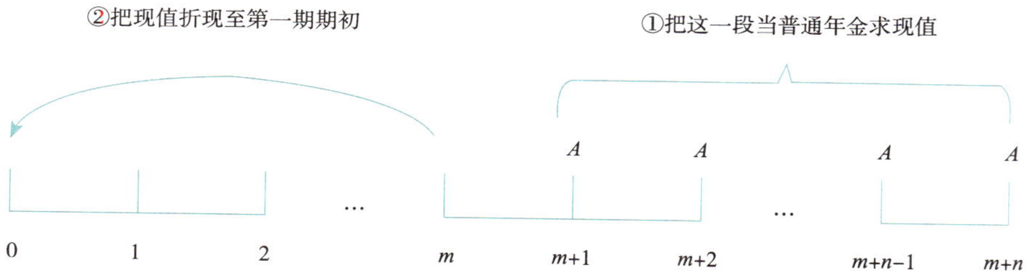

图3-1-11 递延年金现值计算方法一示意图

方法一的计算公式表示为：$P=A\times(P/A,\ i,\ n)\times(P/F,\ i,\ m)$

方法二：假设递延期内也发生普通年金的收付，则年金收付期数由n期变成了（$m+n$）期，先求出（$m+n$）期的年金现值，然后扣除实际并未收付的递延期内（m期）的年金现值，即可得出最终结果。计算思路示意如图3-1-12所示。

方法二的计算公式表示为：$P=A\times(P/A,\ i,\ m+n)-A\times(P/A,\ i,\ m)$

方法三：先求递延年金的终值，再将此终值调整至第一期期初（即复利折现$m+n$期），计算思路示意如图3-1-13所示。

方法三的计算公式表示为：$P=A\times(F/A,\ i,\ n)\times(P/F,\ i,\ m+n)$

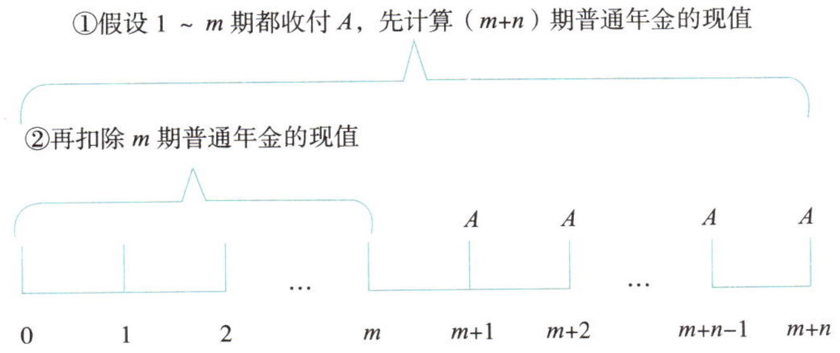

图3-1-12　递延年金现值计算方法二示意图

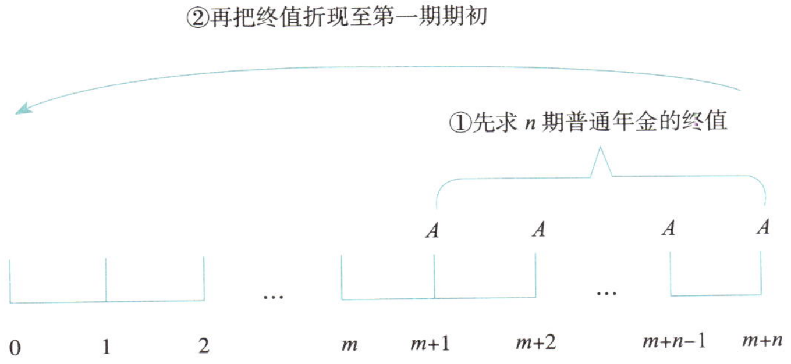

图3-1-13　递延年金现值计算方法三示意图

【例3-1-12】钱多多向银行借入一笔款项，年利率为10%，前4年不用还本付息，从第5年至第10年每年年末偿还本息5万元。试求这笔款项的现值为多少？

解：

第一种方法：$P=A\times(P/A,\ i,\ n)\times(P/F,\ i,\ m)$

$=5\times(P/A,\ 10\%,\ 6)\times(P/F,\ 10\%,\ 4)$

$=5\times4.355\ 3\times0.683$

$=14.87$（万元）

第二种方法：$P=A\times(P/A,\ i,\ m+n)-A\times(P/A,\ i,\ m)$

$=5\times(P/A,\ 10\%,\ 10)-5\times(P/A,\ 10\%,\ 4)$

$=5\times6.144\ 6-5\times3.169\ 9$

$=14.87$（万元）

第三种方法：$P=A\times(F/A,\ i,\ n)\times(P/F,\ i,\ m+n)$

$=5\times(F/A,\ 10\%,\ 6)\times(P/F,\ 10\%,\ 10)$

$=5\times7.715\ 6\times0.385\ 5$

$=14.87$（万元）

2.4　永续年金

永续年金是指无限期等额收付的年金，是普通年金的一种特殊形式，即收付期限无穷的普通年金。永续年金没有终止时间，所以不存在终值的计算问题。永续年金现值的计算公式可以通过普通年金现值的计算公式推导出来。普通年金现值的计算公式为：

$$P=A\times\frac{1-(1+i)^{-n}}{i}$$

上式中，当$n\to\infty$时，$(1+i)^{-n}$的极限为0，故上式可写成：

$$P=\frac{A}{i} \qquad (3-19)$$

【例3-1-13】钱多多拟在某学校设立一项永久性奖学金，计划每年提供10万元奖励优秀的学生。如果年利率为10%，则钱多多应该投入多少钱作为奖励基金？

解：

$$P=\frac{A}{i}=\frac{10}{10\%}=100（万元）$$

拓展链接

插值法的运用

“插值法”的原理是根据等比关系建立一个方程，然后解方程计算得出所要求的数据。

例如：假设与A1对应的数据是B1，与A2对应的数据是B2，A介于A1和A2之间，已知与A对应的数据是B，则可以按照（A1−A）/（A1−A2）=（B1−B）/（B1−B2）计算得出A的数值。

仔细观察一下这个方程会看出一个特点，即相对应的数据在等式两方的位置相同。例如：A1位于等式左方表达式的分子和分母的左侧，与其对应的数字B1位于等式右方的表达式的分子和分母的左侧。

还需要注意的一个问题是：如果对A1和A2的数值进行交换，则必须同时对B1和B2的数值也交换，否则，计算得出的结果一定不正确。

【例拓1】某人投资10万元，预计每年可获得25 000元的回报，若项目的寿命期为5年，则投资回报率为多少？

期限/年	利率				
	4%	5%	6%	7%	8%
1	0.961 5	0.952 4	0.943 4	0.934 6	0.925 9
2	1.886 1	1.859 4	1.833 4	1.808 0	1.783 3
3	2.775 1	2.723 2	2.673 0	2.624 3	2.577 1
4	3.629 9	3.546 0	3.465 1	3.387 2	3.312 1
5	4.451 8	4.329 5	4.212 4	4.100 2	3.992 7
6	5.242 1	5.075 7	4.917 3	4.766 5	4.622 9

续表

期限 / 年	利率				
	4%	5%	6%	7%	8%
7	6.002 1	5.786 4	5.582 4	5.389 3	5.206 4
8	6.732 7	6.463 2	6.209 8	5.971 3	5.746 6
9	7.435 3	7.107 8	6.801 7	6.515 2	6.246 9
10	8.110 9	7.721 7	7.360 1	7.023 6	6.710 1

解：$10 = 2.5 \times (P/A, I, 5)$

$(P/A, I, 5) = 4$

$(I-7\%)/(8\%-7\%) = (4-4.100\,2)/(3.992\,7-4.100\,2)$

$I = 7.93\%$

技术要点

1. 理解货币时间价值的含义。
2. 理解资金时间价值的表现。
3. 掌握资金时间价值的计算方法。

边学边思考

1. 预付年金计算方法是如何从普通年金计算公式中推演出来的？
2. 复利终值系数与复利现值系数有什么特点与规律？
3. 各系数之间的关系如何？

巩固训练

巩固训练答案

一、单项选择题

1. 如果利率为零，今天投资的一笔资金的终值总是（　　）。

   A. 无论时间长短，保持不变

   B. 保持不变或随着时间增加而增加

   C. 随着时间增加而减少

   D. 随着时间增加而增加

2. 假定利率大于零，在期限缩短的情形下，现值（　　）。

   A. 不确定　　B. 增大　　C. 减小　　D. 不变

3. 如果利率增加，10年后收到的10 000元钱的现值将（　　）。

   A. 不变　　B. 变大　　C. 变小　　D. 不确定

4. 假定利率为6%，期限为5年，如果现值增加，终值将（　　）。

A. 不变　　B. 减少　　C. 增加　　D. 不确定

5. 普通年金现值系数的倒数称为（　　）。

A. 普通年金终值系数　　B. 复利终值系数

C. 偿债基金系数　　D. 资本回收系数

6. 今年投资10 000元，年利率6%，复利计息，5年后的终值是多少元？（　　）

A. 13 288.26　　B. 13 000　　C. 13 283.25　　D. 13 382.26

7. 钱多多还有2年就大学毕业，毕业旅游需要3 000元。有一理财账户，年回报率是6%，钱多多现在需要在理财账户中存入多少钱才能攒足毕业旅游费？（　　）

A. 2 668.98元　　B. 2 669.99元　　C. 2 830.19元　　D. 2 668.1元

8. 未来5年中，钱多多每年年末都会在一个年利率为6%的理财账户里存入1 000元钱，在第5年年末该理财账户的余额是多少元？（　　）

A. 5 647.09　　B. 5 337.09　　C. 5 637.09　　D. 5 347.09

9. 钱妈妈申请了200 000元汽车贷款，利率是6%，期限是5年，等额本息还款，钱妈妈每月要还的车贷是多少元？（　　）

A. 3 978.56　　B. 3 967.56　　C. 3 877.56　　D. 3 866.56

10. 下列各项年金中，只有现值没有终值的年金是（　　）。

A. 普通年金　　B. 递延年金　　C. 永续年金　　D. 预付年金

二、判断题

1. 所有货币都具有时间价值。（　　）
2. 年金是指每隔一年、金额相等的一系列现金流入或流出量。（　　）
3. 租金可以视为年金的形式。（　　）
4. 递延年金终值大小与递延期无关。（　　）
5. 在利率和计息期相同的条件下，复利现值系数与复利终值系数互为倒数。（　　）
6. 当利率大于零、计息期一定的情况下，年金现值系数大于1。（　　）
7. 在利率同为10%的情况下，第10年年末1元的复利现值系数大于第8年年末1元的复利现值系数。（　　）
8. 在终值和计息期一定的情况下，利率越低，复利现值越小。（　　）
9. 预付年金和普通年金的区别在于计息时间和付款方式的不同。（　　）
10. 在本金和利率相同的情况下，若只有一个计息期，则单利终值和复利终值是相同的。（　　）

三、计算题

1. A公司热心于公益事业，自2017年12月月底开始，每年向儿童基金会捐款100 000元，帮助部分失学儿童从小学一年级开始接受九年义务教育。存款年利率为5%，该公司这九年的捐款至2025年年底的金额是多少元？

2. 某投资者拟购买一处房产，开发商提出了“两个”付款方案：

方案一：现在起15年内每年年末支付10万元；

方案二：前5年不支付，第6年起到15年每年年末支付18万元。

假设按银行贷款利率10%复利计息，若采用终值方式比较，问哪一种付款方式对购买者有利？

3. 企业需要一台新设备，买价为16 000元，可用10年。如果租用，需每年年初付租金2 000元，除此之外，买与租的其他情况相同。假设利率为6%，如果你是这个企业的决策者，你认为哪种方案好些？

4. 某人现在想存一笔钱进银行，希望在第一年年末可以取出1 300元，第2年年末取出1 500元，第3年年末取出1 800元，第4年年末取出2 000元。如果年利率为5%，那么他现在应存多少钱在银行？

5. 某人在2020年1月1日存入银行1 000元，年利率为10%，要求计算：

（1）每年复利一次，2023年1月1日存款账户余额是多少？

（2）每季度复利一次，2023年1月1日存款账户余额是多少？

（3）若把一次性存入银行1 000元改成分别在2020年1月1日、2021年1月1日、2022年1月1日、2023年1月1日等额存入250元，利率仍为10%，每年复利一次，求2023年1月1日账户余额是多少？

（4）假定分4年存入相等金额，为了使第4年年末的账户余额与第一问所得到的账户余额相同，利率仍为10%，求每年年末应存入多少金额？

项目 2　投资决策中货币时间价值的应用

案例导入

钱多多准备大学毕业后就在学校附近开一间快餐店，初始投资需要15万元，以后每年的收入是20万元，每年的成本支出是12万元，可以开3年，折现率假定为15%。

问题：这个快餐店项目是否值得投资？

项目要求

1. 了解动态投资回收期、净现值、现值指数、内部收益率和年等额净回收额的含义。
2. 理解动态投资回收期法、净现值法、现值指数法、内部收益率法和年等额净回收额法的优缺点。
3. 掌握动态投资回收期、净现值、现值指数、内部收益率和年等额净回收额的计算方法。

任务 11　动态投资回收期的计算与应用

投资决策中用来分析和评价投资项目优劣的方法有很多，大体可以分为两类：一类是静态方法，也叫作非折现的现金流量法，这类方法在进行投资项目取舍时不考虑货币的时间价值，常用的方法有静态投资回收期法、投资报酬率法等。因为这类方法不考虑资金的时间价值，不够科学，故在对投资方案进行评价时只能充当辅助方法。另一类方法是结合货币时间价值来决定投资项目的取舍，叫作折现现金流量法，亦称为动态评价方法。这类方法中常用的有动态投资回收期法、净现值法、现值指数法、内部收益率法和年等额净回收额法等。这类方法不仅考虑了资金的时间价值，还考虑了项目在整个寿命期内收入与支出的全部经济数据，因此相对于静态指标而言，是更全面、更科学的投资决策评价方法。本项目内容只介绍考虑了货币时间价值的动态评价方法。

1. 动态投资回收期的定义

动态投资回收期是指在考虑货币时间价值的条件下，以投资项目净现金流量的现值抵偿原始投资现值所需要的全部时间，即动态投资回收期是项目从投资开始起，到累计折现现金流量等于0时所需的时间。

投资者普遍注重投资的回收速度，为了减少投资风险，都希望越早收回投资越好。动态投资回收期是一个常用的经济评价指标。运用动态投资回收期对单方案的投资项目进行评价时，一般是用计算出来的回收期结果与期望的回收期进行比较，要求短于或等于期望的回收期。如果是对多方案进行比较，则回收期越短，方案越有利。

2. 动态投资回收期的计算与应用

动态投资回收期的计算方法，因投资项目每年取得的经营现金净流量是否相等而异，具体如下。

2.1　若每年经营现金净流量相等

若每年经营现金净流量相等，经营期内所取得的现金净流量的年金现值系数可表示为（P/A，i，n），则动态投资回收期的计算公式为：

$$原始投资额现值=每年经营现金净流量\times(P/A,\ i,\ n)$$

计算出年金现值系数后，通过查年金现值系数表，利用插值法，即可推算出回收期n。

【例3-2-1】某企业有一个投资方案，初始投资额为20万元，从第一年开始每年年末经营现金净流量为8万元，折现率为10%，基准动态投资回收期为4年，求该投资方案的动态投资回收期，并判断该方案是否可行。

解：依题意可知，该投资方案每年的现金净流量相等，则：

$$原始投资额现值=每年经营现金净流量\times(P/A,\ i,\ n)$$

$$20=8\times(P/A,\ 10\%,\ n)$$

得到：

$$(P/A,\ 10\%,\ n)=2.5$$

查年金现值系数表可知，当$i=10\%$时，现值2.5介于第3年的现值和第4年的现值之间，故现值2.5所对应的期数介于第3年和第4年之间。第3年的年金现值系数为2.486 9，第4年的年金现值系数是3.169 9，用插值法计算现值为2.5所对应的回收期n如下：

$$\frac{2.5-2.486\ 9}{3.169\ 9-2.486\ 9}=\frac{n-3}{4-3}$$

计算得出：

$$n=3.02（年）$$

因为动态投资回收期为3.02年，短于基准动态投资回收期4年，故该投资方案可行。

2.2 若每年经营现金净流量不相等

若每年经营现金净流量不相等，则应把每年的经营现金净流量逐一折现加总，根据累计现金净流量现值来确定回收期。

$$动态投资回收期=累计现金净流量现值首次出现正值的年份-1+\frac{|上年累计现金净流量现值|}{当年现金净流量现值} \quad (3-20)$$

【例3-2-2】某企业有以下两个投资方案，折现率为10%，有关资料如表3-2-1所示，试运用动态投资回收期法给出相应的投资决策建议。

表3-2-1 投资方案资料

单位：元

期间（年）	A方案现金净流量	B方案现金净流量
0	–200 000	–200 000
1	50 000	90 000
2	60 000	80 000
3	70 000	70 000
4	80 000	60 000
5	90 000	50 000

解：因为A、B两个方案每年的现金净流量均不相同，故需先把每年的现金净流量逐一折现加总，然后根据累计现金净流量现值来确定回收期。

两个方案每年的现金净流量折现值及累计现值之和计算如表3-2-2所示。

表3-2-2　A、B方案累计现金净流量现值

单位：元

期间（年）	A方案			B方案		
	现金净流量	现金净流量现值	累计现金净流量现值	现金净流量	现金净流量现值	累计现金净流量现值
0	-200 000	-200 000	-200 000	-200 000	-200 000	-200 000
1	50 000	45 455	-154 545	90 000	81 818	-118 182
2	60 000	49 587	-104 958	80 000	66 116	-52 066
3	70 000	52 592	-52 366	70 000	52 592	526
4	80 000	54 641	2 275	60 000	40 981	41 507
5	90 000	55 883	58 158	50 000	31 046	72 553

依据表3-2-2中各方案累计现金净流量现值计算结果，用下面的公式分别求取A、B两个方案的动态投资回收期如下：

$$\text{动态投资回收期}=\text{累计现金净流量现值首次出现正值的年份}-1+\frac{|\text{上年累计现金净流量现值}|}{\text{当年现金净流量现值}}$$

$$\text{A方案动态投资回收期}=4-1+\frac{|-52\ 366|}{54\ 641}=3.96\text{（年）}$$

$$\text{B方案动态投资回收期}=3-1+\frac{|-52\ 066|}{52\ 592}=2.99\text{（年）}$$

从计算结果可知，B方案的动态投资回收期短于A方案的动态投资回收期，故B方案较优。

3. 动态投资回收期法的优缺点

动态投资回收期法的计算思路相对简单，容易被投资人理解，也考虑了资金的时间价值。但是动态投资回收期的计算忽略了回收期以后的营业净现金流量。显然，回收期长的投资项目，其超过原始投资额的现金流量并不一定比回收期短的项目少。因此，动态投资回收期法并不是一个完善的投资项目评价方法。

任务12　净现值的计算与应用

1. 净现值的定义

净现值是指特定投资项目未来现金流入的现值与未来现金流出的现值之间的差额。

净现值是评价投资项目是否可行的最重要的指标。按照这种方法，所有未来现金流入和流出都要用资本成本折算现值，然后用流入的现值减去流出的现值得出净现值。如果净现值为正数，表明投资报酬率大于资本成本，该项目可以增加投资者财富，应予采纳。如果净现值为零，表明投资报酬率等于资本成本，不改变投资者财富，没有必要采纳。如果净现值为负数，表明投资报酬率小于资本成本，该项目将减损投资者财富，应予放弃。

2. 净现值的计算与应用

净现值的计算公式为：

$$净现值（NPV）=\sum_{t=0}^{n}\frac{I_t}{(1+i)^t}-\sum_{t=0}^{n}\frac{Q_t}{(1+i)^t} \quad (3-21)$$

式中，n为投资项目的实施运行时间（年），I_t为在项目实施第t年的净现金流入量，Q_t为在项目实施第t年的净现金流出量，i为资本成本。

【例3-2-3】钱多多有三个投资项目（表3-2-3），资本成本为10%，试求三个项目的净现值并给出投资决策建议。

表3-2-3　投资项目资料

单位：万元

期间（年）	A 项目现金净流量	B 项目现金净流量	C 项目现金净流量
0	-20 000	-9 000	-12 000
1	11 800	1 200	4 600
2	13 240	6 000	4 600
3	—	6 000	4 600

解：根据净现值计算公式分别计算A、B、C三个投资项目的净现值如下：

$$A项目的净现值（NPV_A）=\frac{11\ 800}{1+10\%}+\frac{13\ 240}{(1+10\%)^2}-20\ 000=1\ 669（万元）$$

$$B项目的净现值（NPV_B）=\frac{1\ 200}{1+10\%}+\frac{6\ 000}{(1+10\%)^2}+\frac{6\ 000}{(1+10\%)^2}-9\ 000=1\ 557（万元）$$

$$C项目的净现值（NPV_C）=\frac{4\ 600}{1+10\%}+\frac{4\ 600}{(1+10\%)^2}+\frac{4\ 600}{(1+10\%)^2}-12\ 000=-560（万元）$$

A、B两个投资项目的净现值为正数，说明这两个项目的投资报酬率均超过了资本成本10%，都可以采纳。C项目净现值为负数，说明该项目的投资报酬率达不到10%，应予放弃。

净现值法所依据的原理是：假设原始投资是按资本成本借入的，当净现值为正数时，表明偿还本息后该项目仍有剩余的收益；当净现值为零时，表明偿还本息后一无所获；当净现值为负数时，该项目收益不足以偿还本息。资本成本是投资人要求的必要报酬率，净现值为正数表明项目可以满足投资人的要求。这一原理可以通过A、C两个投资项目的还本付息表来说明，如表3-2-4、表3-2-5所示。

表3-2-4　A项目还本付息表

单位：万元

年份	年初债款	年息 10%	年末债款	偿还现金	债款余额
1	20 000	2 000	22 000	11 800	10 200
2	10 200	1 020	11 220	13 240	（2 020）

表3-2-5　C项目还本付息表

单位：万元

年份	年初债款	年息 10%	年末债款	偿还现金	债款余额
1	12 000	1 200	13 200	4 600	8 600
2	8 600	860	9 460	4 600	4 860
3	4 860	486	5 346	4 600	746

从表3-2-4可以看出，A项目在第二年年末还清本息后，还有2 020万元剩余，折合成现值就是1 669万元，即为该项目的净现值。表3-2-5则表明，C项目第三年年末尚未能还清本息，还欠746万元，折合成现值为560万元，即为C项目的净现值。

3. 净现值法的优缺点

净现值法考虑了货币的时间价值，并考虑了项目计算期内全部的现金净流量，能对投资方案做出比较全面科学的评价，在理论上比其他方法更完善，因此净现值法具有广泛的适用性。但是净现值是一个绝对数指标，不能用于投资额不同、投资期限不同的方案之间的比较。

【例3-2-3】中，A项目和B项目的净现值都为正数，都是可取的投资方案，那哪一个更好呢？这时就不能根据净现值判断了，因为两个项目的投资额和投资期限都不一样。A项目用2亿元投资、2年时间取得了较多的净现值，而B项目投资额为9 000万元，比A项目少，但投资期限长了1年，取得的净现值比A项目少，这两个净现值缺乏直接的可比性。这就如同一个大企业2年赚的利润多一些，一个小企业3年赚的利润少一些，不能直接判断哪个企业更好。因此当对投资额或者投资期限不同的方案进行比较时，净现值方法就不适用了，需要采用新的方法进行判断。

任务13 现值指数的计算与应用

1. 现值指数的定义

现值指数又称获利指数，是指投资方案未来现金流入现值与现金流出现值的比值。现值指数的经济意义是每1元投资在未来获得现金流入量的现值与投资额的净现值之比。

现值指数法根据各个投资项目计算出来的现值指数是否大于1来评价项目的可行性。如果现值指数大于或等于1，项目可行；若现值指数小于1，则该项目不可行。

2. 现值指数的计算与应用

现值指数的计算公式为：

$$现值指数（PI）=\frac{\sum_{t=0}^{n}\frac{I_t}{(1+i)^t}}{\sum_{t=0}^{n}\frac{Q_t}{(1+i)^t}} \qquad (3-22)$$

式中，n为投资项目的实施运行时间（年），I_t为在项目实施第t年的净现金流入量，Q_t为在项目实施第t年的净现金流出量，i为资本成本。

【例3-2-4】沿用表3-2-3的投资项目资料，资本成本为10%，试求三个项目的现值指数并给出投资决策建议。

解：根据现值指数计算公式分别计算A、B、C三个投资项目的现值指数如下：

$$A项目的现值指数（PI_A）=\frac{\frac{11\,800}{1+10\%}+\frac{13\,240}{(1+10\%)^2}}{20\,000}=1.08$$

$$B项目的现值指数（PI_B）=\frac{\frac{1\,200}{1+10\%}+\frac{6\,000}{(1+10\%)^2}+\frac{6\,000}{(1+10\%)^3}}{90\,000}=1.17$$

$$C项目的现值指数（PI_C）=\frac{\frac{4\,600}{1+10\%}+\frac{4\,600}{(1+10\%)^2}+\frac{4\,600}{(1+10\%)^3}}{12\,000}=0.95$$

由上述计算结果可知，A项目和B项目的现值指数均大于1，这两个投资项目都可行，C项目的现值指数小于1，应予放弃。

现值指数表示1元初始投资取得的现值毛收益。A项目的1元投资取得1.08元的现值毛收益，也就是取得0.08元的现值净收益，或者说用股东的1元钱为他们创造了0.08元的财富。B项目的1元投资取得了1.17元的现值毛收益，也就是0.17元的现值净收益。C项目的1元投资只取得了0.95元的毛收益，即1元投资净损失了0.05元，股东财富减少了5%。

现值指数是相对数，反映投资的效率，B项目的效率高；净现值是绝对数，反映投资的效益，A项目的效益大，两者各有自己的用途。B项目的现值指数比A项目高，是否可以认为B项目比A项目好呢？不一定，因为二者的投资期限不同。相比净现值，现值指数消除了投资额的差异，但是没有消除项目期限的差异。

3. 现值指数法的优缺点

现值指数是一个相对数指标，反映了投资效率，所以用现值指数指标来评价独立投资项目时，可以克服净现值指标不便于对原始投资额不同的独立投资项目进行比较和评价的缺点，对项目的分析评价更加合理、客观。但是现值指数没有考虑投资寿命期的问题，不能用于寿命期不同的独立项目决策。

任务 14 内部收益率的计算与应用

1. 内部收益率的定义

内部收益率是指能够使未来现金流入量现值等于未来现金流出量现值的折现率，即能使投资项目净现值为零的折现率。

内部收益率是一个折现的相对数指标，它表示项目的实际收益率，其计算结果应与资本成本进行对比。如果内部收益率大于或等于资本成本，则项目可行；如果内部收益率小于资本成本，则应放弃该项目。

2. 内部收益率的计算与应用

根据内部收益率的定义，内部收益率为投资项目的净现值为零时的折现率，设投资项目的内部收益率为IRR，得到以下关系式：

$$\text{净现值（NPV）}=\sum_{t=0}^{n}\frac{I_t}{(1+\text{IRR})^t}-\sum_{t=0}^{n}\frac{Q_t}{(1+\text{IRR})^t}=0 \quad (3\text{–}23)$$

式中，n为投资项目的实施运行时间（年），I_t为在项目实施第t年的净现金流入量，Q_t为在项目实施第t年的净现金流出量。

内部收益率通常需要采用逐步测试法结合线性插值法计算求取。首先估计一个折现率，用它来计算项目的净现值。如果净现值为正数，说明项目本身的收益率超过了折现率，应调高折现率重新测试，直到测算的净现值正值接近于零。再继续提高折现率，直到测算出一个净现值为负值。如果负值过大，就降低折现率后再测算到接近于零的负值。经过多次测试后，最终找到接近于零的相邻正负两个净现值的折现率，用线性插值法求得内部收益率。

具体计算思路是：先分别估计两个折现率i_1、i_2，且$i_1<i_2$，再分别计算与i_1、i_2相对应的净现值NPV_1和NPV_2。若$NPV_1>0$，$NPV_2<0$，则内部收益率i可用插值法计算出来，计算公示如下：

$$IRR=i_1+\frac{NPV_1}{NPV_1+|NPV_2|}\times(i_2-i_1) \tag{3-24}$$

上式计算误差与（i_2-i_1）的大小有关，一般取（i_2-i_1）≤5%。

【例3-2-5】沿用表3-2-3的投资项目资料，资本成本为10%，试求三个项目的内部收益率并给出投资决策建议。

解：先求项目A的内部收益率，设$i_1=10\%$，$i_2=15\%$分别进行测试，求取净现值如下：

$$NPV_1=\frac{11\ 800}{1+10\%}+\frac{13\ 240}{(1+10\%)^2}-20\ 000=1\ 669（万元）$$

$$NPV_2=\frac{11\ 800}{1+15\%}+\frac{13\ 240}{(1+15\%)^2}-20\ 000=272（万元）$$

因为要求$NPV_1>0$，$NPV_2<0$，故重设$i_1=15\%$，$i_2=17\%$，分别计算净现值:

当$i_1=15\%$时，

$$NPV_1=272（万元）>0$$

当$i_2=17\%$时，

$$NPV_2=\frac{11\ 800}{1+17\%}+\frac{13\ 240}{(1+17\%)^2}-20\ 000=-243（万元）<0$$

运用插值法公式（3-24）计算项目A的内部收益率如下：

$$\begin{aligned}IRR_A&=i_1+\frac{NPV_1}{NPV_1+|NPV_2|}\times(i_2-i_1)\\&=15\%+\frac{272}{272+|-243|}\times(17\%-15\%)\\&=16.06\%\end{aligned}$$

用同样的方法求取项目B、项目C的内部收益率分别为：$IRR_B=17.88\%$，$IRR_C=7.33\%$。由于三个项目的资本成本都是10%，项目A、项目B的内部收益率均大于10%，而项目C的内部收益率低于资本成本，由此可知项目A、项目B可行，项目C应放弃。

内部收益率是项目本身的盈利能力。如果以内部收益率作为贷款利率，通过借款来投资本项目，那么还本付息后将一无所获。这一原理可以通过C项目的数据来证明，如表3-2-6所示。

表3-2-6　C项目还本付息表

单位：万元

年份	年初债款	年利率（7.33%）	年末债款	偿还现金	债款余额
1	12 000	879.6	12 879.6	4 600	8 279.6
2	8 279.6	606.9	8 886.5	4 600	4 286.5
3	4 286.5	314.2	4 600.7	4 600	0.7①

①第三年年末债款余额为 0.7 是计算时四舍五入所致。

3. 内部收益率法的优缺点

净现值和现值指数虽然考虑了货币的时间价值，可以说明投资项目的收益率高于或低于资本成本，但没有揭示项目本身可以达到的收益率是多少。内部收益率是根据项目的现金流量计算的，是项目本身的投资收益率，所以内部收益率法的优点是直接揭示了投资项目的真正收益率，能够反映投资项目的实际收益水平，只需与资本成本或要求的收益率比较即可。但如果投资项目的现金净流量呈现不规则变化，则内部收益率可能存在多个解。

任务15 年等额净回收额的计算与应用

1. 年等额净回收额法的定义

现实生活中存在多个投资项目之间互斥的情况，即接受一个项目就必须放弃其他项目。例如为了生产一个新产品，可以选择进口设备，也可以选择国产设备，它们的使用寿命、购置价格和生产能力均不同。企业只需购买其中之一就可解决目前的问题，而无须同时购置。对互斥项目进行优劣评价的方法有很多，不同的方法适用于不同的情况，比如净现值法适用于投资额相同且寿命期相同的投资项目间的比较，现值指数法可以用于投资额不同但寿命期相同的投资项目间的比较。如果互斥项目投资额不同、寿命期也不同，那该用哪种方法呢？有一种解决办法就是采用年等额净回收额法。

年等额净回收额法指在投资额不相同且项目寿命期不同的情况下，根据各个投资项目的年等额净回收额的大小来选择最优方案的决策方法。当多个投资项目具有不同的原始投资额而且具有不同的投资寿命期时，可以用年等额净回收额作为比较的基础。年等额净回收额大于零，方案可行；年等额净回收额最大的项目最优。

2. 年等额净回收额的计算与应用

某投资项目的年等额净回收额等于该项目的净现值与其资本回收系数（或年金现值系数的倒数）的乘积，即：

$$年等额净回收额=净现值\times资本回收系数$$

其中资本回收系数在前文中已提及，为$\frac{i}{1-(1+i)^{-n}}$，记为（A/P，i，n）。

【例3-2-6】沿用表3-2-3的投资项目A和项目B的资料，资本成本为10%，试求两个项目的年等额净回收额并给出投资决策建议。

解：【例3-2-3】已算出项目A、项目B的净现值，可以直接套用净现值计算结果如下：

$$项目A的年等额净回收额=1\ 669\times\frac{10\%}{1-(1+10\%)^{-2}}=961.7（万元）$$

$$项目B的年等额净回收额=1\ 557\times\frac{10\%}{1-(1+10\%)^{-3}}=626.1（万元）$$

由以上计算结果可知，项目A、B的年等额净回收额均大于0，两个方案都可行，其中项目A的年等额净回收额大于项目B，故项目A较优。

3. 年等额净回收额法的优缺点

年等额净回收额法解决了互斥项目之间由于投资额不同、项目期限不同而缺乏可比性的问题，计算简单，但不便于理解。

技术要点

1. 认识各时间价值应用指标。
2. 能使用指标进行投资决策。
3. 掌握各指标的优缺点。

边学边思考

1. 静态指标与动态指标有何区别？
2. 请列表展示各指标的适用范围。

巩固训练答案

巩固训练

一、单项选择题

1. 已知某投资项目按14%折现率计算的净现值大于零，按16%折现率计算的净现值小于零，则该项目的内部收益率肯定（　　）。

   A. 大于14%、小于16%　　B. 小于14%

   C. 等于15%　　D. 大于16%

2. 某投资项目原始投资12 000元，当年完工投产，预计使用3年，每年可获得现金净流量4 600元，则该项目的内部收益率为（　　）。

   A. 7.33%　　B. 7.68%　　C. 8.32%　　D. 6.68%

3. 对于同一投资方案，下列说法不正确的是（　　）。

   A. 资本成本越高，净现值越低

   B. 资本成本低于内部收益率时，净现值小于零

   C. 资本成本相当于内部收益率时，净现值为零

   D. 资本成本高于内部收益率时，净现值小于零

4. 对投资项目内部收益率的大小不产生影响的因素是（　　）。

A. 投资项目的原始投资　　B. 投资项目的现金流入量

C. 投资项目的有效年限　　D. 投资项目的预期报酬率

5. 如果其他因素不变，一旦折现率提高，下列指标中其数值将会变小的是（　　）。

A. 净现值　　B. 年等额净回收额

C. 内部收益率　　D. 动态投资回收期

6. 某投资方案，当折现率为16%时，其净现值为338元，当折现率为18%时，其净现值为−22元。该方案的内部收益率为（　　）。

A. 0.158 8　　B. 0.161 2　　C. 0.178 8　　D. 0.181 4

7. A企业投资20万元购入一台设备，预计使用20年，设备投产后每年可获得现金净流量32 549元，折现率为10%，则该投资的动态投资回收期为（　　）年。

A. 5　　B. 3　　C. 6　　D. 10

8. 现在投资10 000元，在未来3年每年获得投资回报4 000元，这个投资机会的内部收益率是多少？（　　）

A. 9.70%　　B. 20.00%　　C. 12.00%　　D. 10.00%

9. 有一项投资，初始投资8 000元，3年后可获得10 000元，这项投资的回报率是多少？（　　）

A. 7.60%　　B. 7.72%　　C. 7.00%　　D. 7.70%

10. 已知某投资项目的原始投资额现值为100万元，净现值为25万元，则该项目的现值指数为（　　）。

A. 0.25　　B. 0.75　　C. 1.05　　D. 1.25

二、判断题

1. 年等额净回收额法不能用于寿命期不同的投资项目之间的比较和评价。（　　）
2. 对于一个投资项目，只要净现值大于0，则现值指数大于1，其内部收益率必然高于资本成本，均说明该项目是有利的。因此采用这三个指标评价投资项目，结论相同。（　　）
3. 净现值以绝对数表示，不便于在不同投资规模的方案之间进行比较。（　　）
4. 某个方案，其内部收益率大于资本成本，则其净现值必然大于零。（　　）
5. 动态投资回收期法的优点之一是考虑了回收期以后的营业现金净流量。（　　）
6. 经营期内的现金净流量一定大于零。（　　）
7. 如果投资项目甲的净现值大于投资项目乙，则项目甲优于项目乙。（　　）
8. 不论在什么情况下，都可以通过逐步测试法结合线性插值法计算投资项目的内部收益率。（　　）
9. 投资项目评价所运用的内部收益率指标的计算结果与项目设定的折现率高低有直接关系。（　　）
10. 现值指数表示1元初始投资取得的现值毛收益。（　　）

三、计算题

1. 某投资项目的经营期为5年，投产后每年的净现金流量均为100万元，原始总投资150万元，资金成本为10%，求该项目的年等额净回收额为多少？
2. 某投资项目采用逐步测试法结合线性插值法计算内部收益率，求得i_1=15%、i_2=18%、i_3=20%时所对应的净现值分别为150万元、30万元和−10万元，则该项目的内部收益率是多少？
3. 钱多多准备投资一个时尚消费品项目，预测的项目寿命周期为5年，第一年的净现金流是16 000元，第二年的净现金流是17 000元，第三年、第四年的净现金流都是40 000元，最后一年的净现金流是48 000元，初始投资是100 000元。如果要求的回报率是15%，请运用净现值法判断钱多多是否应该投资该项目？

思政园地

校园贷中的复利“噩梦”

【资料】

正在读大二的学生小文想换个新电脑，还缺4 000元但又不想再向父母要。此时校园公告栏内一则“无利息、无抵押、到账快”的校园贷广告吸引了她，这个平台以“消费金融”“助学贷”等名义提供校园贷借款服务，小文当即联系了该借贷平台的客服准备借款。贷款的手续非常简单，小文填写完个人资料、上传了身份证照片并复制了包含父母、亲戚、老师和同学在内的通讯录后，很快通过面签。不久，她获得了借贷平台发放的4 000元借款，但她不知道这是噩梦的开端。

借贷平台的客服告诉小文，借款的还款日期以七天为一个周期，也就是说她借款4 000元七天后就要还款4 600元。但是小文父母给她的生活费却是按月给的，这样还没有等到家里生活费打过来她就要还款了。眼见着七天的还款期即将到来，小文只有想尽办法周转，把前一笔的借款还上。于是小文开始向另一家校园贷平台求助，借了1 000元来支付第一家平台的利息费用。此时，她已经欠下了两家平台的借款，利息共计900元。到了借款的第14天，又临近还款日，由于没有900元的续期利息费用，她只得向第三家校园贷平台借款来填补。如此循环借款，拆东墙补西墙，不到半年时间，小文的借款由最初的4 000元“滚”到了20万元。

【分析】

让小文崩溃的校园贷利率到底有多高？以小文在某借贷平台的账单为例算了一笔账：借17 000元，分24期还款，每月需还916.7元。我们可以利用教材中内部收益率的求取方法帮小文计算一下这笔账单的利率，因为是按月还款，可以先按逐步测试法结合线性插值法算出内部收益率即月利率来，再把月利率转换成年利率即为小文这笔借款账单的真实利率。经过测算，这笔账单的月利率为2.19%，换算成年利率为26.28%，而普通银行一年贷款的年利率不到5%，二者有足足五倍的差距！更有甚者，小文在某平台借款6 000元，规定第二天就要还利息500元，还不上就罚款300元，这样的账单真让人感叹“利息猛于虎”！

运用所学的货币时间价值的计算方法，能帮助我们识别校园贷就是高利贷的真相，从而培养正确的金钱观和消费观，从源头上遏制校园贷乱象。

模块 4 盈亏平衡点数据分析

知识概述

盈亏平衡点（break even point，BEP）又称零利润点、保本点、盈亏临界点、损益分歧点、收益转折点。通常是指全部销售收入等于全部成本时（销售收入线与总成本线的交点）的产量。以盈亏平衡点为界限，当销售收入高于盈亏平衡点时企业盈利，反之，企业就亏损。盈亏平衡点可以用销售量来表示，即盈亏平衡点的销售量；也可以用销售额来表示，即盈亏平衡点的销售额。

盈亏平衡分析是通过盈亏平衡点（BEP）分析项目成本与收益的平衡关系的一种方法。各种不确定因素（如投资、成本、销售量、产品价格、项目寿命期等）的变化会影响投资方案的经济效果，当这些因素的变化达到某一临界值时，就会影响方案的取舍。盈亏平衡分析的目的就是找出这个临界值，即盈亏平衡点（BEP），判断投资方案对不确定因素变化的承受能力，为决策提供依据。

思维导图

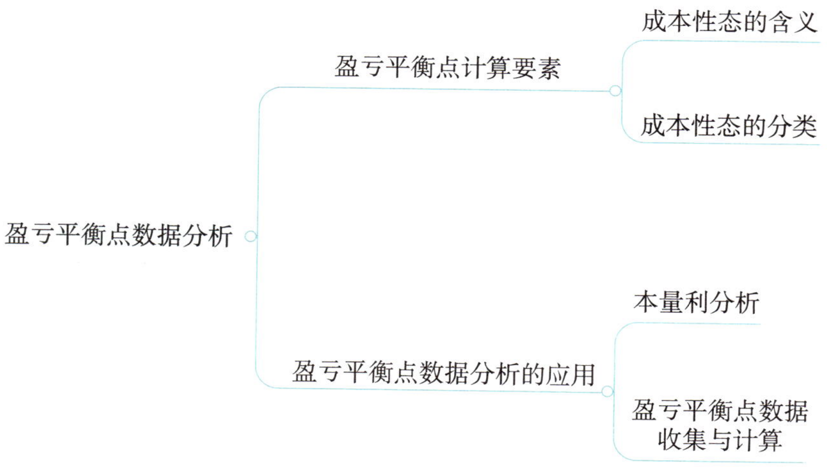

学习目标

1. 掌握成本的含义。
2. 掌握固定成本与变动成本的含义及特点。
3. 了解混合成本的含义及类型。
4. 掌握成本性态的含义及相关范围。
5. 能区分固定成本和变动成本。
6. 掌握本量利分析的基本含义和计算指标。
7. 掌握盈亏平衡点分析的方法。

项目1　盈亏平衡点计算要素

案例导入

大学生小兰毕业后打算自主创业，她准备就近开一家小型奶茶店。为此她展开了市场调查：现在奶茶使用的主要原料绿茶、红茶、乌龙茶等茶叶，价格大概40～65元/千克，500克茶叶能做60杯奶茶，这样算下来每一杯的茶汤就要1.5元左右；茶汤之外还要加奶精、果糖、奶盖等，加上茶杯、封口膜（盖子）、吸管（+叉子/勺子）、包装袋，一套基本上就是1.2～1.5元，一杯纯奶茶成本大概就占了4～7元。另外，开店租用一间20平方米普通街面房，房租费用4 000元/月，装修费用15 000元，设备费用2.4万元，广告宣传费用2 000元，人员工资3 000元/（月·人）（1人），水电杂费1 500元/月。这里都包含哪些成本？分属什么成本类型？

项目要求

1. 掌握成本的含义。
2. 掌握固定成本与变动成本的含义及特点。
3. 了解混合成本的含义及类型。
4. 掌握成本性态的含义及相关范围。
5. 能区分固定成本和变动成本。

任务16 成本性态的含义

1. 什么是成本

成本是商品经济的价值范畴，是商品价值的组成部分。人们要进行生产经营活动或达到一定的目的，就必须耗费一定的资源，其所耗费资源的货币表现及其对象化称之为成本。随着商品经济的不断发展，成本概念的内涵和外延都处于不断地变化发展之中。

1.1 成本的会计含义

- 成本是生产和销售一定种类与数量产品以耗费资源用货币计量的经济价值。企业进行产品生产需要消耗生产资料和劳动力，这些消耗在成本中用货币计量，就表现为材料费用、折旧费用、工资费用等。企业的经营活动不仅包括生产，也包括销售活动，因此在销售活动中所发生的费用，也应计入成本。同时，为了管理生产所发生的费用，也应计入成本。
- 成本是为取得物质资源所需付出的经济价值。企业为进行生产经营活动，购置各种生产资料或采购商品而支付的价款和费用，就是购置成本或采购成本。随着生产经营活动的不断进行，这些成本就转化为生产成本和销售成本。
- 成本是为达到一定目的而付出或应付出资源的价值牺牲，它可用货币单位加以计量。
- 成本是为达到一种目的而放弃另一种目的所牺牲的经济价值。

1.2 成本的会计分类

会计上广泛使用的一个传统的成本分类方法，是将工业企业的成本按照其经济职能区分为制造成本和非制造成本两大类。

（1）制造成本

制造成本是在产品制造过程中发生的，通常将它按照三个主要项目——直接材料、直接工资和制造费用进行归类。

①直接材料。指企业在生产产品和提供劳务过程中所消耗的直接用于产品生产并构成产品实体的原料、主要材料、外购半成品，以及有助于产品形成的辅助材料和其他直接材料。在生产过程中，直接材料的价值一次全部转移到新生产的产品中去，构成了产品成本的重要组成部分。如车辆生产领用的钢铁及其他构件、纺织纱线领用的棉花、生产某类型电器领用的不锈钢材料等。

②直接工资。指支付给直接参与产品生产的生产工人工资以及按规定的比例提取的职工福利费。由于生产工人直接从事产品生产，人工费用的发生能够判明应由哪种产品负担，因此，这些费用发生后直接归集到各产品成本中去。如汽车生产线上的工人薪酬、纺纱工人的薪酬、生产电器产品的工人薪酬等。

③制造费用。在生产中发生的那些不能归入直接材料、直接工资的所有其他成本支出都归属于制造费用。它通常又细分为间接材料、间接工资和其他制造费用三个组成部分。在生

产中，耗用但不便归入哪一特定产品的材料的成本，属于间接材料，如机器设备维修用的材料。为生产服务但不直接进行产品生产的人员的工资，属于间接工资，如维修人员、车间管理人员、技术人员等的薪酬。其他制造费用，指不属于间接材料、间接工资的其他各种间接费用，包括厂房、建筑物、机器设备的折旧和维护、修理费、税金和保险费，生产用的照明、动力费等。

（2）非制造成本

非制造成本是指销售与行政管理方面发生的成本，也称期间成本或期间费用，通常可以分为销售成本和管理成本。

①销售成本是指在销售过程中发生的各种费用，如广告费、运输费、销售人员的薪酬、差旅费、外设销售机构办公费、折旧费、仓储费等。

②管理成本是指企业行政管理部门为组织企业正常的生产和销售活动所发生的各项费用，如企业行政管理部门职工的薪酬、办公费、电话费、业务招待费、管理部门固定资产折旧费、无形资产摊销费、保险费、财产税等。

成本按经济职能分类，如图4-1-1所示。

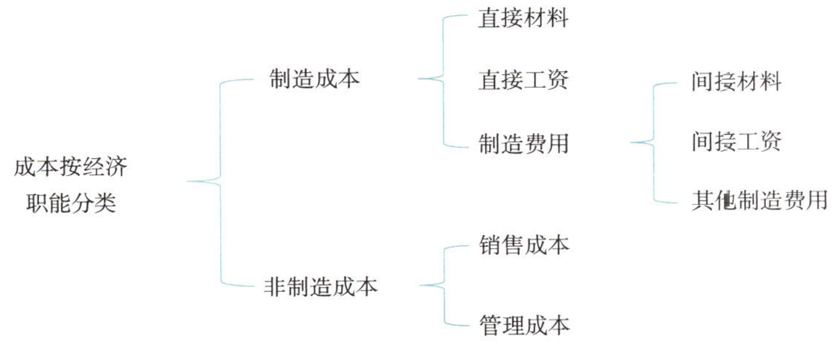

图4-1-1　成本按经济职能分类

2. 成本性态的含义

成本性态也称成本习性，是指成本总额与业务量之间的依存关系。这里的业务量可以是生产产品的产量或销售产品的销量，也可以是直接人工小时数或机器工时数。从成本性态来认识和分析成本，目的是要揭示成本与业务量之间的规律性的联系。

拓展链接

成本的类型

一、成本按经济性质分类

生产经营成本按其经济性质可以分为劳动对象的耗费、劳动手段的耗费和活劳动的耗费三大类。前两类是物化劳动耗费，后一类是活劳动耗费，它们构成了生产经营成本的三大要素。

在实务中，为了便于分析和利用，生产经营成本按经济性质划分为以下类别：

外购材料：指耗用的一切从外部购入的原料及主要材料、半成品、辅助材料、包装物、修理用备件、低值易耗品和外购商品等。

外购燃料：指耗用的一切从外部购入的各种燃料。

外购动力：指耗用的从外部购入的各种动力。

工资：指企业应计入生产经营成本的职工工资。

提取的职工福利费：指企业按照工资总额的一定比例提取的职工福利费。

折旧费：指企业提取的固定资产折旧。

税金：指应计入生产经营成本的各项税金，例如城镇土地使用税、房产税、印花税、车船税等。

其他支出：指不属于以上各要素的耗费，例如邮电通信费、差旅费、租赁费、外部加工费等。

上述生产经营成本的各要素称为“费用要素”。按照费用要素反映的费用称为“要素费用”。按照费用要素分类反映的成本信息可以反映企业在一定时期内发生了哪些生产经营耗费，数额各是多少，用以分析企业耗费的结构和水平；还可以反映物质消耗和非物质消耗的结构和水平，有助于统计工业净产值和国民收入。

二、成本按职能分类

生产经营成本按其职能分为以下类别：

研究与开发成本：指为创造新产品、新服务和新生产过程而发生的成本。

设计成本：指为了产品、服务或生产过程的详细规划、设计而发生的成本。

生产成本：指为了生产产品或提供服务而发生的成本。

营销成本：指为了让人们了解、评估和购买产品而发生的成本。

配送成本：指为将产品或服务递交给顾客而发生的成本。

客户服务成本：指向客户提供售后服务的成本。

行政管理成本：指企业为组织和管理企业生产经营活动所发生的成本。

三、成本按其计入成本对象的方式分类

成本对象是指需要对成本进行单独测定的一项活动。成本对象可以是一件产品、一项服务、一项设计、一个客户、一种商标、一项作业或者一个部门等。

技术要点

1. 理解成本的含义。
2. 了解成本的分类。

边学边思考

不同的分类标准可以把成本分成哪些类型？

任务17 成本性态的分类

成本按其性态可分为变动成本、固定成本和混合成本三大类。

成本性态分析

1. 变动成本

1.1 变动成本的定义及特点

变动成本是指在一定时期和一定业务量范围内，成本总额随业务量的变动成正比例变动的成本，如直接材料、直接人工都是和单位产品的生产直接相联系，其总额会随着产量的增减成正比例增减。总成本随着产量成正比例变动的同时，单位变动成本则不随产量的变动而改变。

【例4-1-1】小兰的奶茶店生产A种奶茶，产量在一定范围内变动时对成本的影响如表4-1-1所示。

表4-1-1 A产品不同产量下的变动成本

产量 / 件	变动成本总额 / 元	单位变动成本 / 元
100	1 000	10
200	2 000	10
300	3 000	10
400	4 000	10

从表4-1-1中可以看出，在相关范围内，变动成本总额随着产量的变动成正比例变动，如图4-1-2所示。但无论产量如何变动，单位变动成本总是10元，如图4-1-3所示。

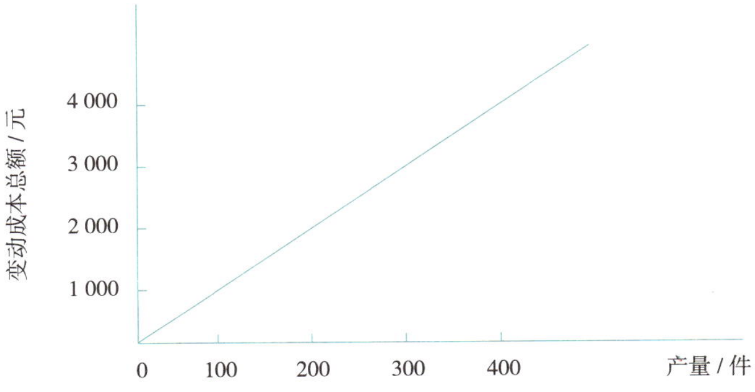

图4-1-2 变动成本总额与产量的关系图

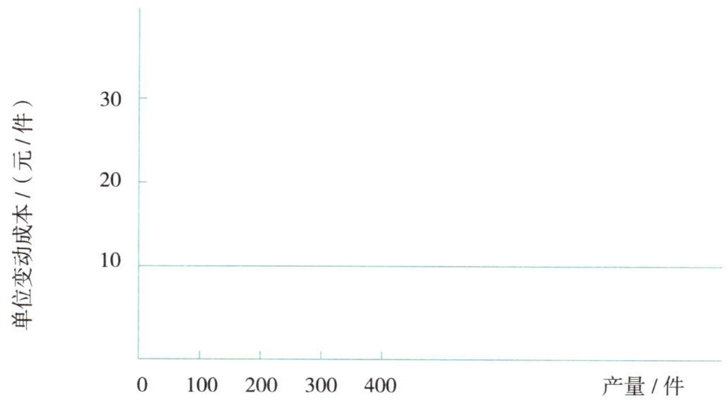

图4-1-3　单位变动成本与产量的关系图

1.2　变动成本的“相关范围”

变动成本的基本特性是有条件的，其条件表现在变动成本总额与产量之间成正比例变动关系，即当产量增长到某一定范围时，变动成本总额和业务量总数之间呈现出严格的、完全的线性关系，这个范围就称为变动成本的相关范围。

成本总额随着业务量变动并成正比例变动的这种完全的线性联系，只有在一定的相关范围内存在；超出了相关范围，它们之间的联系则可能表现为非线性的。例如，当企业的产量在较低水平时，单位产品人工成本往往较高；当产量逐渐上升，超过一定范围时，材料的利用和人工的作业安排可能更加合理，除单位人工成本会降下来外，单位材料的成本也可能会降低。而当产量突破上述范围继续上升时，可能使某些产品成本项目超量上升（比如需要加倍支付工人的加班加点工资），从而导致单位产品中的变动成本由降转升。

1.3　变动成本的类型

变动成本可以根据其发生的原因分为技术性变动成本和酌量性变动成本。

技术性变动成本是指与产量有明确的技术或实物关系的变动成本，如一台电脑要用一块主机板、一个硬盘、一个显示器等。这类成本的实质是利用生产能力进行生产所必然发生的成本。若企业不生产产品，则从理论上讲，其技术变动成本为零。

酌量性变动成本是可以通过管理决策行动而改变的变动成本。如按销售收入的一定百分比支出的销售佣金、技术转让费等。这类成本的显著特点是其单位变动成本的发生额可由企业最高管理层决定，如销售佣金计提的百分比即由经理所定。

2. 固定成本

2.1　固定成本的定义及特点

固定成本是在一定时期和一定业务量范围内，成本总额不受业务量增减变动的影响而保持固定不变的成本。例如，固定资产折旧、财产保险费、广告费、职工培训费等。固定成本总额不受业务量的影响，但随着业务量的增减变化，单位产品分摊的固定成本的份额会成反比例变动。

【例4-1-2】某公司设备按月计提的折旧费为100 000元。设备的最大生产能力400件，则产量在400件内的变动对成本的影响如表4-1-2所示。

表4-1-2　折旧费分摊计算表

产量 / 件	固定成本总额 / 元	单位固定成本 / 元
100	100 000	1 000
200	100 000	500
300	100 000	333
400	100 000	250

从表4-1-2中可以看出，产量在100～400件范围内，每月的折旧费不变，都是100 000元，如图4-1-4所示。单位产量所承担的折旧费用却随着产量的增加而减少，如图4-1-5所示。

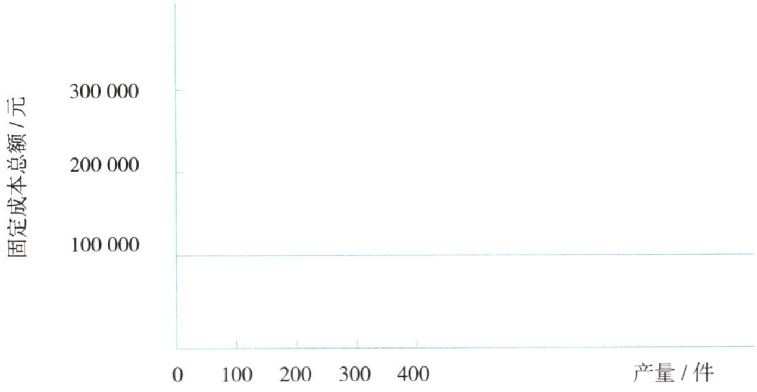

图4-1-4　固定成本总额与产量之间的关系图

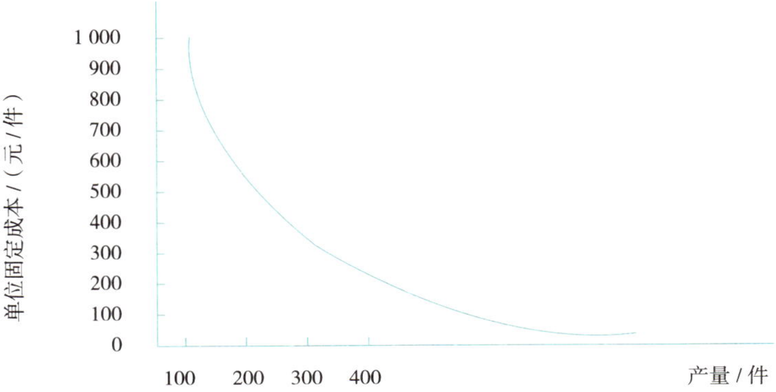

图4-1-5　单位固定成本与产量之间的关系图

2.2 固定成本的“相关范围”

固定成本总额只有在一定时期和一定业务量范围内才是固定的，它的固定性是有条件的，是在一定相关范围内具有固定不变性。如果业务量的变动超过了这个范围，固定成本的特征也会发生变动。原因在于，当企业所要完成的业务量超过了现有生产能力，就需要扩大再生产，添置机器设备、增租厂房等，因而，需要增加机器设备折旧费、厂房租金等。这样，随着业务量的增加超过了一定的相关范围后，固定成本总额的不变性就会发生变化。因此，讨论固定成本总额与业务量之间的变动关系就必须在一定相关范围内进行。

2.3 固定成本的类型

固定成本按是否受管理当局短期决策行为的影响，可以进一步分为约束性固定成本和酌量性固定成本两类。

（1）约束性固定成本

约束性固定成本是指在日常经营活动中，企业管理当局短期决策行为很难控制并改变其数额的固定成本。这类成本与企业生产能力形成和正常维持直接相关，如厂房和机器设备的折旧费、管理人员的薪资、保险费等。企业经营能力一旦形成，这类成本的数额一经确定，在短期内是不能随意加以改变的，因而具有很强的约束性。

因此，在企业经营方向不变的前提下，要控制约束性固定成本，必须通过合理地利用企业生产能力，提高产品产量，降低单位产品负担的固定成本入手。

（2）酌量性固定成本

酌量性固定成本是指在日常经营活动中，企业管理当局短期决策行为可以控制并改变其数额的固定成本，如新产品的开发费、广告费、职工培训费等。这类成本的发生可以因领导的决策而作适当的调整，发生额的多少与增强企业的竞争力、扩大企业规模直接相关，但同企业的业务量并无直接联系。

因此，要控制酌量性固定成本，必须从企业的实际需要出发，精打细算，厉行节约，在不影响企业既定的经营方针的前提下，降低其绝对支出额。

3. 混合成本

3.1 混合成本定义

介于固定成本和变动成本之间，既随业务量变动又不成正比例变动的成本称为混合成本，如设备维修费、仓储费、机械动力费、水电费和检验人员的薪酬等。

混合成本根据具体的变动特征，可分为半变动混合成本、半固定混合成本、延期变动混合成本和曲线式混合成本四种类型。本课程内，一般将混合成本根据其特征分解为变动成本和固定成本，不另作单独核算与分析。

3.2 成本习性模型

由于混合成本同时具有固定成本和变动成本的性质，因此，混合成本可以分解为固定成本和变动成本两部分，总成本与业务量的关系也就可以简化为固定成本及变动成本两种成本习性来说明。在相关范围内，总成本的组成即成本习性模型可以写成如下表达式。

总成本＝固定成本总额+变动成本总额

＝固定成本总额+单位变动成本×业务量

在总成本公式中，用y代表总成本，a代表固定成本总额，b代表单位变动成本，x代表业务量，则上述公式可以表示为：

$$y=a+bx$$

成本习性模型如图4-1-6所示。

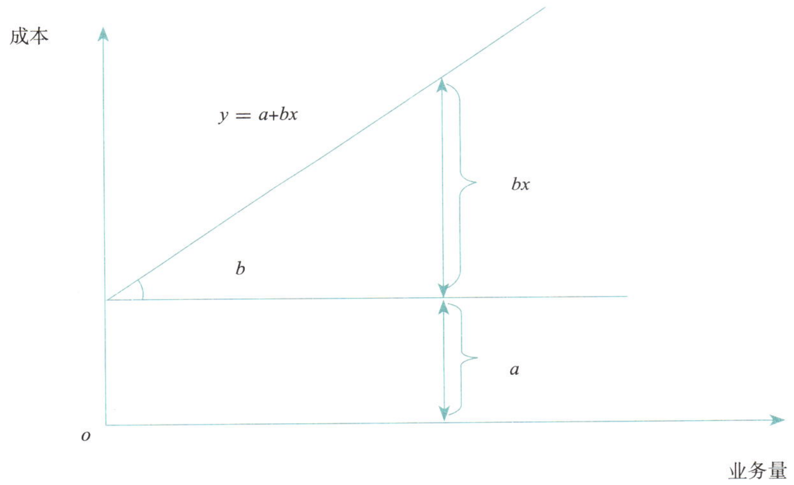

图4-1-6　成本习性模型

拓展链接

混合成本的分解

混合成本的分解，一般有历史成本分析法、账户分析法和工程分析法。

一、历史成本分析法

通过对历史成本数据的分析，依据以前各期实际成本与产量间的依存关系来推算一定期间固定成本和单位变动成本的平均值，并以此来确定所估算的未来成本。历史成本分析法具体分为高低点法、散布图法和回归分析法三种。

（一）高低点法

高低点法是通过对一定期间成本与业务量的历史资料进行分析，从中选出业务量的最高点和最低点及其相应的成本，然后据以分解出混合成本中固定部分和变动部分各占多少的一种成本习性分析方法。

高低点法的具体分析步骤如下。

①选择高低点坐标，即找出业务量的最高点（用x_1表示）及相应的成本（用y_1表示）；找出业务量的最低点（用x_2表示）及对应的成本（用y_2表示），从而确定高点坐标（x_1，y_1）和低点坐标（x_2，y_2）。

②计算b的值。计算公式为：

$$b=\frac{\text{业务量最高时总成本}-\text{业务量最低时总成本}}{\text{最高点业务量}-\text{最低点业务量}}=\frac{y_1-y_2}{x_1-x_2}$$

③计算a的值。计算公式为：

$$a=\text{业务量最高时总成本}-b\times\text{最高点业务量}=y_1-bx_1$$

或

$$a=\text{业务量最低时总成本}-b\times\text{最低点业务量}=y_2-bx_2$$

④将a、b值代入成本习性模型：$y=a+bx$

【例4-1-3】光华公司2022年1～6月发生的机器工作小时和维修成本资料如表4-1-3所示。

表4-1-3 光华公司机器工作时间和维修成本

项目	1月	2月	3月	4月	5月	6月
机器工作时间 / 千小时	6	5	7	6	8	9
维修成本 / 千元	24	25	32	28	33	37

要求：利用高低点法将维修成本分解为固定成本和变动成本，并建立相应的成本习性模型。

解：①选择高低点坐标：最高点（9，37）；最低点（5，25）。

②计算b值

$$b=\frac{37-25}{9-5}=3$$

将高点（9，37）代入方程，得： $37=a+3\times9$

$$a=10$$

维修成本模型为： $y=10+3x$

（二）散布图法

散布图法是将观察到的历史成本数据，在坐标纸上作图，给出各期成本点散布图，并根据目测，在各成本点之间现画出一条反映成本变动趋势的直线，其与纵轴的交点即为固定成本，然后据此计算单位变动成本的一种方法。

具体来说，散布图法包括以下几个基本步骤：

第一，在平面直角坐标系中，绘制成本的散布点，以横轴代表产量，纵轴代表成本，于是历史成本的数据就形成若干点散布于坐标系中，由此绘制的图即为散布图。

第二，用目测画出一条反映成本平均变动趋势的直线。注意应尽量使画出的这条直线两边的散布点个数相同，而且使各点到直线的距离之和达到最小。

第三，确定固定成本的平均值，所画的直线与纵轴的交点即为固定成本。

第四，计算单位变动成本。在所画的直线上任取一点产量，即可对应查出成本的值，这时单位变动成本通过公式 $b=\frac{y-a}{x}$ 求得。

（三）回归分析法

回归分析法也称最小二乘法，它是根据若干历史时期的成本和业务量的资料，运用最小二乘法的原理，计算固定成本和单位变动成本的一种成本习性分析方法。

a、b的值可按如下公式计算：

$$a=\frac{\sum y-b\sum x}{n}$$

$$b=\frac{n\sum xy-\sum x\sum y}{n\sum x^2-(\sum x)^2}$$

【例4-1-4】按【例4-1-3】所提供的资料，采用回归分析法进行成本性态分析。回归分析法的相关数据如表4-1-4所示。

表4-1-4　回归分析法的相关数据

月份（n）	机器工作时间（x）	维修成本（y）	xy	x^2
1	6	24	144	36
2	5	25	125	25
3	7	32	224	49
4	6	28	168	36
5	8	33	264	64
6	9	37	333	81
合计	41	179	1 258	291

将上述结果代入公式，得：

$$b=\frac{n\sum xy-\sum x\sum y}{n\sum x^2-(\sum x)^2}=\frac{6\times 1\,258-41\times 179}{6\times 291-41^2}=3.22$$

$$a=\frac{\sum y-b\sum x}{n}=\frac{179-3.22\times 41}{6}=7.83$$

维修成本模型为：　$y=7.83+3.22x$

二、账户分析法

账户分析法是根据各有关成本账户（包括明细账）的内容，结合其与产量的依存关系，判断其比较接近哪一类成本，就视其为哪一类成本。

【例4-1-5】某车间的月成本如表4-1-5所示。采用账户分析法对成本进行分解。

表4-1-5　产量为6 000件时的成本（一）

单位：元

账户	总成本
原材料	12 000
直接人工	14 400
燃料、动力费	4 800
维修费	2 400
间接人工	2 400
折旧	10 000
行政管理费	2 000
合计	48 000

在表4-1-5中，原材料和直接人工通常为变动成本，燃料、动力费，维修费和间接人工等虽然都会随着产量变动而不成比例变动，但由于我们不了解其他产量水平下的实际成本，无法对其进行成本性态分析，而只能将其先视为变动成本。行政管理费具体包括许多杂项支出，虽然可能会有变动的因素，但其中大部分与产量没有明显的关系，仍可将其视为固定成本。表4-1-6是分解后的成本表。

表4-1-6　产量为6 000件时的成本（二）

单位：元

项目	总成本	固定成本	变动成本
原材料	12 000	—	12 000
直接人工	14 400	—	14 400
燃料、动力费	4 800	—	4 800
维修费	2 400	—	2 400
间接人工	2 400	—	2 400
折旧	10 000	10 000	—
行政管理费	2 000	2 000	—
合计	48 000	12 000	36 000

根据表4-1-6，可将该车间的总成本分解为固定成本和变动成本两个部分，并以直线方程$y=a+bx$表示。

其中

$$a=12\ 000$$

$$b=36\ 000\div 6\ 000=6$$

即：

$$y=12\ 000+6x$$

该方法具有简便易行的特点，但它在确定账户的成本性态时，由于依赖的是无法反映成本随产量变动的特定产量水平的观测值，所以需要分析人员做出一定的主观判断，容易产生误差。

三、工程分析法

工程分析法是由工程技术人员通过测定正常生产流程中投入的成本与产出的数量之间有规律性联系的各种消耗量标准，并在此基础上直接估算出固定成本和单位变动成本，所以又称为技术测定法。

【例4-1-6】企业新购置热处理设备（无历史成本资料），其电耗属于混合成本，经技术人员测定，该设备每天使用前需要预热，耗电10度，每使用1小时耗电15度，电费每度0.8元，试对该项成本进行性态分析（以月为单位，按30日计算）。

解题步骤：

①预热为固定成本，每个月为$30\times 10\times 0.8=240$（元），即$a=240$（元）。

②设备使用耗电额为变动成本，假如每月共用x度（不含预热部分），则变动成本总额为$0.8x$。

③混合成本公式为$y=a+bx$，代入可得混合成本模型为：$y=240+0.8x$。

工程分析法的主要优点在于确定理想的投入、产出关系，使企业能够建立具有较高科学性和先进性的标准成本和预算。同时，它既是在缺乏历史成本数据条件下可用的最有效的方法，也是用于检验历史成本分析结论的最佳方法。不足之处在于进行技术测定分析，通常要耗用较多的人力、物力。

技术要点

1. 理解成本性态的分类。
2. 了解固定成本与变动成本的区别。
3. 能使用一定方法分解混合成本。

边学边思考

1. 变动成本与单位变动成本和业务量的关系如何?
2. 固定成本与单位固定成本和业务量的关系如何?
3. 成本性态模型公式是怎样的?

巩固训练

巩固训练答案

一、单项选择题

1. 在财务会计中，应当将销售费用归属于下列各项中的（　　）。

A. 制造费用　　B. 主要成本

C. 加工成本　　D. 非生产成本

2. 按照管理会计的解释，成本的相关性是指（　　）。

A. 与决策方案有关的成本特性　　B. 与控制标准有关的成本特性

C. 与资产价值有关的成本特性　　D. 与归集对象有关的成本特性

3. 阶梯式混合成本又可称为（　　）。

A. 半固定成本　　B. 半变动成本

C. 延期变动成本　　D. 曲线式成本

4. 将全部成本分为固定成本、变动成本和混合成本所采用的分类标志是（　　）。

A. 成本的目标　　B. 成本的可辨认性

C. 成本的经济用途　　D. 成本的性态

5. 在历史资料分析法的具体应用方法中，计算结果最为精确的方法是（　　）。

A. 高低点法　　B. 散布图法

C. 回归直线法　　D. 直接分析法

6. 当相关系数 r 等于1时，表明成本与业务量之间的关系是（　　）。

A. 基本正相关　　B. 完全正相关

C. 完全无关　　D. 基本无关

7. 在不改变企业生产经营能力的前提下，采取降低固定成本总额的措施通常是指降低（　　）。

A. 约束性固定成本　　B. 酌量性固定成本

C. 半固定成本　　D. 单位固定成本

8. 单耗相对稳定的外购零部件成本属于（　　）。

A. 约束性固定成本　　B. 酌量性固定成本

C. 技术性变动成本　　D. 约束性变动成本

9. 下列项目中，只能在发生当期予以补偿，不可能递延到下期的成本是（　　）。

A. 直接成本　　B. 间接成本

C. 产品成本　　D. 期间成本

10. 为排除业务量因素的影响，在管理会计中，反映变动成本水平的指标一般是指（　　）。

A. 变动成本总额　　B. 单位变动成本

C. 变动成本的总额和单位额　　D. 变动成本率

二、多项选择题

1. 固定成本按是否受管理当局短期决策行为的影响可以进一步分为（　　）。
   A. 约束性固定成本　　B. 半固定性成本
   C. 半变动性成本　　D. 酌量性固定成本
2. 下列项目中，属于固定成本的有（　　）。
   A. 定期支付的广告费　　B. 计件工资
   C. 管理人员的工资　　D. 按直线法计提的折旧费
3. 在相关范围内，变动成本应当具备的特征有（　　）。
   A. 总额的不变性　　B. 总额的变动性
   C. 总额的正比例变动性　　D. 单位额的不变性
4. 下列各项中，属于变动成本的项目有（　　）。
   A. 直接材料　　B. 管理人员的工资　　C. 计件工资　　D. 职工培训费
5. 成本按其经济职能分类，可分成（　　）。
   A. 直接材料　　B. 直接人工　　C. 生产成本　　D. 非生产成本

项目 2　盈亏平衡点数据分析的应用

案例导入

承项目1案例：大学生小兰毕业后打算自主创业，她准备就近开一家小型奶茶店。为此她展开了市场调查：现在奶茶使用的主要原料绿茶、红茶、乌龙茶等茶叶，价格大概40～65元/千克，500g茶叶能做60杯奶茶，这样算下来每一杯的茶汤就要1.5元左右；茶汤之外还要加奶精、果糖、奶盖等，加上茶杯、封口膜（盖子）、吸管（+叉子/勺子）、包装袋，一套基本上就是1.2～1.5元，一杯纯奶茶成本大概就占了4～7元。另外，开店租用一间20平方米普通街面房，房租费用4 000元/月，装修费用15 000元，设备费用2.4万元，广告宣传费用2 000元，人员工资3 000元/月·人（1人），水电杂费1 500元/月。这里的产品成本与产品定价如何确定？产品卖多少才不亏呢？

项目要求

1. 掌握本量利的含义及关系。
2. 掌握本量利分析的关键指标计算。
3. 了解盈亏平衡点分析的要素。
4. 掌握保本点和保利点的指标计算。
5. 掌握保本图和保利图的描画及分析。

任务18 本量利分析

1. 本量利的基本含义

本量利分析是对“成本—业务量—利润”三者关系分析的简称，也称CVP分析。它是指在成本性态分析的基础上，通过对本、量、利三者关系的分析，建立定量化的分析模型，进而揭示变动成本、固定成本、产销量、销售单价和利润等变量之间的内在规律，为企业利润预测和规划、决策和控制提供信息的一种定量分析方法。

盈亏平衡点分析

2. 本量利分析的基本假设

2.1 成本性态分析假设

假定企业的成本已按性态区分为固定成本与变动成本两部分，并且变动成本总额与业务量成正比例变动，固定成本总额保持不变。有关的成本性态模型已经建立起来。

2.2 变动成本法假设

假设产品成本是按变动成本法计算的，即产品成本中只包括变动生产成本，而所有的固定成本均作为期间费用处理，并按损益确定程序计算损益。

2.3 相关范围及线性假设

假设在一定时期和一定的产销业务量范围（相关范围）内，固定成本总额、单位变动成本及售价不变，成本总额和销售收入与业务量之间均表现为线性关系。成本函数为：$y=a+bx$；销售收入函数为：$y=px$。

2.4 产销量一致

假设当期产品的生产量与业务量相一致，不考虑存货水平变动对利润的影响。即假设企业只安排一种产品的生产，生产出来的产品总是可以找到市场，并可以实现产销平衡。假设产销平衡，主要是在保本分析时不考虑存货的影响。因为保本分析是一种短期决策，仅仅考虑特定时期全部成本的收回，而存货中包含了以前时期的成本，所以不在考虑范围之内。

2.5 品种结构不变假设

假设若企业生产多种产品，在总产销量发生变化时，各种产品的销售额在全部产品总销售额中所占比重不变。这是因为在产销多种产品的情况下，保本点会受到多种产品贡献和产销结构的影响，只有在产销结构不变的基础上进行的保本分析才是有效的。

2.6 目标利润假设

我国财务会计中涉及的利润指标主要有营业利润、利润总额和净利润三种，因为营业利润与成本、业务量关系密切，所以在本量利分析中除特殊说明外，利润指标均指营业利润。

3. 本量利的基本关系

本量利分析的目标是利润，下面计算利润的基本公式也是本量利分析的基本数学模型：

利润＝销售收入总额–成本总额

＝销售收入总额–（变动成本总额+固定成本总额）

＝销售量×销售单价–销售量×单位变动成本–固定成本总额

＝销售量×（销售单价–单位变动成本）–固定成本总额

若用E表示利润；p表示销售单价；b表示单位变动成本；x表示销售量；a表示固定成本总额，则上式可表达为：

$$E=px-bx-a=(p-b)x-a$$

注意：在本量利分析的基本公式中，变动成本指属于该会计期间的全部变动成本，包括变动生产成本和变动非生产成本；固定成本指属于该会计期间的全部固定成本，包括固定生产成本和固定非生产成本；单位变动成本指该会计期间的单位变动生产成本和单位变动非生产成本的合计。

4. 本量利指标计算

4.1 边际贡献

边际贡献也称贡献毛益、贡献边际。这是反映企业产品盈利能力的绝对指标，其表现形式有两种：单位边际贡献和边际贡献总额。单位边际贡献是指产品的销售单价减去单位变动成本后的差额。边际贡献总额是指产品销售收入总额减去相应变动成本总额后的差额。计算公式如下：

边际贡献总额＝销售收入–变动成本

＝单位边际贡献×销售量

＝销售收入×边际贡献率

＝固定成本+营业利润

单位边际贡献＝单价–单位变动成本

＝边际贡献总额/销售量

＝销售单价×边际贡献率

4.2 边际贡献率

边际贡献率是指产品边际贡献占产品销售收入的百分比。这是反映企业产品盈利能力的相对指标，它表明每增加一元销售能为企业带来的贡献，该比率越大，说明产品为企业获得利润所做的贡献越大。计算公式如下：

$$边际贡献率=\frac{边际贡献}{销售收入}=\frac{边际贡献总额}{销售收入总额}=\frac{单位边际贡献}{销售单价}$$

4.3 变动成本率

变动成本率是指产品变动成本占产品销售收入的百分比。它表明每增加一元销售所增加的变动成本。计算公式如下：

$$变动成本率=\frac{变动成本}{销售收入}=\frac{变动成本总额}{销售收入总额}=\frac{单位变动成本}{销售单价}$$

4.4 边际贡献率和变动成本率的关系

边际贡献率和变动成本率具有互补关系。变动成本率低的企业，则边际贡献率高，创利能力强，反之亦然。计算公式如下。

$$边际贡献率+变动成本率=1$$

【例4-2-1】小兰的奶茶店固定成本为35 000元，销售价格为10元，单位变动成本为4元。每月销售3 000杯奶茶，销售额为30 000元。如果每月的广告预算增加1 000元，每月的销售量将达到3 300杯，销售额将增加3 000元。这一广告预算能增加吗？

解：边际贡献率为1−4/10＝60%

增加边际贡献：3 000×60%＝1 800（元）

减：增加的广告费1 000元

增加的营业利润：800元

当固定成本不变时，边际贡献增加多少，利润就增加多少。由此可见，可以增加广告费用。

5. 本量利分析的评价

本量利分析对于企业的管理者来说，只能用于短期的计划与决策，其分析结果也不会十分精确，只能作为决策的参考依据，而不能代替或试图代替管理者的判断与经验。

技术要点

1. 理解本量利的基本含义。
2. 了解本量利分析方法的基本假设。
3. 掌握本量利指标的计算方法。

边学边思考

1. 边际贡献和边际贡献率的关系如何？
2. 边际贡献率和变动成本率的关系如何？

任务19 盈亏平衡点数据收集与计算

1. 单一品种保本点分析

1.1 保本分析

所谓保本，是指企业在一定时期内的收支相等、损益平衡的一种状态，此时企业利润为零。当企业处于当期销售收入与当期成本费用刚好相等时，可称之为达到保本状态。保本是企业能持续经营的起码条件，企业经营必须首先保住成本，进而才能谈盈利。

保本分析，又称盈亏临界分析，是研究企业恰好处于保本状态时本量利关系的一种定量分析方法，是本量利分析的核心内容。

（1）保本点

保本点也称盈亏平衡点、盈亏临界点。它是指企业达到保本状态（不盈不亏、收支相等、利润为零的状态）的销售量或销售额的点。

确定保本点是保本分析的关键。保本点有两种表现形式：一种是保本销售量（保本量）；另一种是保本销售额（保本额）。前者是以实物量表示的，后者是以货币价值量表示的。

根据本量利分析基本关系式：

$$\text{利润}=\text{销售收入总额}-\text{变动成本总额}-\text{固定成本总额}$$

$$P=px-bx-a$$

当利润为零时，求出的销售量就是保本销售量，即：

$$\text{保本销售量}=\frac{\text{固定成本}}{\text{销售单价}-\text{单位变动成本}}=\frac{\text{固定成本}}{\text{单位边际贡献}}$$

若由销售额来表示，则保本销售额计算公式为：

$$\begin{aligned}\text{保本销售额}&=\text{销售单价}\times\text{保本销售量}\\&=\text{销售单价}\times\frac{\text{固定成本}}{\text{销售单价}-\text{单位变动成本}}\\&=\frac{\text{固定成本}}{\text{边际贡献率}}\\&=\frac{\text{固定成本}}{1-\text{变动成本率}}\end{aligned}$$

【例4-2-1】某公司生产和销售甲产品一批，销售单价是2 000元，单位变动成本为1 000元，固定成本为900 000元。要求：计算该公司的保本点。

解：

$$保本销售量=\frac{固定成本}{销售单价-单位变动成本}=\frac{900\ 000}{2\ 000-1\ 000}=900（件）$$

$$保本销售额=\frac{固定成本}{1-变动成本率}=\frac{900\ 000}{1-1\ 000/2\ 000}=1\ 800\ 000（元）$$

$$或\quad =保本销售量\times销售单价=900\times2\ 000=1\ 800\ 000（元）$$

即该公司保本销售量为900件，保本销售额为1 800 000元。

（2）保本点作业率

保本点作业率又称为盈亏临界点作业率，是指保本点销售量（额）占正常经营情况下的销售量（额）的百分比，其计算公式如下：

$$保本点作业率=\frac{保本点销售量（额）}{预计或现有销售量（额）}\times100\%$$

保本点作业率是一个逆指标，该指标数值越大说明企业预计或现有的销售量中用来保本的销售量越多，则企业的盈利能力越差，企业越不安全。

【例4-2-2】沿用【例4-2-1】的资料及有关计算结果，并假定该公司现有正常经营条件下的销售量为1 800件。要求：计算该公司的保本点作业率。

解：

$$保本点作业率=\frac{900}{1\ 800}\times100\%=50\%$$

$$或\quad 保本点作业率=\frac{1\ 800\ 000}{3\ 600\ 000}\times100\%=50\%$$

计算结果表明，该公司保本点作业率为50%，即正常销售量的50%用于保本，公司的生产能力利用程度必须达到50%，方可保本。

1.2 本量利分析图

在进行本量利分析时，不仅可以通过数据计算出达到保本状态时的销售量与销售额，还可以通过绘制本量利分析图的方法进行分析。在本量利分析图上，可以描绘出影响利润的因素：单价、销售量、单位变动成本、固定成本。因此，借助本利量分析图不仅可以得出达到保本状态的销售量和销售额，还可以一目了然地观察到相关因素变动对利润的影响，从而有助于管理者进行各种短期经营决策。根据数据信息的差异和分析目的不同，本量利分析图有多种表现形式。

（1）基本的本量利分析图

基本的本量利分析图是根据本量利的基本关系绘制的，也称保本点图。在本量利分析图中，以横坐标代表销售量，纵坐标代表收入和成本，则销售收入线和总成本线的交叉点就是保本点，如图4-2-1所示。

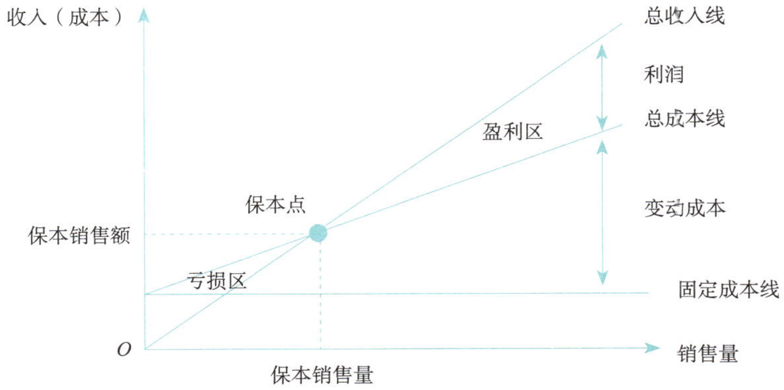

图4-2-1　基本的本量利分析图

基本的本量利分析图表达的意义有：

①固定成本与横轴之间的区域为固定成本值，它不因产量增减而变动，总成本线与固定成本线之间的区域为变动成本，它随产量而成正比例变化。

②总收入线与总成本线的交点是保本点，通过图示可以直观地看出保本销售量和保本销售额（如【例4-2-1】中甲产品的保本销售量为900件，保本销售额为1 800 000元）。

③在保本点以上的总收入线与总成本线相夹的区域为盈利区，保本点以下的总收入线与总成本线相夹的区域为亏损区。因此，只要知道销售数量或销售金额信息，就可以在图上判明该销售状态下的结果是亏损还是盈利，易于理解，直观方便。

（2）边际贡献式本量利分析图

图4-2-2主要反映销售收入减去变动成本后形成的边际贡献，而边际贡献在弥补固定成本后形成利润，此图的优点是可以表示边际贡献的数值。边际贡献随销量增加而扩大，当其达到固定成本值时（即在保本点），企业处于保本状态；当边际贡献超过固定成本后企业进入盈利状态。

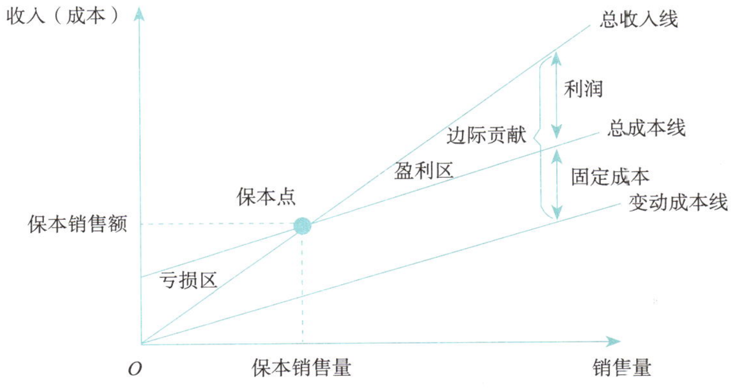

图4-2-2　边际贡献式本量利分析图

1.3　安全边际分析

（1）安全边际

安全边际是衡量企业经营安全程度的绝对数指标，是指企业产品预计或现有销售量（额）超过保本点销售量（额）的差额，如图4-2-3所示。

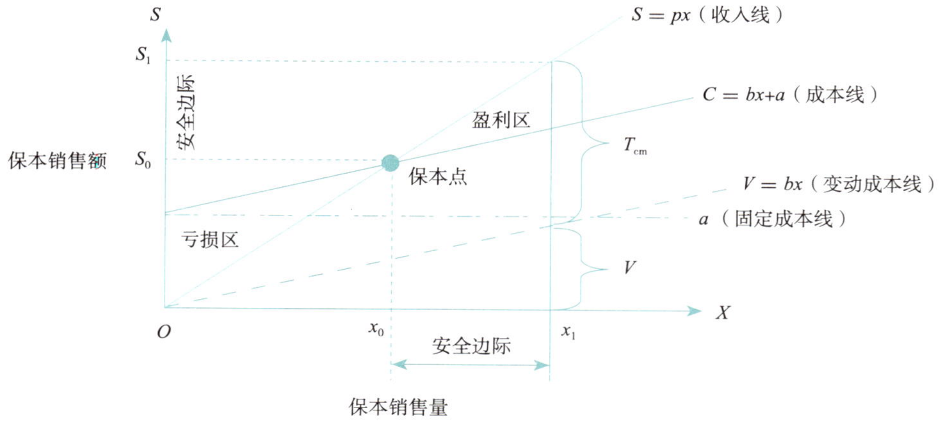

图4-2-3　安全边际本量利分析图

安全边际有安全边际量和安全边际额两种表现形式，实物量指标称为安全边际量，货币价值量指标称为安全边际额。用公式表示为：

安全边际量＝预计或现有销售量－保本销售量

安全边际额＝预计或现有销售额－保本销售额

或　安全边际额＝销售单价×安全边际量

安全边际越大，所获利润越高，企业经营越安全。

（2）安全边际率

安全边际率是衡量企业经营安全程度的相对数指标，是指安全边际量（额）与产品预计或现有销售量（额）的比值。用公式表示为：

$$安全边际率=\frac{安全边际量（额）}{预计或现有销售量（额）}\times 100\%$$

安全边际和安全边际率都是评价企业经营安全程度的正指标，即指标数值越大，企业经营的安全性就越好；反之，越不安全。

评价企业经营安全程度的一般标准如表4-2-1所示。

表4-2-1　安全性经营标准

安全边际率	10% 以下	10% ～ 15%	15% ～ 25%	25% ～ 30%	30% 以上
安全程度	危险	要警惕	不太好	较安全	安全

【例4-2-3】沿用【例4-2-1】的资料，预计甲产品销售量为1 800件，计算甲产品的安全边际与安全边际率。

解：

安全边际量＝预计或现有销售量-保本销售量＝1 800-900＝900（件）

安全边际额＝预计或现有销售额-保本销售额＝1 800×2 000-1 800 000

＝1 800 000（元）

$$安全边际率=\frac{安全边际量}{预计或现有销售量}=\frac{900}{1\ 800}\times 100\%=50\%$$

$$安全边际率=\frac{安全边际额}{预计或现有销售额}=\frac{1\ 800\ 000}{1\ 800\times 2\ 000}\times 100\%=50\%$$

【例4-2-4】小兰的奶茶店固定成本为11 160元（每月），销售单价为10元，单位变动成本为4元。求该产品的保本点销售量以及保本点销售额。若当月月度目标利润为18 600元，求目标业务量及相关指标。

解：

保本量＝11 160÷（10-4）＝1 860（杯）

保本额＝1 860×10＝18 600（元）

目标销售量＝（11 160+18 600）/（10-4）＝4 960（杯）

单位边际贡献＝10-4＝6（元）

边际贡献额＝6×4 960＝29 760（元）

边际贡献率＝6÷10＝60%

变动成本率＝1-60%＝40%

计算结果如图4-2-4所示。

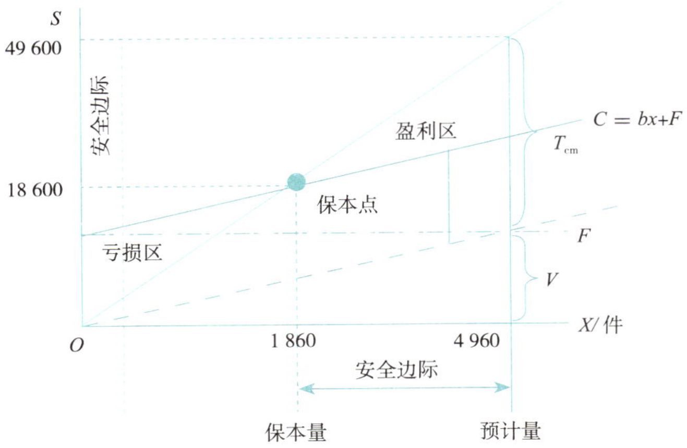

图4-2-4　安全边际本量利计算结果图

（3）保本作业率与安全边际率的关系

保本作业率和安全边际率可用图4-2-5表示。

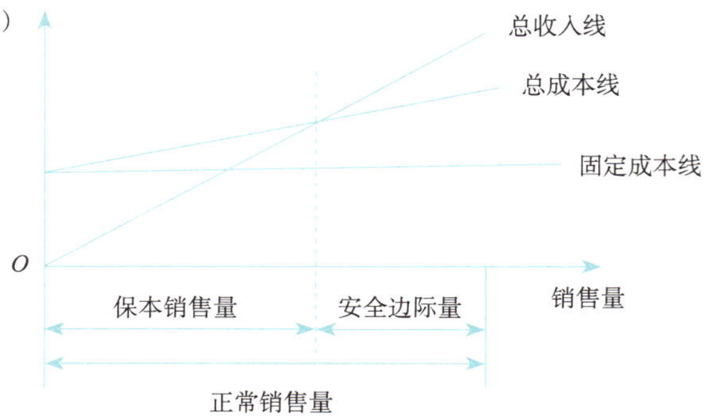

图4-2-5　保本作业率与安全边际率

根据图4-2-5可以看出，保本点把预计或现有销售量分为两部分：一部分是保本销售量；另一部分是安全边际量。即：

保本销售量+安全边际量＝预计或现有销售量

上述公式两端除以预计或现有销售量，得到：

保本作业率+安全边际率＝1

根据图4-2-5可以看出，只有安全边际才能为企业提供利润，而保本销售额扣除变动成本后只为企业收回固定成本。安全边际销售额减去其自身变动成本后成为企业利润，即安全边际中的边际贡献等于企业利润。这个结论可以通过下式推出：

利润＝边际贡献-固定成本

＝销售收入×边际贡献率-保本销售额×边际贡献率

所以：

利润＝安全边际额×边际贡献率

若将上式两端同时除以销售收入，得到：

销售利润率＝安全边际率×边际贡献率

从上述关系式可以看出，要提高企业的销售利润率水平主要有两种途径：一是扩大现有销售水平，提高安全边际率；二是降低变动成本水平，提高边际贡献率。

2. 多种产品保本点分析

2.1　加权平均边际贡献率法

加权平均边际贡献率法又称综合贡献毛益率法，是以各种产品的边际贡献率为基础，以各种产品的销售额占总销售额的比重为权数，计算多种产品的加权平均贡献毛益率，进而计算出多种产品的综合保本销售额，再计算出各种产品的保本销售额和保本销售量的一种分析方法，其具体步骤如下：

第一步，计算各种产品的边际贡献率。

$$边际贡献率=\frac{单位边际贡献}{销售单价}$$

第二步，计算各种产品的销售比重。

$$某种产品的销售比重=\frac{该种产品预计销售额}{\Sigma 各种产品预计销售额}$$

第三步，计算加权平均边际贡献率。

$$加权平均边际贡献率=\Sigma（某种产品的边际贡献率\times该种产品销售比重）$$

第四步，计算综合保本销售额。

$$综合保本销售额=\frac{固定成本总额}{加权平均边际贡献率}$$

第五步，计算各种产品的保本销售额。

$$某种产品的保本销售额=综合保本销售额\times该种产品的销售比重$$

第六步，计算各种产品的保本销售量。

$$某种产品的保本销售量=\frac{该种产品的保本销售额}{该种产品的单位售价}$$

【例4-2-5】小兰的奶茶店计划销售甲、乙、丙三种产品，预计销售单价分别为15元、20元和32元，单位变动成本分别为9元、14元和20元，预计销售量分别为2 000件、1 100件和1 500件，固定成本总额为11 160元。

要求：（1）采用加权平均法计算该奶茶店的综合保本销售额及各产品的保本销售量。

（2）计算该公司的营业利润。

解：（1）甲产品边际贡献率=（15−9）/9=67%

乙产品边际贡献率=（20−14）/14=43%

丙产品边际贡献率=（32−20）/20=60%

（2）甲产品的销售比重=2 000/（2 000+1 100+1 500）=43%

乙产品的销售比重=1 100/（2 000+1 100+1 500）=24%

丙产品的销售比重=1 500/（2 000+1 100+1 500）=33%

（3）加权平均边际贡献率=67%×43%+43%×24%+60%×33%=58.93%

（4）综合保本额=11 160×58.93%=6 577（元）

（5）甲产品的保本销售额=6 577×43%=2 828（元）

乙产品的保本销售额=6 577×24%=1 578（元）

丙产品的保本销售额=6 577×33%=2 170（元）

（6）甲产品的保本销售量=2 828/15=189（件）

乙产品的保本销售量=1 578/20=79（件）

丙产品的保本销售量=2 170/32=68（件）

（7）公司的营业利润=（15−9）×2 000+（20−14）×1 100+（32−20）×1 500−11 160=25 440（元）

技术要点

1. 了解保本点的含义。
2. 掌握保本点的计算方法。
3. 掌握本量利分析图的描画。
4. 掌握安全边际分析方法。

边学边思考

1. 安全边际率和保本作业率的关系如何?
2. 总结多产品保本点分析的步骤。

巩固训练

巩固训练答案

一、单项选择题

1. 下列有关利润的等式中，不正确的是（　　）。
   A. 利润＝销售收入－变动成本－固定成本
   B. 利润＝销售收入－单位边际贡献×业务量－固定成本
   C. 利润＝销量×单位边际贡献－固定成本
   D. 利润＝销售收入×边际贡献率－固定成本
2. 在正常销售量不变的条件下，盈亏临界点的销售量越大，说明企业的（　　）。
   A. 经营风险越小　　B. 经营风险越大
   C. 财务风险越小　　D. 财务风险越大
3. 某企业本月固定成本10 000元，生产一种产品，单价100元，单位变动成本80元，本月销售量为1 000件。如果打算使下月比本月的利润提高20%，假设其他的资料不变，则销售量应提高（　　）。
   A. 12%　　B. 10%　　C. 8%　　D. 15%
4. 某企业生产甲产品，已知该产品的单价为20元，单位变动成本为8元，销售量为600件，固定成本总额为2 800元，则边际贡献率和安全边际率分别为（　　）。
   A. 60%和61.11%　　B. 60%和40%
   C. 40%和66.11%　　D. 40%和60%
5. 甲企业2022年销售收入2 500万元，产品变动成本1 600万元，销售和管理变动成本200万元，固定成本400万元，则（　　）。
   A. 制造边际贡献为700万元　　B. 产品边际贡献为700万元
   C. 变动成本率为64%　　D. 销售利润为500万元
6. 下列关于多种产品加权平均边际贡献率的计算公式中，错误的是（　　）。
   A. 加权平均边际贡献率＝∑各产品边际贡献/∑各产品销售收入×100%
   B. 加权平均边际贡献率＝∑（各产品安全边际率×各产品销售利润率）

C. 加权平均边际贡献率＝（利润+固定成本）/∑各产品销售收入×100%

D. 加权平均边际贡献率＝∑（各产品边际贡献率×各产品占总销售比重）

二、多项选择题

1. 按照成本的性态，可以将成本分为（　　）。

A. 固定成本　　B. 变动成本　　C. 混合成本　　D. 半固定成本

2. 下列关于各类混合成本特点的说法中，错误的有（　　）。

A. 半变动成本是指在一定产量范围内总额保持稳定，超过特定产量则开始随产量比例增长的成本

B. 累进计件工资属于变化率递增的曲线成本

C. 固定成本是指在特定的产量范围内不受产量变动的影响，在一定期间内总额保持固定不变的成本

D. 变化率递减的曲线成本是指总额随产量增长而逐渐下降的成本

3. 可以通过管理决策行动改变的成本包括（　　）。

A. 约束性固定成本　　B. 酌量性固定成本

C. 技术性变动成本　　D. 酌量性变动成本

4. 某企业只生产一种产品，单价20元，单位变动成本12元，固定成本2 400元，满负荷运转下的正常销售量为400件。以下说法中，正确的有（　　）。

A. 在“销售量”以金额表示的边际贡献式本量利图中，该企业的变动成本线斜率为12

B. 在保本状态下，该企业生产经营能力的利用程度为75%

C. 安全边际中的边际贡献等于800元

D. 该企业的生产经营较安全

5. 某企业每月固定成本10 000元，生产一种产品，单价100元，单位变动成本80元，本月计划销售量1 000件。如果打算使本月的利润提高20%，可以采取的措施包括（　　）。

A. 固定成本降低20%　　B. 单价提高2%

C. 单位变动成本降低2.5%　　D. 销售量提高10%

6. 边际贡献率等于（　　）。

A. 边际贡献/销售收入×100%　　B. 单位边际贡献/单价×100%

C. 1−安全边际率　　D. 1−变动成本率

三、计算题

1. 某企业生产的甲产品7～12月的产量及成本资料如下表所示：

月份	7	8	9	10	11	12
产量/件	40	42	45	43	46	50
总成本/元	8 800	9 100	9 600	9 300	9 800	10 500

要求：

（1）采用高低点法进行成本性态分析。

（2）采用回归直线法进行成本性态分析。

2. 甲公司下一年度部分预算资料如下（单位：元）：

预算资料	总成本	单位成本
直接材料	200 000	3.00
直接人工	400 000	6.00
变动制造费用	100 000	1.50
固定制造费用	500 000	7.50
销售费用（全部为变动费用）	300 000	4.50
管理费用（全部为固定费用）	778 400	11.68
合　计	2 278 400	34.18

该公司的产品生产和销售平衡，适用的所得税税率为25%。

要求：

（1）若下一年产品售价定为30元，计算损益平衡的产品销售量。

（2）若下一年销售120 000件产品，计算使税后销售利润率为1%的产品售价和安全边际率。

（3）根据（2）的计算结果，判断甲公司是否安全。

（计算结果均四舍五入取整数）

思政园地

诚信经营与经营成本的较量

【资料】

小罗出生在湖南湘潭市乌石镇的一户农民家庭，因为家境贫寒，初中毕业后就跟着同乡到长沙当了泥瓦工。有一天，工地负责做饭的师傅请假回家，小罗暂时顶替他。他到市场买菜时，遇到一位老乡，两人聊了起来。交谈中，小罗萌生了卖菜的念头。随后，他带着做泥瓦工积攒下来的本钱，一个人去了长沙，在城区租了一间民房，买了一辆旧单车，开始了自己的创业计划。

小罗从家乡收购了几次土鸡蛋，每次都不到半小时，几十斤鸡蛋就被抢购一空，他为自己的发现叫好，并发动父母在家乡帮他收购。有一次，因为鸡蛋变质遭到顾客投诉，经调查是被雨水淋湿所致。他返回长沙后，将摊子上的鸡蛋全部撤下，妻子对他的做法表示不解，认为这样大大增加了经营成本。但小罗坚信，诚信经营比暂时的成本提高更为重要。于是，还贴出告示，让顾客将近几天购买的鸡蛋可以全都退回来。

【分析】

小罗的这一举动，虽然使经营成本增加了，但却树立了诚信经营的标杆，守护了“舌尖上的安全”。长沙市工商局和长沙市消费者协会联合授予他“诚信经营消费者信得过单位”，他也成为长沙市蔬菜行业个体经营者中获此殊荣的第一人。

模块 5 大数据财务报表解读

知识概述

财务报表分析是财务分析的基础操作，基础财务报表包含资产负债表、利润表、现金流量表，能体现企业资产的来源与应用、企业在一段时间内的收益和成本费用及分配利润、在一个阶段内运营项目投资筹资活动的现金流量状况。

通过分析财务报表指标值能提高财务工作能力，根据盈利能力、运营能力、偿债和发展能力四组指标值来反映企业的经营情况和财务状况。同时企业也应注重对各种数据进行数据回归分析，发现数据中的关联。

思维导图

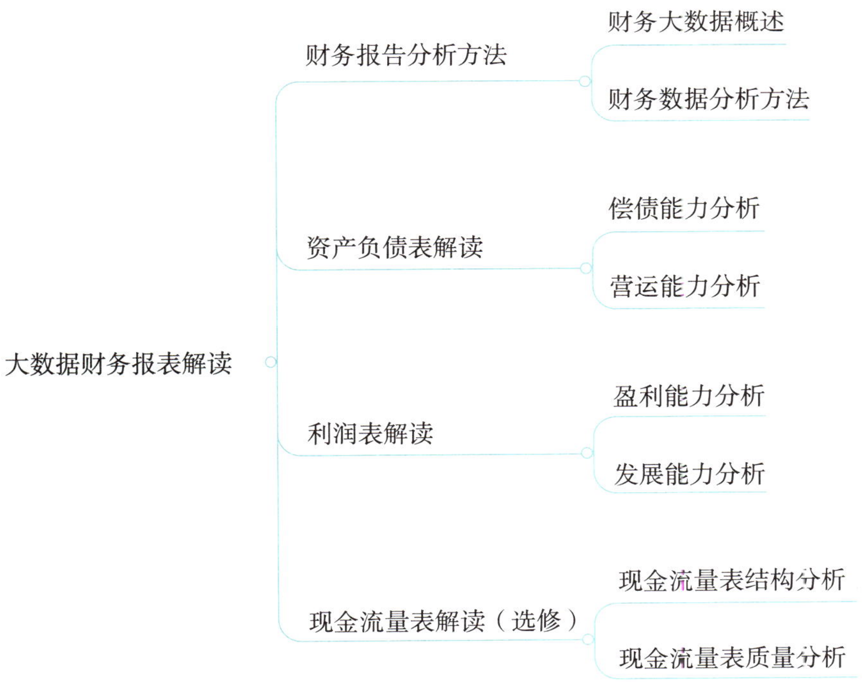

学习目标

1. 了解大数据在财务领域的应用。
2. 了解财务报表的内容。
3. 能读懂财务报告相关指标。
4. 能通过指标进行初步分析。
5. 培养学生爱岗敬业、诚实守信、不做假账、廉洁自律、客观公正、坚持准则、提高技能、参与管理和服务社会的会计职业道德。

项目1　财务报告分析方法

案例导入

矿业在经济发展中占据重要位置。2018年全球矿业总产值为5.9万亿美元，相当于全球GDP的6.9%。其中，美国、俄罗斯、中国是全球主要矿业大国。中国是全球矿产资源生产和消费大国。中国坚持创新、协调、绿色、开放、共享的新发展理念，积极参与全球矿业开放合作，共同促进全球矿业繁荣发展。A矿业公司主要经营矿山采矿技术研究、矿产资源勘查、矿山设计、矿山投资开发、矿产品加工销售等业务。2019年实现营业收入17.4亿元，实现营业利润9 078.6万元，实现利润总额9 084.2万元，所有者权益22.7亿元，资产总额44.8亿元。销售费用180.1万元，管理费用2 436万元，财务费用530.7万元。请根据以上数据并结合该公司相关财务报表进行分析。

项目要求

1. 了解大数据在财务领域的应用。
2. 掌握财务报表分析的方法。

任务20　财务大数据概述

1. 财务大数据的数据范围

1.1　财务大数据

财务数据是财务人员从企业各个部门汇集得来的，对企业当前财务状况和经营成果进行的数据描述。

1.2　大数据关联

业务数据是由企业各个部门的业务人员通过自身的业务系统直接产生的数据，是未经过深加工的初始数据。关联数据和信息则包括含有管理当局的影响力和政府政策的变化、利率水平及行业发展趋势等。

在大数据时代，企业面临更大的挑战和风险，对企业财务大数据信息的处理、分析及反馈也提出了更高的要求，扩大了财务大数据的范围。财务大数据除了涵盖传统的财务报告数据，还包括宏观数据、行业数据，以及企业供应链等相关数据。

2. 财务大数据的特征

2.1　数据的广度和深度

从数据的广度来看，由财务数据扩展到业务数据和关联数据；从数据的深度来看，由结构化数据向非结构化数据、半结构化数据转变。

2.2　数据处理方式的转变

数据处理方式由原来的集中式向分布式转变，全量计算及在线数据分析需要改变原来的集中式计算结构，转而采用分布式或者扁平式的财务数据处理方法。

2.3　数据分析方式的转变

数据分析由原来的数据仓库向深度学习转变。企业可以利用新的技术实现财务数据的联机分享，同时还引进了统计运算方法和人工智能技术对数据仓库进行横向和纵向的分析。

2.4　数据输出方式的转变

数据输出形式由图表转化为可视化。将复杂的财务数据转化为直观的图形，更进一步地，综合采用图形、表格和视频等方式将数据进行可视化呈现。

财务数据分析变化如图5-1-1所示。

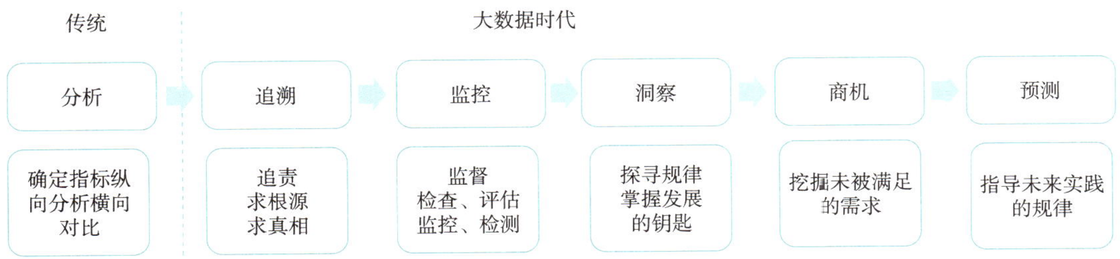

图5-1-1　财务数据分析变化图

任务 21 财务数据分析方法

1. 大数据财务分析流程

1.1 业务理解

业务理解是指基于业务背景信息，发现问题并清晰定义问题，确定数据分析和挖掘的目标。其中，业务背景资料要求熟悉相关行业知识、业务运作逻辑，分析业务背景中的具体问题并进行归纳总结。在此基础上，量化绩效目标等衡量指标，对产生的可能性进行进一步的假设。

1.2 数据收集

数据收集是指采用合适的方法和工具，对信息系统采集、上报数据、问卷调查、深度访谈等内部数据和第三方发布、网络搜索等外部数据进行收集，以供分析问题所用。

1.3 数据预处理

数据预处理是指对收集的数据整理成能分析的相对统一的数据格式。最常用的数据方法是数据清理，检测数据中存在的错误、重复和不一致，剔除或者改正它们以提高数据的质量。同时，还可以进行数据集成，即把多个数据源中的数据整合并存储到一个一致的数据库；数据交换，即将数据进行转化或归并，构成适合处理的规范化数据格式；数据规约，即从原有巨大数据集中获得一个精简的数据集，并使这一精简数据集保持原有数据集的完整性。

1.4 数据分析与挖掘

在数据收集和预处理后，运用适当的统计分析方法，对收集来的大量数据进行分析，提取有用信息形成结论并对数据加以详细研究和概况总结。同时，从大量的数据中通过算法搜索隐藏于其中的信息。算法模型的构建是指在基本数据分析的基础上，选择和开发数据分析算法，对数据进行建模，提取有价值的信息。最后，利用计算机图形学和图像处理技术，将数据转化为图形或图像在屏幕上显示出来，并利用数据分析和开发工具发现其中的未知信息进行各种交互处理。

1.5 报告撰写

经过一系列的数据收集、挖掘和分析后，将分析的总体结果进行呈现的过程即为报告的撰写。报告包含标题、目录、前言、正文和分析结论五个部分。

2. 大数据财务分析主体

财务分析根据分析主体的不同，可以分为内部分析与外部分析。内部分析，主要是企业内部经营者对企业财务状况的分析，目的是判断和评价企业生产经营是否正常。例如，通过对企业经营目标完成情况的分析，可考核与评价企业经营业绩，及时、准确地发现企业的成绩与不足，为企业未来生产经营的顺利进行，提高经济效益指明方向。外部分析，主要是指企业外部的投资者、债权人及政府部门等，根据各自的需要对企业相关情况进行的分析。投资者分析关注的主要是企业的盈利能力与发展后劲，以及资本的保值与增值状况。债权人分析主要看企业的偿债能力和信用情况，判断其本金和利息是否能及时、足额收回。政府相关部门对企业的财务分析主要是看企业的经营行为是否规范、合法，以及对社会的贡献状况。

3. 财务报表分析方法

财务报表是利用会计数据进行决策的一个基本工具，传统的财务报表都是以绝对的数值来列示各个项目的信息，但决策者想要进行更深入的分析时，如构成总资产的各项资产的比重，或经营费用的变化趋势等，财务报表的绝对值就无法提供有效的信息了。此时，决策者需要将一系列的相关数据简化成根据一个既定基础计算得出的一系列百分比，再用这些百分比作为深入分析和决策的数据依据，这种方法就是财务报表分析。财务报表分析方法主要有以下四种。

3.1 比较分析法

比较分析法是指通过对比主要项目或指标值的变化，确定其差异，从而进行分析和判断财务状况和经营状况的一种方法。比较分析的标准有历史标准、行业标准、预算标准、经验标准等。按照比较形式的不同，比较分析法可以分为绝对数比较和相对数比较。

3.2 比率分析法

比率分析法是利用企业同一时期的会计报表中两个或两个以上指标之间的某种关联关系，计算出一系列财务比率，据以考察、分析和评价企业财务状况和经营业绩的分析方法。

（1）构成比率

$$\text{构成比率}=\frac{\text{某个组成部分数值}}{\text{总体数值}}\times 100\%$$

作用：考察总体中某个部分的形成和安排是否合理，以便协调各项财务活动。

相关指标：流动资产比率、流动负债比率、长期负债比率等。

（2）效率比率

作用：进行得失比较，考察经营成果，评价经济效益。

相关指标：成本利润率、销售利润率、资本金利润率等。

（3）相关比率

作用：考察企业相互关联的业务安排得是否合理。

相关指标：流动比率、速动比率等。

3.3 趋势分析法

趋势分析法是将连续数期的财务报表中的某些项目或指标进行比较，计算前后期的增减方向和幅度，并形成一系列具有可比性的百分比，以预测企业财务状况或经营成果的变动趋势的一种分析方法。这种分析方法不仅能够为财务报表阅读者提供财务报表中某些项目或指标的变动趋势，而且还可以通过对过去财务报表中某些项目或指标的发展变动规律的研究，揭示未来财务状况与经营成果的发展趋势。

（1）重要财务指标的比较趋势

$$定基动态比率=分析期数额\div 固定基期数额\times 100\%$$

$$环比动态比率=分析期数额\div 前期数额\times 100\%$$

（2）会计报表比较

会计报表比较是将连续数期的会计报表的金额并列起来，比较其相同指标的增减变动金额和幅度，据以判断企业财务状况和经营成果发展变化的一种方法。

（3）会计报表项目构成比较

它是以会计报表中的某个总体指标作为100%，再计算出其各组成项目占该总体指标的百分比，从而来比较各个项目百分比的增减变动，以此来判断有关财务活动的变化趋势。

3.4 因素分析法

因素分析法是依据分析指标与其影响因素之间的关系，按照一定的程序和方法，确定各因素对分析指标差异影响程度的一种方法。因素分析法根据其分析特点可分为连环替代法和差额计算法两种。在应用因素分析法时必须注意以下几下问题：

①因素分解的关联性。

②因素替代的顺序性。

③顺序替代的连环性。

④计算结果的假定性。

【例5-1-1】某企业2021年3月某种原材料费用的实际数为4 620元，而其计划数为4 000元。实际比计划增加620元。由于原材料费用是由产品产量、单位产品材料消耗量和材料单价三个因素的乘积构成的，因此，就可以把材料费用这一总指标分解为三个因素，然后逐个来分析它们对材料费用总额的影响程度。

现假定这三个因素的数值如下表所示：

项目	单位	计划数	实际数
产品产量	件	100	110
单位产品材料消耗量	千克	8	7
材料单价	元	5	6
材料费用总额	元	4 000	4 620

根据表中资料，材料费用总额实际数较计划数增加620元，这是分析对象。

（1）运用连环替代法，可以计算各因素变动对材料费用总额的影响程度如下：

计划指标①：$100 \times 8 \times 5 = 4\,000$（元）

第一次替代②：$110 \times 8 \times 5 = 4\,400$（元）

第二次替代③：$110 \times 7 \times 5 = 3\,850$（元）

第三次替代④：$110 \times 7 \times 6 = 4\,620$（元）（实际指标）

②-① = 4 400-4 000 = 400（元）产量增加的影响

③-② = 3 850-4 400= -550（元）材料节约的影响

④-③ = 4 620-3 850= 770（元）价格提高的影响

400-550+770 = 620（元）全部因素的影响

（2）用差额分析法计算

计划指标①：$100 \times 8 \times 5 = 4\,000$（元）

第一因素差额②：$(110-100) \times 8 \times 5 = 400$（元）

第二因素差额③：$110 \times (7-8) \times 5 = -550$（元）

第三因素差额④：$110 \times 7 \times (6-5) = 770$（元）

400-550+770 = 620（元）全部因素的影响

拓展链接

财务困境

财务困境又称财务危机，通常是指公司现金流量不足以补偿现有债务的状况，上市公司处于财务困境，表明公司面临极大的风险，严重影响股票收益，进而损害投资者利益。随着我国资本市场的快速发展，一些上市公司由于各种原因陷入财务困境。上市公司陷入财务困境对公司的投资者、债权人、内部员工及其他利益相关者都会产生不同程度的影响，甚至可能会影响到经济和社会的稳定。

事实上，公司陷入财务困境是一个逐步的过程，通常由财务状况正常开始逐渐恶化，最终导致财务困境或破产。企业陷入财务困境并不存在一个明确的分界点将企业分为陷入财务困境和没有陷入财务困境，因此国内外专家学者对财务困境有不同的判断标准。我们可以根据沪深两市的上市规则，对被特别处理的（Special Treatment，简称ST）的企业，称之为面临财务困境。

技术要点

1. 了解大数据的含义。
2. 了解财务大数据的特征。
3. 掌握财务数据分析的流程。
4. 使用大数据对财务报表进行分析。

边学边思考

1. 大数据财务分析主体是什么？
2. 以下比率哪些属于相关比率？
   流动比率、速动比率、现金比率、资产负债率、成本利润率、销售利润率

巩固训练

巩固训练答案

判断题

1. 投资者进行财务分析主要是为了了解企业的发展趋势。（　　）
2. 财务分析主要是以企业的财务报告为基础，日常核算资料只作为财务分析的一种补充材料。（　　）
3. 现代财务大数据的特征是结构化数据。（　　）
4. 财务大数据分析结论由传统的图形表述转变为可视化表述。（　　）
5. 财务报表分析方法主要包括比较分析法、比率分析法、因素分析法和趋势分析法。（　　）
6. 流动比率是构成比率。（　　）

项目2　资产负债表解读

案例导入

A、B、C三家公司2021年有关资料如下：

单位：万元

项目	A	B	C
存货	50	25	25
应收账款	25	50	25
现金	25	25	50
流动资产	100	100	100
流动负债	80	80	80
营业利润	40	40	20
折旧	10	10	5

（1）三家公司的流动比率分别是多少？判断其短期偿债能力。

（2）三家公司的速动比率分别是多少？判断其短期偿债能力。

（3）如三家公司同属一个行业，仅以偿付应付账款的能力评估，外界会对哪家公司的信心更高？

项目要求

1. 了解资产负债表的结构。
2. 掌握偿债能力指标的计算和判断标准。
3. 掌握营运能力指标的计算和判断标准。

任务 22 偿债能力分析

1. 资产负债表

资产负债表分析

资产负债表是反映企业在某一特定日期（如月末、季末、年末）全部资产、负债和所有者权益情况的会计报表，是企业经营活动的静态体现，根据“资产＝负债+所有者权益”这一平衡公式，依照一定的分类标准和一定的次序，将某一特定日期的资产、负债、所有者权益的具体项目予以适当的排列编制而成。它表明企业在某一特定日期所拥有或控制的经济资源、所承担的现有义务和所有者对净资产的要求权。它是一张揭示企业在一定时点财务状况的静态报表。资产负债表利用会计平衡原则，将合乎会计原则的“资产、负债、股东权益”交易科目分为“资产”和“负债和股东权益”两大区块，在经过分录、转账、分类账、试算、调整等会计程序后，以特定日期的静态企业情况为基准，浓缩成一张报表。资产负债表的功用除了企业内部除错、经营方向、防止弊端外，也可让所有阅读者于最短时间了解企业的经营状况。

对资产负债表的解读主要从偿债能力和营运能力两个部分展开。其中，偿债能力是指企业偿还各种到期债务的能力。能否及时偿还到期债务是反映企业财务状况好坏的重要标志。偿债能力分析包括短期偿债能力分析和长期偿债能力分析，对偿债能力进行正确分析，有利于债权人进行正确的借贷决策、有利于投资者进行投资决策、有利于企业经营者进行经营决策、有利于正确评价企业的经营状况。偿债能力常见指标如表5–2–1所示。

表5–2–1　偿债能力常见指标表

指标类型	常用指标名称	公式
短期偿债能力指标	流动比率	流动比率＝流动资产 / 流动负债
	速动比率	速动比率＝速动资产 / 流动负债
	现金比率	现金比率＝（货币资金＋交易性金融资产）/ 流动负债
长期偿债能力指标	资产负债率	资产负债率＝负债总额 / 资产总额
	产权比率	产权比率＝负债总额 / 所有者权益总额

2. 短期偿债能力分析

2.1 流动比率

流动比率是流动资产与流动负债之比，表明每1元流动负债有多少流动资产作保障，一般而言，流动资产的值相对于流动负债越高，即流动比率越高，企业的流动性越强，它持有更多的流动资产可以用来偿付流动负债，短期偿债能力越强；而降低流动比率意味着降低企业的流动性。

2.2 速动比率

速动比率是指企业速动资产与流动负债的比率，速动资产是企业的流动资产减去存货和预付费用后的余额，主要包括现金、短期投资、应收票据、应收账款等项目。速动比率越大，短期偿债能力越强。但速动比率过大，则表明应收账款等占用资金造成的机会成本较大。

速动资产＝流动资产−存货

或　　速动资产＝流动资产−存货−预付账款−待摊费用

速动资产＝货币资金+交易性金融资产+应收账款+应收票据

2.3 现金比率

现金比率是企业现金资产与流动负债之比，也是企业短期流动性的最佳指标。现金比率表明每1元流动负债有多少现金作为偿债保障，现金比率越高，说明变现能力越强，此比率也称为变现比率，但现金比率过大则表明现金使用效率不高。

【例5-2-1】A公司2021年度资产负债表（简表）如下，请根据资料计算出三个短期偿债能力指标并进行分析判断。

资产负债表

编制单位：A 公司　　2021 年 12 月 31 日　　单位：万元

资产	年初数	年末数	负债和股东权益	年初数	年末数
流动资产：			流动负债：		
货币资金	880	1 550	短期借款	200	150
交易性金融资产	132	60	应付账款	600	400
应收账款	1 080	1 200	应付职工薪酬		
预付账款	200	250	其中：应付福利费	180	300
存货	808	880	其他应付款		
流动资产合计	3 100	3 940	其中：应付股利	500	800
非流动资产：			一年内到期的非流动负债	120	150
长期股权投资	300	500	流动负债合计	1 600	1 800

续表

资产	年初数	年末数	负债和股东权益	年初数	年末数
固定资产			非流动负债：		
其中：固定资产原价	2 500	2 800	长期借款	200	300
累计折旧	750	880	应付债券	100	200
无形资产	50	40	非流动负债合计	300	500
非流动资产合计	2 100	2 460	负债合计	1 900	2 300
			所有者权益（或股东权益）：		
			实收资产（或股本）	1 500	1 800
			资本公积	500	700
			盈余公积	800	1 000
			未分配利润	500	600
			所有者权益（或股东权益）合计	3 300	4 100
资产合计	5 200	6 400	负债和所有者权益（或股东权益）合计	5 200	6 400

解：

（1）流动比率＝3 940/1 800＝2.19

（2）速动比率＝（3 940−880−250）/1 800＝1.56

（3）现金比率＝（1 550+60）/1 800＝0.89

流动比率和速动比率都是用来表示资金流动性的，即企业短期债务偿还能力的数值，前者的基准值是2，后者为1。根据计算结果分析，该企业的短期偿债能力较强。

3. 长期偿债能力分析

长期偿债能力是指企业对债务的承担能力和对偿还债务的保障能力。长期偿债能力分析是企业债权人、投资者、经营者和与企业有关联的各方面等都十分关注的重要问题。

3.1 资产负债率

资产负债率是企业负债总额与资产总额之比，反映总资产中有多大比例是通过负债取得的。资产负债率可以衡量企业清算时资产对债权人的保障程度，一般情况下，资产负债率越小，表明企业长期偿债能力越强，但如果该指标过小则表明企业对财务杠杆利用不够。国际上认为资产负债率为60%较合适。

3.2 产权比率

产权比率是负债总额与所有者权益总额之比，表明债权人提供的资本和所有者提供的资本的相对关系，反映企业财务结构是否稳定。一般来说，所有者提供的资本大于借入资本为好。产权比率越低，表明企业的长期偿债能力越强，债权人权益的保障程度越高，承担的风险越小。同时，产权比率也表明债权人资本受到所有者权益保障的程度，或者是企业清算时对债权人利益的保障程度。

【例5-2-2】接上例，请计算出该公司的长期偿债能力指标并进行分析。

解：

（1）资产负债率=2 300/6 400=35.94%

（2）产权比率=2 300/4 100=56.10%

由计算结果可见，资产负债率低于60%，表明长期偿债能力强，但未能很好地使用财务杠杆。同时，所有者提供的资本大于借入资本，进一步表明其长期偿债能力较强。

3.3 或有负债比率

或有负债比率是或有负债总额与所有者权益之比，表明自有资本对或有负债的偿还能力。其中，或有负债是指因过去的交易或事项可能导致未来所发生的事件而产生的潜在负债，例如，过去已存在的交易或事项导致诉讼的发生，而诉讼的结果又须视法院的判决而定，故未决诉讼便具有或有负债的性质。一般而言，或有负债的支付与否视未来的不确定事项是否发生而定。该比率低表明长期偿债能力较强，反之则表明企业存在一定风险。

或有负债比率=（或有负债总额 ÷ 所有者权益）× 100%

其中，

或有负债=已贴现商业承兑汇票金额+对外担保金额+未决诉讼未决仲裁金额+其他或有负债

3.4 利息保障倍数

利息保障倍数，又称已获利息倍数，是企业生产经营所获得的息税前利润与利息费用之比。它是衡量企业长期偿债能力的指标。利息保障倍数越大，说明企业支付利息费用的能力越强。因此，债权人要分析利息保障倍数指标，以此来衡量债务资本的安全程度。

利息保障倍数=税息前利润 ÷ 利息费用

拓展链接

短期偿债能力指标的数据弱点

1. 无法评估未来资金流量

流动性代表企业运用足够的现金流入以平衡所需现金流出的能力，而流动比率各项要素都来自资产负债表的时点指标，只能表示企业在某一特定时刻一切可用资源及需偿还债务的状态或存量，与未来资金流量并无因果关系。因此，流动比率无法用以评估企业未来资金的流动性。

2. 未反映企业资金融通状况

在一个注重财务管理的企业中，持有现金的目的在于防范现金短缺现象。然而，现金属于非获利性或获利性极低的资产，一般企业均尽量减少现金数额。事实上，通常有许多企业在现金短缺时转向金融机构借款，此项资金融通的数额，未能在流动比率的公式中得到反映。

3. 应收账款的偏差性

应收账款额度的大小往往受销货条件及信用政策等因素的影响，企业的应收账款一般具有循环性质，除非企业清算，否则，应收账款经常保持相对稳定的数额，因而不能将应收账款作为未来现金净流入的可靠指标。在分析流动比率时，如把应收账款的多寡视为未来现金流入量的可靠指标，而未考虑企业的销货条件、信用政策及其他有关因素，则难免会发生偏差。

4. 存货价值确定的不稳定性

经由存货而产生的未来短期现金流入量，常取决于销售毛利的大小。一般企业均以成本表示存货的价值，并据以计算流动比率。事实上，经由存货而发生的未来短期内现金流入量，除了销售成本外，还有销售毛利，然而流动比率未考虑毛利因素。

5. 粉饰效应

企业管理者为了显示出良好的财务指标，会通过一些方法粉饰流动比率。例如：对以赊购方式购买的货物，故意把接近年终要进的货物推迟到下年年初再购买；或年终加速进货，将计划下年年初购进的货物提前至年内购进等，都会人为地影响流动比率。当公司的流动比率大于1时，利用现金偿还部分应付账款，流动比率会进一步增大。

技术要点

1. 理解偿债能力的指标含义。
2. 掌握企业偿债能力指标的计算。
3. 能通过指标进行偿债能力分析。

边学边思考

以下指标哪些是考察企业的短期偿债能力？哪些是考察企业的长期偿债能力？

流动比率、或有负债比率、速动比率、现金比率、资产负债比率

任务23 营运能力分析

营运能力指企业资产运用、循环的效率高低。资产周转越快，流动性越高，企业的偿债能力越强，资产获取利润的速度就越快。营运能力的作用主要是分析企业营运资产的利用及其能力，从根本上决定企业的经营状况和经济效益。反映营运能力的指标如表5–2–2所示。

表5-2-2　营运能力常见指标表

指标名称	公式
总资产周转率	总资产周转率＝营业收入 / 总资产 ×100%
总资产周转天数	总资产周转天数＝ 365/ 总资产周转率
固定资产周转率	固定资产周转率＝营业收入 / 固定资产净额 ×100%
固定资产周转天数	固定资产周转天数＝ 365/ 固定资产周转率
流动资产周转率	流动资产周转率＝营业收入 / 流动资产合计 ×100%
流动资产周转天数	流动资产周转天数＝ 365/ 流动资产周转率
应收账款周转率	应收账款周转率＝营业收入 / 应收账款 ×100%
应收账款周转天数	应收账款周转天数＝ 365/ 应收账款周转率

1. 总资产周转率

就企业总体的资产而言，需要用总资产周转率来衡量其资产的使用效率，即1元资产的投入能产生多少销售金额。不同行业因经营业务的特征不同，总资产周转率的指标呈现出明显的行业特征。由于营业收入是时期动态指标，总资产是时点静态指标，因此，公式使用时，总资产应为同时期的平均资产，即（期初资产总额+期末资产总额）/2。批发业的总资产周转率均值最高，全部资产能达到每年平均周转约1.615 7次，而一些行业平均周转率只能达到0.2～0.4次，如钢铁、煤炭、电力行业等。

总资产周转天数是用365天除以总资产周转率，该指标越短越好。

2. 固定资产周转率

固定资产周转率是反映企业固定资产周转情况，从而衡量固定资产利用效率的一项指标。固定资产周转率越高（即一定时期内固定资产周转次数多），表明企业固定资产利用越充分，同时也能表明企业固定资产投资得当，固定资产结构合理，能够充分发挥效率。反之，如果固定资产周转率不高，则表明固定资产使用效率不高，提供的生产成果不多，企业的运营能力不强。同理，公式中固定资产应为本期固定资产平均数，即（期初固定资产余额+期末固定资产余额）/2。

固定资产周转天数是用365天除以固定资产周转率，该指标越短越好。

3. 流动资产周转率

影响流动资产周转率的因素一是流动资产垫支周转率，二是成本收入率。流动资产垫支周转率反映了流动资产的真正周转速度，成本收入率说明了所费与所得之间的关系，反映流动资产的利用效果。加速流动资产垫支周转速度是手段，提高流动资产利用效果才是目的，因此，加速流动资产垫支周转速度必须以提高成本收入率为前提。同理，公式中流动资产应为本期流动资产平均数，即（期初流动资产余额+期末流动资产余额）/2。

流动资产周转天数是用365天除以流动资产周转率，该指标越短越好。

4. 应收账款周转率

应收账款周转率说明年度内应收账款转换为现金的平均次数，体现了应收账款的变现速度和企业的收款效率，一般认为周转率越高越好。同理，公式中应收账款应为本期应收账款平均数，即（期初应收账款余额+期末应收账款余额）/2。

应收账款周转天数是用365天除以应收账款周转率，该指标越短越好。

【例5-2-3】接【例5-2-1】中资产负债表，并查阅该公司2021年利润表（简表）数据如下，请根据报表计算营运能力相关指标并分析判断。

利润表

编制单位：A 公司　　2021 年度　　单位：万元

项目	本期金额	上期金额
一、营业总收入	17 000	13 000
二、营业总成本	10 650	8 725
其中：营业成本	8 500	6 900
税金及附加	750	575
销售费用	500	450
管理费用	840	750
财务费用	60	50
加：投资收益（损失以“–”号填列）	70	50
三、营业利润（亏损以“–”号填列）	6 420	4 325
加：营业外收入	50	60
减：营业外支出	30	50
四、利润总额（亏损以“–”号填列）	6 440	4 335
减：所得税费用	2 576	1 732
五、净利润（亏损以“–”号填列）	3 864	2 603

解：

（1）平均总资产＝（5 200+6 400）/2=5 800

总资产周转率＝17 000/5 800=2.93（次）

总资产周转天数＝365/2.93=125（天）

（2）平均固定资产＝（1 750+1 920）/2＝1 835

固定资产周转率＝17 000/1 835＝9.26（次）

固定资产周转天数＝365/9.26＝40（天）

（3）平均流动资产＝（3 100+3 940）/2＝3 520

流动资产周转率＝17 000/3 520＝4.83（次）

流动资产周转天数＝365/4.83＝76（天）

（4）平均应收账款＝（1 080+1 200）/2＝1 140

应收账款周转率＝17 000/1 140＝14.91（次）

应收账款周转天数＝365/14.91＝25（天）

由以上计算所得，该公司营运能力较强。

技术要点

1. 理解各营运能力指标的含义。
2. 掌握营运能力指标的计算。
3. 通过指标计算分析企业的营运能力。

边学边思考

为什么营运能力指标计算的公式中，分母都采用各种资产的期初数与期末数的平均余额？

巩固训练答案

巩固训练

案例分析题

某联想笔记本经销商，2020年的流动资产是200万元，2021年是500万元，但利润却没有成正比例增加，这是为什么呢？2020年200万元的资产每月可以周转3次，而到了2021年的资金每月顶多也就周转1.5次。经销商把问题归结到厂家——2021年联想的产品有6个系列11款产品，2021年增加到20款以上。作为经销商，为了备全货动用的资金就多，但备的货多未必销量就大，因此流动资产的周转率就降低了。

要求思考：

（1）经销商的观点是否正确？为什么？

（2）要提高流动资产周转率，经销商可以采用什么方法？

（3）流动资产周转率和固定资产周转率对于经销商来讲，哪个更重要？

项目 3　利润表解读

利润表分析

案例导入

京沪高铁利润表

单位：亿元

年份	2019 年 1 ～ 9 月	2018 年	2017 年	2016 年
营业收入	250.02	311.58	295.55	262.58
营业利润	126.94	136.63	120.71	90.24
净利润	95.20	102.48	90.53	79.03
净利润率	38.08%	32.89%	30.63%	30.10%

从京沪高铁近三年财务数据看，其营收和利润均处于增长状态，净利润率也都超过了30%。2018年和2017年的净利润增长率分别为13.20%、14.55%。2019年前三季度，京沪高铁的净利润已接近2018年全年的利润，可以预见2019年的净利润一定会大幅上涨。

项目要求

1. 掌握利润表的结构。
2. 掌握盈利能力指标的计算及分析。
3. 掌握企业发展能力指标的计算及分析。

任务 24　盈利能力分析

盈利能力是指企业获取利润，实现资金增值的能力，是企业持续经营和发展的保证。利润率越高，盈利能力越强；利润率越低，盈利能力越差。企业经营业绩的好坏最终可通过企业的盈利能力来反映。根据盈利能力，可以判断企业经营人员的业绩，进而便于发现问题、完善企业的管理模式。企业盈利能力的分析可从一般分析和社会贡献能力分析两方面研究。盈利能力一般分析的常见指标如表5–3–1所示。

表5–3–1　盈利能力分析常见指标

指标名称	公式
营业利润率	营业利润率＝营业利润 / 营业收入 ×100%
营业净利率	营业净利率＝净利润 / 营业收入 ×100%

续表

指标名称	公式
营业毛利率	营业毛利率＝（营业收入－营业成本）/ 营业收入 ×100%
总资产净利率	总资产净利率＝净利润 / 平均资产总额 ×100%

1. 盈利能力一般分析

1.1 营业利润率

营业利润率是指企业的营业利润与营业收入的比率。它是衡量企业经营效率的指标，反映了在考虑营业成本的情况下，企业管理者通过经营获取利润的能力。营业利润率越高，说明企业商品销售额提供的营业利润越多，企业的盈利能力越强；反之，此比率越低，说明企业盈利能力越弱。

1.2 营业净利率

营业净利率是净利润与营业收入之比，反映每1元营业收入最终赚了多少利润，用于反映产品最终的盈利能力。

1.3 营业毛利率

利润表上最简单的盈利能力指标就是毛利，其相对于收入所产生的比率，就是毛利率，而经营毛利率就是企业日常经营活动所产生的收益与收入的比率，即营业毛利与营业收入之比，反映每1元营业收入所包含的毛利润是多少，即营业收入扣除营业成本后还有多少剩余可用于弥补各期费用和形成利润。营业毛利率越高，表明产品的盈利能力越强。

1.4 总资产净利率

总资产净利率是指净利润与平均资产总额之比，反映每1元资产创造的净利润，衡量的是企业资产的盈利能力。总资产净利率越高，表明企业资产的利用效果越好。企业可以通过提高营业净利率、加速资产周转来提高总资产净利率。

【例5-3-1】A公司2021年利润表（简表）数据如下，请根据报表计算盈利能力相关指标并分析判断。

利润表

编制单位：A 公司　　2021 年度　　单位：万元

项目	本期金额	上期金额
一、营业总收入	17 000	13 000
二、营业总成本	10 650	8 725

续表

项目	本期金额	上期金额
其中：营业成本	8 500	6 900
税金及附加	750	575
销售费用	500	450
管理费用	840	750
财务费用	60	50
加：投资收益（损失以“—”号填列）	70	50
三、营业利润（亏损以“—”号填列）	6 420	4 325
加：营业外收入	50	60
减：营业外支出	30	50
四、利润总额（亏损以“—”号填列）	6 440	4 335
减：所得税费用	2 576	1 732
五、净利润（亏损以“—”号填列）	3 864	2 603

解：

（1）营业利润率＝营业利润/营业收入＝6 420/17 000＝37.76%

（2）营业净利率＝净利润/营业收入＝3 864/17 000＝22.73%

（3）营业毛利率＝（营业收入–营业成本）/营业收入＝（17 000–8 500）/17 000＝50%

（4）总资产净利率＝净利润/平均资产总额＝3 864/5 800＝66.62%

计算出指标值之后，应与本企业历年的该几项指标进行纵向对比，同时与同行业其他企业相同时期相同指标进行横向对比，从而判断该企业的盈利能力水平。

2. 社会贡献能力分析

社会贡献能力分析是指从价值角度分析企业对社会和国家所做的贡献。

2.1 社会贡献率

社会贡献率是指企业对社会贡献总额与资产平均总额的比率，用以衡量企业运用全部资产为国家或社会创造或支付的价值的能力，也是财政部对企业经济效益的一项评价指标。社会贡献总额主要包括工资（含奖金、津贴等工资性收入）、劳保退休统筹及其他社会福利支出、利息支出净额、应缴或已缴的各项税款、附加及福利等。

$$社会贡献率＝企业对社会贡献总额 \div 企业资产平均总额 \times 100\%$$

2.2 社会积累率

社会积累率是企业上缴财政的税费总额与企业对社会的贡献总额之比，即：

社会积累率＝企业上缴财政的税费总额÷企业对社会的贡献总额×100%

社会积累率反映了每百元企业对社会的贡献额中，上缴国家财政的税费所占的份额。

【例5-3-2】某公司2021年的平均总资产余额为1 200万元，当年支付给职工的工资、奖金、津贴、劳保退休统筹及其他公益性支出总额为230万元，利息支出为28万元，销售税金及附加为31万元，所得税为97万元，税后净利润为152万元。

则该公司对社会的贡献总额＝230+28+31+97+152＝538（万元）

$$社会贡献率=\frac{538}{1\ 200}\times 100\%=44.83\%$$

公司上缴财政的税费总额＝31+97＝128（万元）

$$社会积累率=\frac{128}{538}\times 100\%=23.79\%$$

任务 25 发展能力分析

发展能力是指企业扩大规模、壮大实力的潜在能力，又称成长能力。发展能力的作用有：一是补充和完善传统财务分析，展望未来，是盈利能力、营运能力以及偿债能力的综合体现；二是可以为预测分析与价值评估做铺垫，提供基础数据来源；三是满足相关利益者的决策需求，比如对于股东而言，可以通过发展能力分析衡量企业创造股东价值的能力，从而为采取下一步战略行动提供依据；发展能力分析的常见指标如表5-3-2所示。

表5-3-2 发展能力分析常见指标

指标名称	公式
总资产增长率	总资产增长率＝（年末资产总额－年初资产总额）/ 年初资产总额 ×100%
营业收入增长率	营业收入增长率＝（本年营业收入－上年营业收入）/ 上年营业收入总额 ×100%
净利润增长率	净利润增长率＝（本年净利润－上年净利润）/ 上年净利润 ×100%

1. 总资产增长率

总资产增长率是企业年末总资产的增长额同年初资产总额之比。本年总资产增长额为本年总资产的年末数减去本年年初数，它是分析企业当年资本积累能力和发展能力的主要指标。

2. 营业收入增长率

营业收入增长率是企业营业收入增长额与上年营业收入总额的比率，反映企业营业收入的增减变动情况。营业收入增长率大于零，表明企业营业收入有所增长。该指标值越高，表明企业营业收入的增长速度越快，企业市场前景越好。

3. 净利润增长率

净利润增长率指企业本期净利润增长额与上期净利润额的比率，净利润是在利润总额中按规定缴纳了所得税后公司的利润留成，一般也称为税后利润或净收入。净利润增长率反映了企业实现价值最大化的扩张速度，是综合衡量企业资产营运与管理业绩，以及成长状况和发展能力的重要指标。

【例5-3-3】接【例5-2-1】和【例5-3-1】A公司2021年资产负债表和利润表数据，请计算该公司发展能力相关指标并分析判断。

解：

（1）总资产增长率=（6 400-5 200）/5 200=23.08%

（2）营业收入增长率=（17 000-13 000）/13 000=30.77%

（3）净利润增长率=（3 864-2 603）/2 603=48.44%

从指标计算结果可见，三个指标均比上年有所增长，表明该企业发展能力较强。

拓展链接

上市公司市场价值指标分析

上市公司市场价值分析的指标主要有：每股收益、市盈率、股利支付率、每股资产和市净率等。

每股收益=（税后利润-优先股股利）/发行在外的普通股股数

描述普通股收益情况。

每股股利=股利总额/流通股数

收益不可能都变为股利，股利<收益。

每股净资产=（股东权益总额-优先股股本）/发行在外的普通股股份

显示每股普通股所代表的企业净资产额。

市盈率=股价/每股盈利

其倒数即为股票投资报酬率，市盈率越低则越有股市投资价值。

市净率=股价/每股净资产

上市公司的每股内含净资产值高而每股市价不高的股票，即市净率越低的股票，其投资价值越高；相反，其投资价值就小。

技术要点

1. 理解企业盈利能力指标的含义。
2. 掌握企业盈利能力指标的计算。
3. 通过指标进行盈利能力分析。

边学边思考

为何企业盈利能力需要进行社会贡献率的分析?

巩固训练

思考题

1. 阐述资本经营与资产经营的关系。
2. 为什么说净资产收益率是反映企业盈利能力的核心指标?
3. 分别阐述商品经营与产品经营、资产经营的关系。
4. 为什么总资产报酬率的分子为息税前利润?是否可用其他指标做分子?
5. 商品经营盈利能力计算时应注意哪些问题?
6. 阐述资产经营盈利能力与资本经营盈利能力的关系。
7. 阐述全部成本费用总利润率同营业成本费用利润率的分析不同之处。
8. 反映商品经营盈利能力的指标可分为几类?具体包括哪些内容?
9. 从企业经理人员的角度阐述企业盈利能力分析的目的。

项目 4　现金流量表解读(选修)

案例导入

北方公司2020年现金流量统计如下:

单位:万元

项目	金额	备注
经营活动现金流入	22 690	
经营活动现金流出	19 816	
经营活动现金净流量	2 874	
投资活动现金流入	16	
投资活动现金流出	810	
投资活动现金净流量	–794	
筹资活动现金流入	568	全部为借款支出,无分配股利或利润
筹资活动现金流出	812	
筹资活动现金净流量	–244	
现金流入总量	23 275	

续表

项目	金额	备注
现金流出总量	21 437	
现金净流量	1 838	

请根据以上资料进行现金流量表结构分析和质量分析。

项目要求

1. 了解现金流量表结构。
2. 了解现金流量表结构分析指标。
3. 了解现金流量表质量分析指标。

任务 26 现金流量表结构分析

1. 现金流量表结构分析的含义

现金流量表结构分析是指在现金流量表有关数据的基础上，通过对现金流量表中不同项目间的比较，分析企业现金流入的主要来源和现金流出的方向，并评价现金流入流出对净现金流量的影响。

对现金流量表的结构分析包括现金流入结构、现金流出结构、流入流出比例等，可列表进行分析。

2. 现金流量表结构分析的目的和标准

对现金流量表进行分析是为了进一步掌握企业的各项活动中现金流量的变动规律、变动趋势、公司经营周期所处的阶段及异常变化等情况。

对一个健康成长的公司来说，经营活动的现金流量应是正数，投资活动的现金流量是负数，筹资活动的现金流量应是正负相间的。

3. 现金流量表结构分析内容

3.1 现金流入结构分析

反映企业的各项业务活动现金流入，如经营活动的现金流入、投资活动的现金流入、筹资活动的现金流入等在全部现金流入中的比重以及各项业务活动现金流入中具体项目的构成情况，其计算公式：

$$现金流入结构比率=\frac{某项活动现金流入量}{各项活动现金流入量之和}\times 100\%$$

一般来说，经营活动的现金流入应该占大部分的比例，特别是主营业务收入应该高于其他各项活动的现金流入，当然有些激进型的企业也许会有很多投资，会把一些闲置资金投资出去，投资有力又筹资得当的企业也会出现大量现金流入，这时投资和筹资活动所取得的现金流入就会大于经营活动所取得的现金流入比例。

【例5-4-1】根据现金流量表中提供的2021年的资料计算东方软件有限责任公司的现金流入结构分析表：

现金流入结构分析表

项目	金额 / 元	结构比 / %
经营活动现金流入	26 040 402.09	17.17
其中：销售商品提供劳务收到的现金	23 083 834.72	15.22
收到的税费返还	2 956 567.37	1.95
收到其他与经营活动有关的现金	0	0
投资活动现金流入	78 879 518.32	52.02
其中：取得投资收益的现金	55 757 888.21	36.77
处置固定资产等收到的现金	2 312 1630.11	15.25
筹资活动现金流入	46 728 150.23	30.81
其中：吸收投资收到的现金	12 909 150.23	8.51
取得借款收到的现金	33 819 000.00	22.3
现金流入合计	151 648 979.64	100

通过以上计算可以看出：

①东方软件有限责任公司在2021年现金总流量为151 648 979.64元。其中经营活动现金流入、投资活动现金流入和筹资活动现金流入比重分别为17.18%、52.01%和30.81%。由此可以看出企业的现金流入主要是投资活动现金流入，其次是筹资活动现金流入，最后是经营活动的现金流入。

②投资活动现金流入中主要是取得投资收益收到的现金所占比重最大，说明企业的投资力度比较大，企业对外投资的决策是正确的，处置固定资产等收到的现金占比也比较大，这种变现对企业的经营和理财有利，否则就说明企业的经营和偿债可能会出现困难。筹资活动现金流入中主要是取得借款收到的现金，吸收投资收到的现金比重很小，结构不太合理，经营活动的现金流入量比较小，说明企业的主营业务出现了问题，这样对企业的发展是不利的。

3.2 现金流出结构分析

计算公式：

$$现金流出结构比率=\frac{某项活动现金流出量}{各项活动现金流出量之和}\times 100\%$$

一般来说，经营活动的现金流出中购买商品接收劳务支付的现金所占的比重会大一些，经营活动的现金流出具有稳定性的特点，投资和筹资活动现金流出的稳定性比较差，具有随意性和偶然性的特点。

【例5-4-2】根据现金流量表中提供的2021年的资料计算东方软件有限责任公司的现金流出结构分析表：

现金流出结构分析表

项目	金额/元	结构比/%
经营活动现金流出	14 314 480.38	22.06
其中：购买商品接收劳务支付的现金	3 635 200.78	5.6
支付给职工以及为职工支付的现金	3 108 409.45	4.79
支付各项税费	4 241 608.18	6.54
支付其他与经营活动有关的现金	3 329 261.97	52.01
投资活动现金流出	9 141 142.87	14.09
其中：构建固定资产等支付的现金	9 141 142.98	14.09
筹资活动现金流出	41 425 527.36	63.85
投资支付的现金	0	0
其中：偿还债务支付的现金	38 013 821.15	58.59
分配股利、利润或偿付利息支付的现金	2 536 000.00	3.91
支付其他与筹资活动有关的现金	875 706.21	1.35
现金流入合计	64 881 150.61	100

通过以上计算结果，可以看出：

①“偿还债务支付的现金”占比例最大，为58.59%，与“取得借款收到的现金”对比分析，可以看出公司还债的力度比较大，是个好现象。

②企业“构建固定资产等支付的现金”比率也较大，为14.09%，说明企业对外投资意图明显，有对外扩张的现象，是比较有发展潜力的。

③“购买商品接收劳务支付的现金”所占比重比较小，为5.6%，这一点要和“销售商品提供劳务收到的现金”对比分析，这种现象说明企业在生产经营管理方面还是出现了一些问题，应该积极找出原因，消除对企业发展的影响。

3.3 现金流入流出比分析

现金流入流出比分析是指各项活动流入占流出的比例，其计算公式：

$$现金流入流出比=\frac{现金流入}{现金流出}$$

一般来说，经营活动现金流入流出的比值越大，说明企业获利能力越强；投资活动现金流出流入的比值越大，说明企业处于衰败期，或正在减少投资；筹资活动现金流入流出比小于1，说明还款大于借款，大于1说明借款大于还款。

【例5-4-3】根据现金流量表中提供的2021年的资料计算东方软件有限责任公司的现金流入流出结构分析表：

现金流入流出结构分析表

项目	金额比	结构比 / %
经营活动现金流入 / 现金流出	26 040 402.09 / 14 314 480.38	181.92
投资活动现金流入 / 现金流出	78 879 518.32 / 9 141 142.87	862.91
筹资活动现金流入 / 现金流出	46 728 150.23 / 41 425 527.36	112.8
现金总流入 / 现金总流出	151 648 979.64 / 64 881 150.61	233.73

通过以上计算可以看出投资活动现金流入流出比为862.91%，说明企业投资的力度比较大，取得收益是很明显的；经营活动现金流入流出比为181.92%，说明企业除了维持日常经营活动，还有很大的结余；筹资活动流入流出比为112.8%，说明借款大于还款；企业总的现金流入和现金流出比为233.73%，说明企业对现金的控制能力比较强，这对企业来说是一个好现象。

3.4 现金净流量的结构比分析

就是分析其经营活动、投资活动、筹资活动的净现金流量占总现金净流量增加额的比值。

一般来说，经营活动现金净流量结构比越大，说明企业的主营业务比较理想；投资活动现金净流量越大，说明企业投资得当，投资获利能力就比较强；筹资活动的现金净流量越大说明企业借款大于还款，企业偿债有压力，企业有财务风险。

【例5-4-4】根据现金流量表中提供的2021年的资料计算东方软件有限责任公司的现金净流量结构分析表：

现金净流量结构分析表

项目	金额 / 元	结构比 / %
经营活动现金净流量	11 725 921.71	13.51
投资活动现金净流量	69 738 375.45	80.37
筹资活动现金净流量	5 302 622.87	6.12
现金净增加额	86 766 920.03	100

通过以上计算可以看出投资活动现金净流量的结构比为80.37%，比重比较大，说明企业的投资有力度，投资的回报率也很高，企业应抓住这个投资机会争取得到更大的收益；经营活动现金净流量结构比为13.51%，说明企业在经营活动方面还需要努力，找出差异，管理好生产经营活动；筹资活动现金净流量结构比为6.12%，说明企业总的借款比例不是很高。

任务 27 现金流量表质量分析

现金流量表质量分析是对现金流量客观反映公司真实经营状况的程度进行评价，并提供相应的信息促进企业改善财务与经营状况、增强持续经营能力。

1. 经营活动产生的现金流量质量分析

1.1 经营活动产生的现金流量净额小于零

经营活动产生的现金流量净额小于零，意味着企业通过正常的供、产、销所带来的现金流入量不足以支付因上述经营活动而引起的现金流出。

1.2 经营活动产生的现金流量净额等于零

经营活动产生的现金流量净额等于零，意味着企业通过正常的供、产、销所带来的现金流入量恰恰能够支付因上述经营活动而引起的现金流出，企业的经营活动现金流量处于“收支平衡”的状态。

2. 投资活动产生的现金流量质量分析

2.1 投资活动产生的现金流量净额小于零

投资活动产生的现金流量净额小于零，意味着企业在购建固定资产、无形资产和其他长期资产、权益性投资以及债权性投资等方面所流出的现金之和，大于企业因收回投资、分得股利或利润、取得债券利息收入、处置固定资产、无形资产和其他长期资产而流入的现金净额之和。

2.2 投资活动产生的现金流量净额大于或等于零

投资活动产生的现金流量大于或等于零，意味着企业在投资活动方面的现金流入量大于或等于流出量。

3. 筹资活动产生的现金流量的质量分析

3.1 筹资活动产生的现金流量净额大于零

筹资活动产生的现金流量净额大于零，意味着企业在吸收权益性投资、发行债券以及借款等方面所收到的现金之和大于企业在偿还债务、支付筹资费用、分配股利或利润、偿付利息以及减少注册资本等方面所支付的现金之和。

3.2 筹资活动产生的现金流量净额小于零

筹资活动产生的现金流量净额小于零，意味着企业筹资活动收到的现金之和小于企业筹资活动支付的现金之和。

4. 现金及现金等价物净增加额的质量分析

4.1 现金及现金等价物净增加额为正数

企业的现金及现金等价物净增加额为正，如果主要是经营活动产生的现金流量净额引起的，通常表明企业经营状况好，收现能力强，坏账风险小。

4.2 现金及现金等价物净增加额为负数

企业的现金及现金等价物净增加额为负数，通常是一个不良信息。如果企业现金流量净减少主要是由于偿还债务及利息引起的，意味着企业未来用于偿债的现金将减少，企业财务风险变小，只要企业生产经营保持正常运转，企业就不会走向衰退。

技术要点

1. 认识现金流量表结构。
2. 了解现金流量表分析方法。
3. 了解现金流量表结构分析指标的计算。
4. 了解现金流量表质量分析判断标准。

边学边思考

对投资者而言，现金流量表分析和利润表分析哪个更重要？

思政园地

让财务造假无所遁形

【资料】

瑞幸咖啡于2017年6月注册成立，2017年10月开始营业，2019年5月17日在纳斯达克成功上市（以下简称“IPO”），创造了创业公司最快的IPO纪录。但是由于财务造假，瑞幸咖啡于2020年6月29日正式退市，又创造了最快的退市纪录。瑞幸咖啡的财务造假在国内引起了广泛关注，财政部联合其他政府部门经过近两个月的调查于2020年7月31日发布调查报告，认定“自2019年4月起至2019年年末，瑞幸咖啡公司通过虚构商品券业务增加交易额22.46亿元，虚增收入21.19亿元，占对外披露收入的41.16%，虚增成本费用12.11亿元，虚增利润9.08亿元”。

【分析】

“不做假账”已成为注册会计师行业公认的、必须遵循的基本原则。作为普通的投资者和消费者，读懂财务报表，通过报表分析保障自己的投资收益，同时也可以让假账的始作俑者无所遁形。

模块6 云税务基础

知识概述

税收是指国家为了向社会提供公共产品，满足社会共同需要，按照法律的规定，参与社会产品的分配，强制、无偿取得财政收入的一种规范形式。税收是一种非常重要的政策工具。

企业是从事生产、流通、服务等经济活动，以生产或服务满足社会需要，实行自主经营、独立核算、依法设立的一种营利性的经济组织。

一般根据企业的经济性质和经营业务来确定企业应缴纳的税种和税率。随着经济形势的发展和新技术的应用，企业工商注册和税务开业登记、变更登记、注销登记等流程都发生了较大的变化，税收政策与税种、税率也在持续更新中。

思维导图

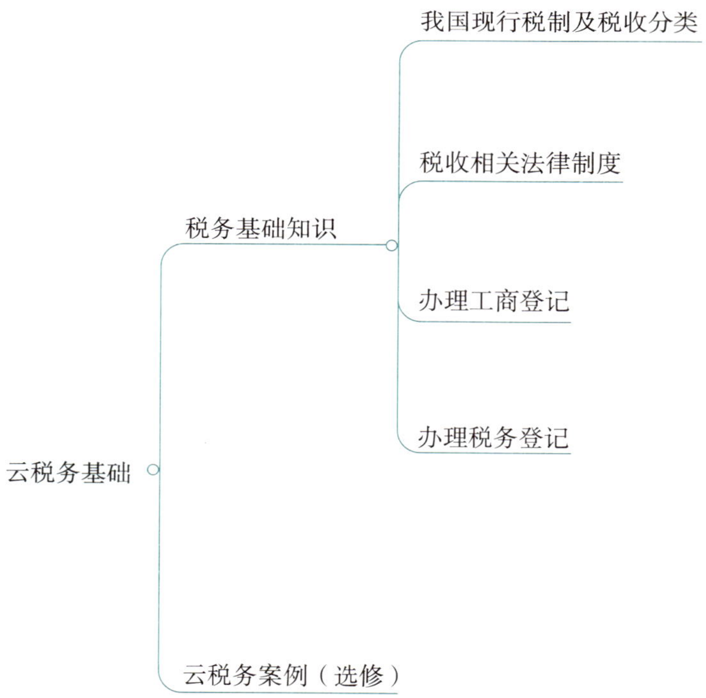

学习目标

1. 了解我国的现行税制。
2. 掌握我国目前的税收分类。
3. 了解税收相关法律。
4. 掌握工商登记办理流程。
5. 掌握各项税务登记流程。
6. 了解云税务平台及相关案例。

项目 1　税务基础知识

案例导入

2019 年前 3 季度税收数据显示减税降费红利持续释放

2019年10月30日上午，国家税务总局召开新闻发布会，主要介绍2019年前三季度税务部门落实减税降费、组织税收收入、深化“放管服”改革、优化税收营商环境等情况。前三季度，各行业门类税负水平均实现不同程度的下降，减税降费的扶持作用不断加大。

项目要求

1. 了解我国的现行税制。
2. 掌握我国目前的税收分类。
3. 了解税收相关法律。
4. 掌握工商登记办理流程。
5. 掌握各项税务登记流程。

任务 28　我国现行税制及税收分类

1. 税收的概念

税收是国家为了满足社会公共需要，凭借政治权力，由政府运用法律手段，强制地、无偿地参与社会产品分配，以取得财政收入的一种分配形式。

我国现行税制概况及税收分类

2. 税收的内涵

①国家征税的目的是满足社会成员获得公共产品的需要。

②国家征税凭借的是公共权力（政治权力）。税收征收的主体只能是代表社会全体成员行使公共权力的政府，其他任何社会组织和个人是无权征税的。与公共权力相对应的必然是政府管理社会和为民众提供公共产品的义务。

③税收是国家筹集财政收入的主要方式。

④税收必须借助法律形式进行。

3. 税收的职能

税收主要用于国防和军队建设、国家公务员工资发放、道路交通和城市基础设施建设、科学研究、医疗卫生防疫、文化教育、救灾赈济、环境保护等领域。税收的职能和作用是税收职能本质的具体体现。一般来说，税收具有以下几种重要的基本职能。

3.1 组织财政

税收是政府凭借国家强制力参与社会分配、集中一部分剩余产品（不论是货币形式还是实物形式）的一种分配形式。组织国家财政收入是税收原生的最基本职能。

3.2 调节经济

政府凭借国家强制力参与社会分配，必然会改变社会各集团及其成员在国民收入分配中占有的份额，减少了他们可支配的收入，但是这种减少不是均等的，这种利益得失将影响纳税人的经济活动能力和行为，进而对社会经济结构产生影响。政府正好利用这种影响，有目的地对社会经济活动进行引导，从而合理调整社会经济结构。

3.3 监督经济

国家在征税取得收入的过程中，必然要建立在日常深入细致的税务管理基础上，具体掌握税源，了解情况，发现问题，监督纳税人依法纳税，并同违反税收法令的行为进行斗争，从而监督社会经济活动方向，维护社会生活秩序。

税收的作用就是税收职能在一定经济条件下，具体表现出来的效果。税收的作用具体表现为能够体现公平税负，促进平等竞争；调节经济总量，保持经济稳定；体现产业政策，促进结构调整；合理调节分配，促进共同富裕；维护国家权益，促进对外开放等。

4. 税收的特征

税收与其他分配方式相比，具有强制性、无偿性和固定性的特征，习惯上称为税收的“三性”。

4.1 强制性

税收的强制性是指税收是国家以社会管理者的身份，凭借政权力量，依据政治权力，通过颁布法律或政令来进行强制征收。负有纳税义务的社会集团和社会成员都必须遵守国家强制性的税收法令，在国家税法规定的限度内，纳税人必须依法纳税，否则就要受到法律的制裁，这是税收具有法律地位的体现。强制性特征体现在两个方面：一方面是税收分配关系的建立具有强制性，即税收征收完全是凭借国家拥有的政治权力；另一方面是税收的征收过程具有强制性，即如果出现了税务违法行为，国家可以依法进行处罚。

4.2 无偿性

税收的无偿性是指通过征税，社会集团和社会成员的一部分收入转归国家所有，国家不向纳税人支付任何报酬或代价。税收这种无偿性是与国家凭借政治权力进行收入分配的本质相联系的。无偿性体现在两个方面：一方面是指政府获得税收收入后无需向纳税人直接支付任何报酬；另一方面是指政府征得的税收收入不再直接返还给纳税人。税收无偿性是税收的本质体现，它反映的是一种社会产品所有权、支配权的单方面转移关系，而不是等价交换关系。税收的无偿性是区分税收收入和其他财政收入形式的重要特征。

4.3 固定性

税收的固定性是指税收是按照国家法令规定的标准征收的，即纳税人、课税对象、税目、税率、计价办法和期限等，都是税收法令预先规定了的，有一个比较稳定的试用期间，是一种固定的连续收入。对于税收预先规定的标准，征税和纳税双方都必须共同遵守，非经国家法令修订或调整，征纳双方都不得违背或改变这个固定的比例或数额以及其他制度规定。

税收的三个特征密切联系，相辅相成，不可分割。只有同时具备这三个特征的财政收入才是税收，否则，就不是税收或者说不是严格意义上的税收。税收特征的关系如图6–1–1所示。

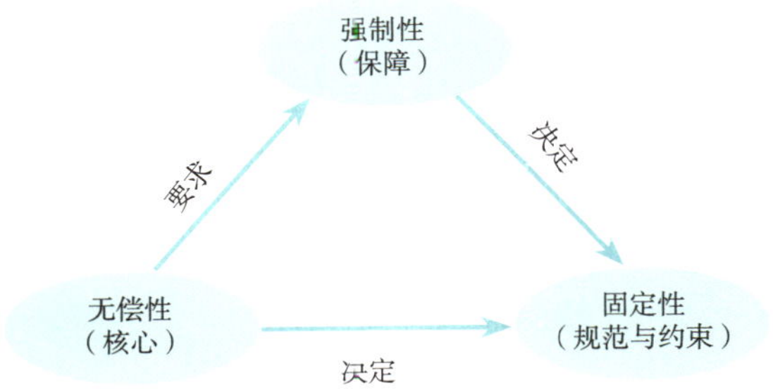

图6–1–1 税收特征的关系

5. 税收的分类

5.1 税收分类的基本定义

税收分类指按照一定的标准对各种税所进行的归类，即把相同或相似的税归为同一类，把不同的税归入不同类。它是研究税收特殊性和普遍性的一种方法，根据不同的研究需要和标准，可以产生不同的分类方法。税收分类，有利于研究税制结构和税收负担，有利于分析研究税制的发展演变过程，有利于划分中央和地方各级财政收入，有利于加强税收管理。

5.2 税收的分类

（1）按征税对象不同，税收可以划分为货物劳务税、所得税、资源税、特定目的和行为税。具体内容如表6-1-1所示。

表6-1-1 按征税对象分类

税类	税目	税种
货物劳务税	又称为流转税，是指在生产、流通和服务领域中，以销售商品或提供劳务而取得的销售收入额或营业收入额为征税对象的税收	增值税、消费税、关税
所得税	以各种所得额为征税对象的税收	个人所得税、企业所得税
资源税	以各种应税自然资源为征税对象，为了调节资源级差收入并体现国有资源有偿使用而征收的一种税	资源税、城镇土地使用税、土地增值税、耕地占用税
财产税	是指对纳税人所拥有或者控制的财产征收的一类税	房产税、车船税、契税
特定目的和行为税	指以纳税人的某种特定行为作为征税对象的一类税	印花税、车辆购置税、城市维护建设税、烟叶税、船舶吨税、环境保护税

（2）按计税依据不同，税收可以分为从量税和从价税。具体内容如表6-1-2所示。

表6-1-2 按计税依据分类

税类	税目	税种
从量税	以征税对象的自然计量单位（重量、面积、件数等）为依据，按固定税额计征的税收。从量税实行定额税率，具有计算简便等优点	耕地占用税、车船税和城镇土地使用税
从价税	以征税对象的价值量为依据，按一定比例计征的税收。从价税实行比例税率和累进税率，税收负担比较合理	增值税、关税和所得税

（3）按税收与价格关系不同，税收可分为价内税和价外税。具体内容如表6-1-3所示。

表6-1-3 按税收与价格分类

税类	税目	税种
价内税	税款包含在应税商品价格内，作为商品价格组成部分的税收	消费税、关税
价外税	税款独立于商品价格之外，不作为商品价格的组成部分	增值税

（4）按税收管理和支配权限的归属不同，税收可分为中央税、地方税、中央与地方共享税。具体内容如表6-1-4所示。

表6-1-4　按税收管理和支配权限的归属分类

税类	税目	税种
中央税	由中央政府征收和管理使用或由地方政府征收后全部划归中央政府所有并支配使用的税收	消费税、关税和车辆购置税
地方税	由地方政府征收和管理使用的税收，如财产行为税。地方税一般收入稳定，并与地方经济利益关系密切	房产税、车船税、契税、耕地占用税
中央与地方共享税	税收的管理权和使用权属中央政府和地方政府共同拥有的税收	增值税、证券交易印花税、所得税

（5）按税收负担是否易于转嫁，税收可分为直接税与间接税。具体内容如表6-1-5所示。

表6-1-5　按是否易于转嫁分类

税类	税目	税种
直接税	税负不易转嫁，纳税主体直接承担税负的税收，即纳税人与负税人为同一人	所得税、财产税、土地使用税
间接税	纳税主体通过一定方式，将缴纳税收的部分或全部转嫁给他人负担的税收	增值税、消费税

任务29　税收相关法律制度

1. 税收法律制度的含义

税收法律制度简称税收制度、税制，是国家法律法规所规定的有关税种设置、税收管理权限划分以及税收征收管理等方面制度的总称。税收法律制度是国家法律制度的一个重要组成部分，其本身具有一个独立的体系，包含着一系列特殊的法律原则和规范，用以调整国家和纳税人之间的税收关系。税收法律制度内部由各种不同的具体制度构成，其中每一种具体制度也自成体系，具有一整套更为特殊的法律原则和规范，用以调整国家和纳税人之间税收关系的一个方面。

2. 改革开放以来我国税制的演变

新中国成立以来，我国的税制体系基本上建立了双主体税复合税制的模式，即以流转税和所得税为主体税，辅之以其他税种的税制体系。特别是以1994年税制改革为分水岭，我国税制进入了全面改革和深化的阶段，建立了符合社会主义市场经济体制的新税制。在此之前，新中国税收制度经历了长期的演变发展过程。根据其演变的性质和内容，大致可分为两个大的阶段：即我国税收制度的建立和曲折发展阶段以及我国税制的初步改革阶段。

2.1　1978—1982年的涉外税制改革

1978—1982年为我国税制建设的恢复时期和税制改革的起步时期，从思想上、理论上为税制改革的推进做了大量突破性工作，打下理论基础。从1980年9月到1981年12月，为适应我国对外开放初期引进外资、开展对外经济合作的需要，第五届全国人民代表大会先后通过了《中外合资经营企业所得税法》《个人所得税法》和《外国企业所得税法》，对中外合资企业、外国企业继续征收工商统一税、城市房地产税和车船使用牌照税，初步形成了一套大体适用的涉外税收制度。

2.2　1983年第一步“利改税”方案

作为国营企业改革和城市经济改革的一项重大措施，1983年，国务院决定在全国试行国营企业“利改税”，即第一步“利改税”，将新中国成立后实行了30多年的国营企业向国家上缴利润的制度改为缴纳企业所得税。这一改革从理论上和实践上突破了国营企业只能向国家缴纳利润、国家不能向国营企业征收所得税的禁区，成为国家与企业分配关系的一个历史性转折。

2.3　1984年第二步“利改税”方案和工商税制改革

为了加快城市经济体制改革的步伐，经第六届全国人民代表大会批准，国务院决定从1984年10月起在全国实施第二步“利改税”和工商税制改革，发布了关于国营企业所得税、国营企业调节税、产品税、增值税、营业税、盐税、资源税的一系列行政法规，成为我国改革开放之后第一次大规模的税制改革。此后，国务院又陆续发布了关于征收集体企业所得税、私营企业所得税、城乡个体工商业户所得税、个人收入调节税、城市维护建设税、奖金税（包括国营企业奖金税、集体企业奖金税和事业单位奖金税）、国营企业工资调节税、固定资产投资方向调节税、特别消费税、房产税、车船使用税、城镇土地使用税、印花税、筵席税等税收的法规。1991年，第七届全国人民代表大会第四次会议将中外合资经营企业所得税法与外国企业所得税法合并为《外商投资企业和外国企业所得税法》。至此，我国工商税制共有37个税种，按照经济性质和作用，大致分为流转税、所得税、财产和行为税、资源税、特定目的税、涉外税、农业税七大类。

这一时期全面改革了工商税制，建立了涉外税制，彻底摒弃了“非税论”和“税收无用论”的观点，恢复和开征了一些新税种，从而使我国税制逐步转化为多税种、多环节、多层次的复合税制，税收调节经济的杠杆作用日益加强。

2.4　1994年工商税制改革

1992年党的“十四大”提出了建立社会主义市场经济的经济体制改革目标后，为适应市场经济的内涵要求，1994年我国启动了新中国成立以来规模最大、范围最广、内容最深刻、力度最强的工商税制改革。

①全面改革流转税。以实行规范化的增值税为核心，相应设置消费税、营业税，建立新的流转税课税体系，对外资企业停止征收原工商统一税，实行新的流转税制。

②对内资企业实行统一的企业所得税。取消原来分别设置的国营企业所得税、国营企业调节税、集体企业所得税和私营企业所得税，同时，国营企业不再执行企业承包上缴所得税的包干制。

③统一个人所得税。取消原个人收入调节税和城乡个体工商业户所得税，对个人收入和个体工商户的生产经营所得统一实行修订后的《个人所得税法》。

④调整、撤并和开征其他一些税种。如：调整资源税、城市维护建设税和城镇土地使用税；取消集市交易税、牲畜交易税、烧油特别税、奖金税和工资调节税；开征土地增值税、证券交易印花税；盐税并入资源税，特别消费税并入消费税。

2.5 2001—2015年税制完善

1994年的工商税制改革初步确定了市场经济下我国税收制度的基本格局，在此后的十几年间，随着社会主义市场经济的不断完善，结合国内、国外客观经济形势的变化，我国又推行了以“费改税”、内外资企业所得税合并、增值税的转型为主要内容的税制改革。

①税费制度调整中的“费改税”，将一些具有税收特征的收费项目转化为税收。2000年10月22日国务院颁布了《车辆购置税暂行条例》，自2001年1月1日起在全国范围内征收车辆购置税，开征的同时，取消了车辆购置附加费。同时，为了切实减轻农民负担，中央决定从2000年开始在农村开展税费改革。农村税费改革过程中，根据“减轻、规范、稳定”的原则对农（牧）业税和农业特产税进行了调整，明确在5年内将逐步取消农业税。2006年3月14日，第十届全国人民代表大会第四次会议通过决议，宣布在全国范围内彻底取消农业税。

②内外资企业所得税的合并。为维护国家的税收主权，制定适应我国市场经济发展要求和国际发展趋势的企业所得税法，2007年3月16日，第十届全国人民代表大会第五次会议审议通过了《企业所得税法》，结束了企业所得税法律制度对内外资分立的局面，逐步建立起一个规范、统一、公平、透明的企业所得税法律制度。

③对车船使用税、城镇土地使用税等零星税种的改革。2007年1月1日《车船税暂行条例》正式实施，取代了1986年9月15日国务院发布的《车船使用税暂行条例》。此外，修改过的《城镇土地使用税暂行条例》也于2007年1月1日起正式实施。这次修改将外商投资企业和外国企业也纳入了城镇土地使用税的纳税人范围，同时根据社会经济的发展情况，将税额标准也做了提高；2006年4月28日国务院还公布了《烟叶税暂行条例》，对烟叶的收购实行20%的比例税率。这样，截至2007年年底，我国现行税制中的税种设置进一步减少为18个，税制更加规范和统一。

2.6 2016年全面营改增试点

2016年5月1日起，我国全面实施营改增试点，试点范围扩大到建筑业、房地产业、金融业、生活服务业，并将所有企业新增不动产所含增值税纳入抵扣范围，确保所有行业税负只减不增。这意味着，我国税制改革迈出关键一步，国家治理的基础将打得更牢、夯得更实。

随着营改增试点的全面实施，四大行业纳入试点范围，增值税已经实现对所有货物、服务的生产、流通和消费领域的全覆盖，也意味着在我国实行了66年的营业税正式“谢幕”。

营改增之前，我国主要是对货物征收增值税，对劳务征收营业税。与之相对应的是制造业实行增值税，服务业实行营业税。这样带来一个很大的问题，即增值税的链条是“断开”的。比如，制造业的企业购买服务，服务业的企业购买货物，税是无法抵扣的，服务业的企业之间的经济活动也是不能抵税的，造成对服务业重复征税。

3. 税收制度的构成要素

3.1 纳税人

税法规定直接负有纳税义务的单位和个人，它规定了税款的直接承担者。特别要区别代扣代缴义务人，即直接负有扣缴税款义务的单位和个人，应当按照税法规定代扣税款，并在规定期限内按期、足额地缴库。

【例6-1-1】某商场销售A货物，设定该货物售价为进价的一倍，假设进价为50元，税额为每件13元，则某商场为纳税人，消费者为负税人，纳税额和负税额均为113元。

3.2 征税对象

也称征税客体，指对什么征税，即国家征税的标的物。征税对象规定了每一种税的征税界限，是一种税区别于另一种税的主要标志。征税对象可以从质和量两方面进行划分，质的具体化是征税范围和税目；量的具体化是计税依据和计税标准，它们与税类、税种、税基、税源等共同补充和延伸了征税对象的功能并使其具体化。

3.3 税率

税率是应纳税额与征税对象数额之间的法定比例，是计算税额和税收负担的尺度，体现征税的程度，是税收制度的中心环节，是税收制度中最活跃、最有力的因素。税率有3种类型：比例税率、定额税率和累进税率。

拓展链接

税率的种类

一、比例税率

即对同一征税对象，不分数额大小，规定相同的征税比例。中国的增值税、城市维护建设税、企业所得税等采用的是比例税率。

比例税率在适用中又可分为三种具体形式：单一比例税率、差别比例税率、幅度比例税率。

单一比例税率，是指对同一征税对象的所有纳税人都适用同一比例税率。

差别比例税率，是指对同一征税对象的不同纳税人适用不同的比例征税。具体又分为下面三种形式：

①产品差别比例税率：即对不同产品分别适用不同的比例税率，同一产品采用同一比例税率，如消费税、关税等。

②行业差别比例税率：即按不同行业分别适用不同的比例税率，同一行业采用同一比例税率，如原来的营业税等。

③地区差别比例税率：即区分不同的地区分别适用不同的比例税率，同一地区采用同一比例税率，如城市维护建设税等。

幅度比例税率，是指对同一征税对象，税法只规定最低税率和最高税率，各地区在该幅度内确定具体的使用税率。

二、定额税率

定额税率是税率的一种特殊形式。它不是按照征税对象规定征收比例，而是按照征税对象的计量单位规定固定税额，所以又称为固定税额，一般适用于从量计征的税种，其优点是：从量计征，不是从价计征，有利于鼓励纳税人提高产品质量和改进包装，计算简便。但是，由于税额的规定同价格的变化情况脱离，在价格提高时，不能使国家财政收入随国民收入的增长而同步增长，在价格下降时，则会限制纳税人的生产经营积极性。在具体运用上又分为以下几种：

①地区差别税额：即为了照顾不同地区的自然资源、生产水平和盈利水平的差别，根据各地区经济发展的不同情况分别制定的不同税额。

②幅度税额：即中央只规定一个税额幅度，由各地根据本地区实际情况，在中央规定的幅度内，确定一个执行数额。

③分类分级税额：把征税对象划分为若干个类别和等级，对各类各级由低到高规定相应的税额，等级高的税额高，等级低的税额低，具有累进税的性质。

三、累进税率

累进税率指按征税对象数额的大小，划分若干等级，每个等级由低到高规定相应的税率，征税对象数额越大税率越高，数额越小税率越低。累进税率因计算方法和依据的不同，又分以下几种：

①全额累进税率：即对征税对象的全额按照与之相适应等级的税率计算税额。在征税对象提高到一个级距时，对征税对象全额都按高一级的税率征税。

②全率累进税率：它与全额累进税率的原理相同，只是税率累进的依据不同。全额累进税率的依据是征税对象的数额，而全率累进税率的依据是征税对象的某种比率，如销售利润率、资金利润率等。

③超额累进税率：即把征税对象按数额大小划分为若干等级，每个等级由低到高规定相应的税率，每个等级分别按该级的税率计税。

④超率累进税率：它与超额累进税率的原理相同，只是税率累进的依据不是征税对象的数额而是征税对象的某种比率。

在以上几种不同形式的税率中，全额累进税率和全率累进税率的优点是计算简便，但在两个级距的临界点税负不合理。超额累进税率和超率累进税率的计算比较复杂，但累进程度缓和，税收负担较为合理。

【例拓1】某人某月应纳税所得额为6 000元，全额累进税率和超额累进税率分别如表6-1-6、表6-1-7所示。请分别用全额累进税率和超额累进税率计算该员工应纳税额。

表6-1-6　某三级全额累进税率表

级数	全月应纳税所得额／元	税率／%
1	5 000 以下	10
2	5 000 ～ 20 000（含）	20
3	20 000（含）以上	30

表6-1-7　某三级超额累进税率表

级数	全月应纳税所得额／元	税率／%	速算扣除数／元
1	5 000 以下	10	0
2	5 000 ～ 20 000（含）	20	500
3	20 000（含）以上	30	2 500

解：使用全额累进税率，月应纳税所得额6 000元，适用第二级次，则其应纳税额为：6 000×20%＝1 200（元）。

使用超额累进税率时，其应纳税额可以分步计算：

第一级的5 000元适用10%税率，应纳税为5 000×10%＝500（元）

第二级的1 000元（6 000−5 000）适用20%的税率，应纳税为1 000×20%＝200（元）

其该月应纳税额＝5 000×10%+1 000×20%＝700（元）。

在级数较多的情况下，分级计算、然后相加的方法比较烦琐。为了简化计算，也可采用速算法。速算法的原理是，基于全额累进计算的方法比较简单，可将超额累进计算的方法转化为全额累进计算的方法。对于同样的征税对象数量，按全额累进方法计算出的税额比按超额累进方法计算出的税额多，即有重复计算的部分，这个多征的常数叫速算扣除数。用公式表示为：

速算扣除数＝按全额累进方法计算的税额−按超额累进方法计算的税额

公式移项得：

按超额方法计算的应纳税额＝按全额累进方法计算的税额−速算扣除数

接上例，某人某月应纳税所得额为6 000元，如果直接用6 000元乘以所对应级次的税率20%，则对于第一级次的5 000元应纳税所得额就出现了5 000×（20%−10%）的重复计算的部分。因为这5 000元仅适用10%的税率，而全部用了20%的税率来计算，故多算了10%，这就是应该扣除的所谓速算扣除数。如果用简化的计算，则6 000元月应纳税所得额应纳所得税＝6 000×20%−500＝700（元）。

任务30 办理工商登记

案例导入

大学生小林和小马2022年7月就要毕业了，此前，在学校参加的创业项目——“智能体育器材生产与租赁”也进行了一段时间的孵化，有意成立一家公司实现真正意义上的创业。那么，公司究竟应该怎么成立？需要办理什么手续呢？

办理工商登记

1. 现代企业的组织形式

根据市场经济的要求，现代企业的组织形式按照财产的组织形式和所承担的法律责任划分，可分为国有独资公司、有限责任公司、股份有限公司、一人有限责任公司和个体工商户。

1.1 国有独资公司

国有独资公司，是指国家单独出资、由国务院或者地方人民政府授权本级人民政府国有资产监督管理机构履行出资人职责的有限责任公司。国有独资公司的公司章程由国有资产监督管理机构制定，或者由董事会制定报国有资产监督管理机构批准。国有独资公司不设股东会，由国有资产监督管理机构行使股东会职权。国有资产监督管理机构可以授权公司董事会行使股东会的部分职权，决定公司的重大事项，但公司的合并、分立、解散、增加或者减少注册资本和发行公司债券，必须由国有资产监督管理机构决定。其中，重要的国有独资公司合并、分立、解散、申请破产的，应当由国有资产监督管理机构审核后，报本级人民政府批准。

1.2 有限责任公司

有限责任公司，简称有限公司，我国的有限责任公司是指根据《中华人民共和国公司登记管理条例》规定登记注册，由五十个以下的股东出资设立，每个股东以其所认缴的出资额为限对公司承担有限责任，公司以其全部资产对公司债务承担全部责任的经济组织。有限责任公司（有限公司）是我国企业实行公司制最重要的一种组织形式，其优点是设立程序比较简单，不必发布公告，也不必公布账目，尤其是公司的资产负债表一般不予公开，公司内部机构设置灵活；缺点是由于不能公开发行股票，筹集资金范围和规模一般都比较小，难以适应大规模生产经营活动的需要。因此，有限责任公司（有限公司）这种形式一般适用于中小型非股份制公司。对于创业来说，有限责任公司是比较适合创业的企业类型，大部分的投融资方案、VIE架构等都是基于有限责任公司进行设计的。

1.3 股份有限公司

股份有限公司是指公司资本为股份所组成的公司，股东以其认购的股份为限对公司承担责任的企业法人。《中华人民共和国公司法》（以下简称《公司法》）规定，设立股份有限公司，应当有2人以上200以下为发起人。由于所有股份公司均须是负担有限责任的有限公司（但并非所有有限公司都是股份公司），所以一般合称“股份有限公司”。公司的资本总额平分为金额相等的股份；公司可以向社会公开发行股票筹资，股票可以依法转让；法律对公司股东人数只有最低限度，无最高人数规定；股东以其所认购股份对公司承担有限责任，公司以其全部资产对公司债务承担责任；每一股有一表决权，股东以其所认购持有的股份，享受权利，承担义务；公司应当将经注册会计师审查验证过的会计报告公开，其基本特征如下：

①股份有限公司是独立的经济法人。

②股份有限公司的股东人数不得少于法律规定的数目。

③股份有限公司的股东对公司债务负有限责任，其限度是股东应交付的股金额。

④股份有限公司的全部资本划分为等额的股份，通过向社会公开发行的办法筹集资金，任何人在缴纳了股款之后，都可以成为公司股东，没有资格限制。

⑤公司股份可以自由转让，但不能退股。

⑥公司账目须向社会公开，以便于投资人了解公司情况，进行选择。

⑦公司设立和解散有严格的法律程序，手续复杂。

1.4 一人有限责任公司

一人有限责任公司简称“一人公司”“独资公司”或“独股公司”，《公司法》第五十七条规定：“本法所称一人有限责任公司，是指只有一个自然人股东或者一个法人股东的有限责任公司。”《公司法》规定：“一个自然人只能投资设立一个一人有限责任公司。该一人有限责任公司不能投资设立新的一人有限责任公司。一人有限责任公司不设股东会；一人有限责任公司应当在每一会计年度终了时编制财务会计报告，并经会计师事务所审计；一人有限责任公司的股东不能证明公司财产独立于股东自己的财产的，应当对公司债务承担连带责任。”实质意义上的“一人公司”在西方国家特别是美国较为普遍，因为美国许多州的公司法律规定董事必须拥有一定数额的公司股份，即资格股，所以许多公司的股份的绝大部分比例由一个股东拥有，另外极小比例的股份由公司董事拥有。

1.5 个体工商户

《中华人民共和国民法典》第五十四条规定，自然人从事工商经营，经依法登记，为个体工商户。个体工商户可以起字号。

2. 办理工商营业执照

2.1 办理工商营业执照所需资料

①《公司设立登记申请书》由公司法定代表人签署，样式如图6-1-2所示。

②《指定代表或者共同委托代理人的证明》由董事会签署。

如需委托相关机构，如代理记账公司等办理公司注册登记事项的，需要由董事会签署《指定代表或者共同委托代理人的证明》，样式如图6-1-3所示。

③由发起人亲自签署的或由会议的主持人与出席会议的董事亲自签字的股东大会或创立大会的会议记录（募集设立的提交）相当于股东会决议（设立）。

④全体发起人签署或者全体董事签字的公司章程，样式如图6-1-4所示。

⑤自然人身份证件复印件。

⑥董事、监事和经理的任职文件及身份证件复印件。

⑦法定代表人任职文件及身份证件复印件。

⑧住所使用证明。如果办公地点是自有房产，提供房产证复印件；如果办公地点为租住房产，则须提供所签订的《房屋租赁合同》并附房产证复印件。签订租房合同时，需要注意所选地点是否有不允许办公等限制。

⑨《企业名称预先核准通知书》。目前广东省内预选公司名称只需要上“广东省企业名称自主申报服务系统”查询和申请即可。

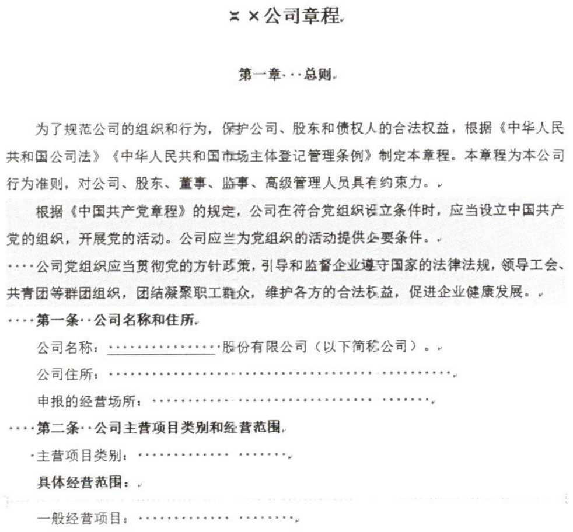

××公司章程

第一章 总则

为了规范公司的组织和行为，保护公司、股东和债权人的合法权益，根据《中华人民共和国公司法》《中华人民共和国市场主体登记管理条例》制定本章程。本章程为本公司行为准则，对公司、股东、董事、监事、高级管理人员具有约束力。

根据《中国共产党章程》的规定，公司在符合党组织设立条件时，应当设立中国共产党的组织，开展党的活动。公司应当为党组织的活动提供必要条件。

公司党组织应当贯彻党的方针政策，引导和监督企业遵守国家的法律法规，领导工会、共青团等群团组织，团结凝聚职工群众，维护各方的合法权益，促进企业健康发展。

第一条 公司名称和住所

公司名称：________股份有限公司（以下简称公司）。

公司住所：…………

申报的经营场所：…………

第二条 公司主营项目类别和经营范围

主营项目类别：…………

具体经营范围：

一般经营项目：…………

图6-1-2 公司设立登记申请书样表

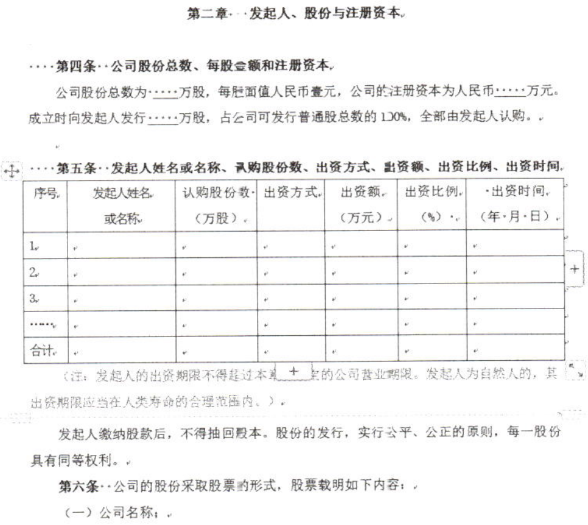

第二章 发起人、股份与注册资本

第四条 公司股份总数、每股金额和注册资本

公司股份总数为____万股，每股面值人民币壹元，公司的注册资本为人民币____万元。成立时向发起人发行____万股，占公司可发行普通股总数的100%，全部由发起人认购。

第五条 发起人姓名或名称、认购股份数、出资方式、出资额、出资比例、出资时间

序号	发起人姓名或名称	认购股份数（万股）	出资方式	出资额（万元）	出资比例（%）	出资时间（年·月·日）
1						
2						
3						
……						
合计						

（注：发起人的出资期限不得超过本章程规定的公司营业期限。发起人为自然人的，其出资期限应当在人类寿命的合理范围内。）

发起人缴纳股款后，不得抽回股本。股份的发行，实行公平、公正的原则，每一股份具有同等权利。

第六条 公司的股份采取股票的形式，股票载明如下内容：

（一）公司名称；

图6-1-3 指定代表或者共同委托代理人的证明样表

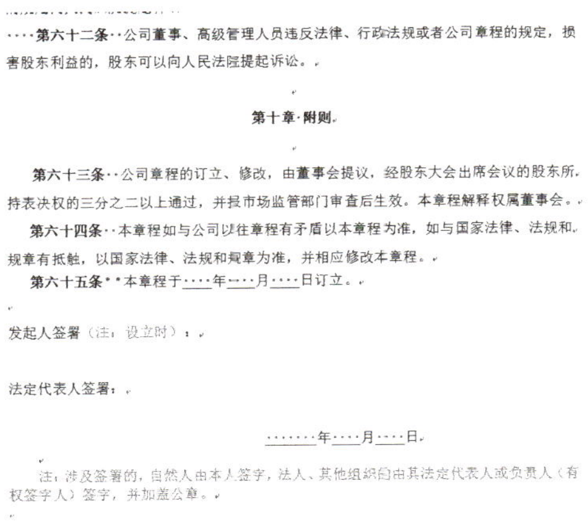

第六十二条 公司董事、高级管理人员违反法律、行政法规或者公司章程的规定，损害股东利益的，股东可以向人民法院提起诉讼。

第十章 附则

第六十三条 公司章程的订立、修改，由董事会提议，经股东大会出席会议的股东所持表决权的三分之二以上通过，并报市场监管部门审查后生效。本章程解释权属董事会。

第六十四条 本章程如与公司以往章程有矛盾以本章程为准，如与国家法律、法规和规章有抵触，以国家法律、法规和规章为准，并相应修改本章程。

第六十五条 本章程于____年____月____日订立。

发起人签署（注：设立时）：

法定代表人签署：

________年____月____日

注：涉及签署的，自然人由本人签字，法人、其他组织由其法定代表人或负责人（有权签字人）签字，并加盖公章。

图6-1-4 公司章程样表

2.2 办理工商营业执照流程

（1）自主申报企业名称，具体流程如图6-1-5所示。

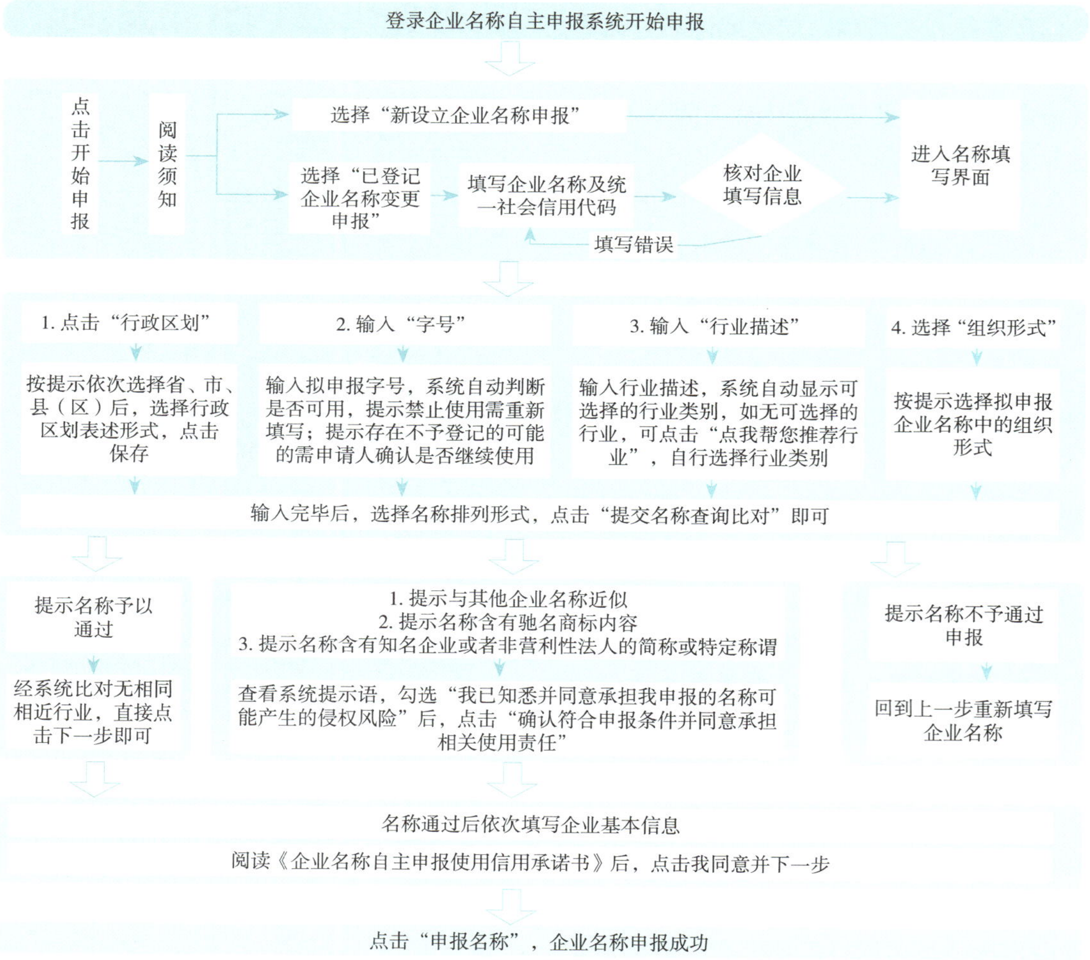

图6-1-5 企业名称自主申报流程图

（2）选择办公地点

以租赁房屋为例，选择好办公地点后，与房东签订租赁合同，并请房东提供该房产的房产证复印件。房屋租赁合同印花税率为1‰，按照租赁金额1‰贴花，税额不足1元，按1元贴花。

（3）订立公司章程

在工商局网站下载《公司章程》模板，并根据公司的实际情况，拟写本公司章程。公司章程，是指公司依法制定的、规定公司名称、住所、经营范围、经营管理制度等重大事项的基本文件，也是公司必备的规定公司组织及活动基本规则的书面文件。公司章程是股东共同一致的意思表示，载明了公司组织和活动的基本准则，是公司的宪章。公司章程具有法定性、真实性、自治性和公开性的基本特征。《公司章程》与《公司法》一样，共同肩负调整公司活动的责任。作为公司组织与行为的基本准则，公司章程对公司的成立及运营具有十分重要的意义，它既是公司成立的基础，也是公司赖以生存的灵魂。

有限责任公司章程由股东共同制定，经全体股东一致同意，由股东在公司章程上签名盖章。修改公司章程，必须经代表三分之二以上表决权的股东通过。

股份有限公司章程由发起人制定，经出席创立大会的认股人所持表决权的半数以上通过；修改公司章程，必须经出席股东大会的股东所持表决权的三分之二以上通过。

（4）办理验资手续

公司的注册资本必须经法定的验资机构出具验资报告，验资机构出具的验资报告是表明公司注册资本数额的合法证明。依照国家有关法律、行政法规的规定，法定验资机构是会计师事务所和审计师事务所。

先到会计师事务所开具“银行征询函”，据此到银行开设验资户。验资户就是企业增加注册资金存入银行账户或者新成立企业交注册资金的银行账户。银行验资户属于临时存款账户的一种，临时存款账户是存款人因临时需要并在规定期限内使用而开立的银行结算账户。注册验资的临时存款账户在验资期间只收不付，注册验资资金的汇缴人应与出资人的名称一致。验资过程完成后，验资户一般应该注销（如果是分批次验资的可以考虑暂时不注销）。验资后，验资机构应出具验资报告，连同验资证明材料及其他附件，一并交与经办人或委托人，作为申请注册资本的依据。

（5）申领营业执照

将办理营业执照所需资料准备齐全，即可到工商部门申领营业执照了，样式如图6-1-6所示。

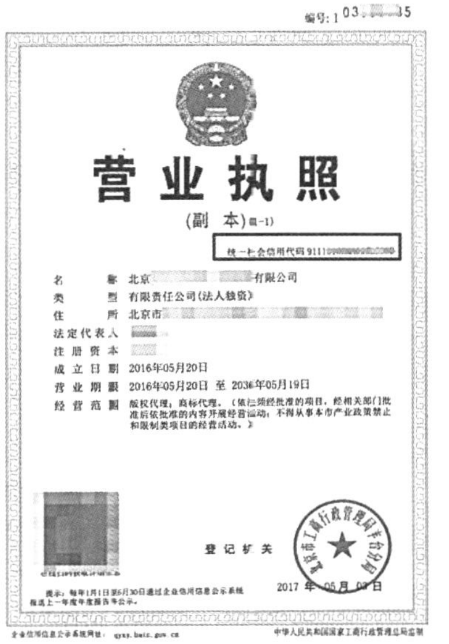

图6-1-6　营业执照样式

3. 办理工商营业执照后事项

3.1 刻公司公章和财务专用章

新成立的企业申请刻制印章，须持营业执照副本原件和复印件一份，法人代表和经办人身份证原件及复印件一份，法人代表授权刻章委托书等资料，并附印章样模，到属地公安机关办理相关印章的篆刻工作。

国家机关、团体、企事业单位用自己法定主体行为名称制作的签名印章，称之为“公章”。我国对公章的管理有健全的司法管理体系，任何私刻都是违法犯罪的，对于脱离法定主体行为虚构私自刻制的印章，按伪造行为主体的犯罪论处。

①外地单位需要刻制公章，首先须到该单位原籍所在地县级以上公安机关办理刻制印章介绍信或证明，然后凭此介绍信或证明再到刻字厂或刻字店所在地的同级公安机关换取刻制印章通知单或介绍信，到公安机关指定的刻字厂或刻字店刻制。

②刻制国有、集体企业单位的财务章、合同章、业务专用章及银行的转账章、现金收讫章、现金付讫章，需凭本单位开具的介绍信和营业执照，到本单位所在地县级以上公安机关登记备案，经公安机关审查后，签发刻制印章通知单或介绍信，到公安机关指定的刻字厂或刻字店刻制。

③外资企业刻制上述印章，需凭营业执照和三资企业备案证，如果企业为中外合资、中外合作企业，必须执中方开具的介绍信，到本单位所在地县级以上公安机关办理刻制印章通知单或介绍信，然后凭着通知单或介绍信，到公安机关指定的刻字厂或刻字店刻制。

④刻制党政、国有或集体企业、事业单位及其内部机构的公章，一律凭本单位的上一级领导部门或批准成立的部门开具的证明文件或信函，到本单位所在地县级以上公安机关治安管理部门办理审批手续，经公安机关审查后，发给刻制印章通知单或介绍信、证明等，到公安机关指定的刻字厂或刻字店刻制公章。

3.2 办理组织机构代码证

组织机构代码证是各类组织机构在社会经济活动中的通行证。代码是“组织机构代码”的简称。组织机构代码是对中华人民共和国境内依法注册、依法登记的机关、企事业单位、社会团体和民办非企业单位颁发一个在全国范围内唯一的、始终不变的代码标识。

对单位法人实行组织机构代码和自然人实行社会保障号码制度，是国家整个经济和社会实现现代化管理的基本制度，尽快建立这一制度对建立社会主义市场经济体制和推动社会进步具有十分重要的意义，且具有紧迫性。实施组织机构代码制度，是随着社会的不断进步而兴起的一种新的现代化管理手段，是实现现代化管理的重要标志。我国实施组织机构代码标识制度，不仅有利于计算机的自动化管理，实现信息交换和信息资源共享，而且有利于政府各部门、社会各行业充分发挥监督、管理的整体效能，从而保证社会经济活动健康、有序地进行，有效地促进地方国家经济的发展。根据2015年12月31日发布的《质检总局关于贯彻落实法人和其他组织统一社会信用代码制度建设总体方案有关事项的通知》（国质检标

〔2015〕608号）文件精神，从2016年1月1日起，全国质监部门（市场监督管理部门）不再向机关、事业单位、社会团体及其他依法成立的机构发放和更换组织机构代码证书。统一社会信用代码将取代组织机构代码作为今后法人和其他组织唯一身份标识，在建立政府诚信、规范市场监管秩序中发挥巨大作用。2016年10月18日，国家质检总局网站上公布信息，《国家质量监督检验检疫总局关于修改和废止部分规章的决定》已经2016年9月30日国家质量监督检验检疫总局局务会议审议通过，自公布之日起施行。

拓展链接

三证合一与五证合一

一、三证合一

所谓“三证合一”，就是将企业依次申请的工商营业执照、组织机构代码证和税务登记证三证合为一证，提高市场准入效率；“一照一码”则是在此基础上更进一步，通过“一口受理、并联审批、信息共享、结果互认”，实现由一个部门核发加载统一社会信用代码的营业执照。

2012年10月30日，深圳市第五届人民代表大会常务委员会第十八次会议通过了《深圳经济特区商事登记若干规定》。规定的第二十三条在全国率先提出：“推行营业执照、组织机构代码证和税务登记证三证合一的登记制度，具体办法由市政府另行制定。”

2014年6月4日，国务院《关于促进市场公平竞争维护市场正常秩序的若干意见》（国发〔2014〕20号文）在“（四）改革市场准入制度”中提出“简化手续，缩短时限，鼓励探索实行工商营业执照、组织机构代码证和税务登记证‘三证合一’登记制度”，各地纷纷响应。

2014年7月7日，国家税务总局《关于创新税收服务和管理的意见》（税总发〔2014〕85号）提出“向市场主体发放一份包含营业执照、组织机构代码证、税务登记证功能的证照”，阐述了税总关于“三证合一”的工作思路。

2014年7月1日，湖北省枝江市在安福寺镇率先试点实行市场主体登记“三证合一”制度，并发放了全国第一份加挂有组织机构代码证号、税务登记证号的营业执照。7月24日，在前期试点的基础上，“三证合一”登记工作在枝江市全面推开。

2014年3月至9月，全国新登记注册市场主体766.35万户，同比增长14.40%；新增注册资本12.59万亿元，同比增长76.39%。改革后，平均每天新登记企业数量由2013年的6 900户增加到1.05万户。

2014年12月1日起，深圳在全国率先推行营业执照、组织机构代码、税务登记证和刻章许可证“四证合一”登记新模式，将原来商事主体营业执照、组织机构代码证、税务登记证和刻章许可证分别由商事登记部门、组织机构代码登记部门、税务部门、公安部门办理的模式，改为由商事登记部门统一受理、审核，四个部门之间信息互认、档案共享，在组织机构代码登记部门实现四证同发、企业一次领取四证的高效办证目标。

2015年3月20日，时任中共中央政治局常委、国务院总理李克强在国家工商总局企业注册局注册指导处考察，着重了解商事制度改革最难啃的“硬骨头”是哪块。负责人直言，是将工商、税务、质检的“三证三号”合并为“一证一号”。总理随后对相关部门提出硬要求：“三证合一、单一号码”改革年内务必实现。

2015年3月20日，李克强总理来到国家工商行政管理总局考察并主持召开座谈会。李克强强调，工商部门是政府和市场的重要连接点。要抓紧推进“三证合一”等改革，年内力争实现“一证一号”，切实降低企业注册场所要求，继续简化企业登记和注销流程。依托大数据完善监管平台，探索建立统一监管机制，加快推进综合执法，坚决防止弹性执法、选择性执法，提升执法公信力。这对政府是自我革命，要从全局出发“忍痛”前行，也是打掉寻租空间。各部门都要主动谋划，形成合力，把进一步激发市场活力的改革“好菜”“新菜”端出来，共同营造便民利企的良好环境。

2015年8月13日，工商总局、中央编办、国家发展改革委、税务总局、质检总局和国务院法制办6部门联合印发通知，要求加快推进“三证合一”登记制度改革，确保“三证合一、一照一码”登记模式如期实施。

全面推进“三证合一、一照一码”登记制度改革工作全国电视电话会议9月22日在京召开。中共中央政治局常委、国务院总理李克强作出重要批示。批示指出：加快推进“三证合一、一照一码”登记制度改革，是深化商事制度改革之举，是顺应群众干事创业期望之举，也是创新政府行政管理之举，利民利企利国，对于激发市场内在活力、增添经济发展新动力具有重要意义。

截至2015年10月8日，全国累计核发“三证合一、一照一码”新营业执照281 625张。

到2015年年底发出了350.94万张“三证合一、一照一码”的营业执照。

二、五证合一

浙江在全国率先实行营业执照、组织机构代码证、税务登记证、社会保险登记证和统计登记证“五证合一”登记制度（以下简称“五证合一”），并于2015年7月1日起实行。2016年6月30日，国务院办公厅发布了《关于加快推进“五证合一、一照一码”登记制度改革的通知》国办发〔2016〕53号，从2016年10月1日起，全国范围内实施“五证合一”“一照一码”登记，各地将在原有的工商营业执照、组织机构代码证、税务登记证“三证合一”改革基础上，整合社会保险登记证和统计登记证，推进“五证合一”改革。

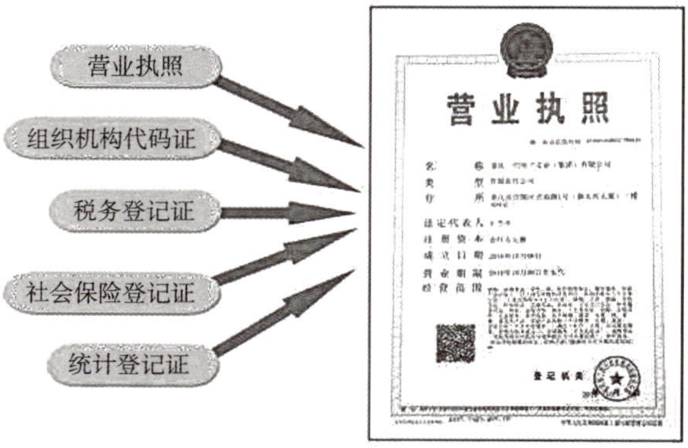

任务31 办理税务登记

税务登记是税务机关对纳税人有关开业、变动、歇业以及注销等基本情况的变化实行法定登记，并据此对纳税人实施税务管理的一项法定管理制度，也是纳税人履行纳税义务向税务机关办理的一项法定手续。税务登记是整个税收征收管理的起点。税务登记种类包括：开业登记，变更登记，停业、复业登记，注销登记，外出经营报验登记，纳税人税种登记，扣缴税款登记等。税务登记阶段如图6-1-7所示。

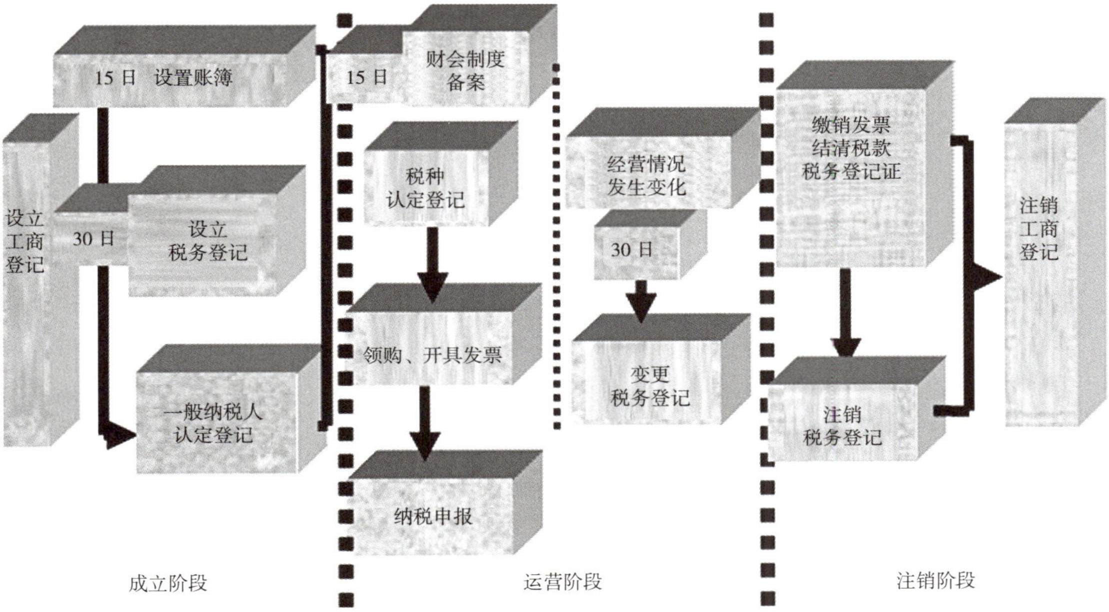

图6-1-7 税务登记阶段图

1. 开业税务登记

开业税务登记是指企业，包括企业在外地设立分支机构和从事生产、经营的场所，个体工商户和从事生产、经营的事业单位（以下统称从事生产、经营的纳税人），向生产、经营所在地税务机关申报办理税务登记的活动。

从事生产、经营的纳税人领取工商营业执照（含临时工商营业执照）的，应当自领取工商营业执照之日起30日内申报办理设立税务登记，税务机关核发税务登记证及副本（纳税人领取临时工商营业执照的，税务机关核发临时税务登记证及副本）。由于五证合一，目前不再核发税务登记证，而是将税务登记内容以信息化形式在企业工商营业执照中展示。

1.1　税务登记的范围

①从事生产、经营的纳税人，包括企业，企业在外地设立的分支机构和从事生产、经营的场所，个体工商户和从事生产、经营的事业单位。

②虽未从事生产经营，但取得应税收入或发生应税行为的单位或个人。

③负有代扣代缴，代收代缴义务的单位或个人。

④从事生产、经营的纳税人到外地经营在同一地累计超过180天。

1.2　税务开业登记提供资料

纳税人在申报办理税务登记时，应当根据不同情况向税务机关如实提供以下证件和资料：

①工商营业执照或其他核准执业证件。

②有关合同、章程、协议书。

③银行账户证明。

④组织机构统一代码证书。

⑤法定代表人或负责人或业主的居民身份证、护照或其他合法证件。

⑥税务机关要求的其他需要提供的资料。

1.3　税务开业登记流程

现在三证合一，新公司注册下来，只需要到税务部门进行税务登记，无须再办理税务登记证。不同性质的企业办理登记的流程不一样，具体如下：

①个人或者个体工商户需办理：签订扣税协议；开通网上申报。

②除个人或个体工商户以外的企业办理：银行账户备案、财会制度备案；企业所得税核定征收方式鉴定；开通网上申报。

其中，签订扣税协议指引如下：

①签订扣税协议：到各大银行开设账户，签订《委托银行代扣代缴国税税款协议书》，待定后纳税人须将税务机关留存联及账户复印件送回国税办税服务厅。

②签订扣税协议要求：个人或者个体工商户可选择对公账户或者私人账户扣税，个人或者个体工商户以外的企业要求选择对公账户扣税。

2. 变更税务登记

变更税务登记是指纳税人办理设立税务登记后，因税务登记内容发生变化，向税务机关申请将税务登记内容重新调整为与实际情况一致的一种税务登记管理制度，分工商变更登记变更和非工商登记变更两个内容。

税务变更登记等

2.1 变更登记的原因

①变更注册资本。

②改变法定代表人。

③改变登记注册类型。

④改变注册（住所）地址或经营地址。

⑤改变银行账号。

⑥变更核算形式、投资方。

⑦变更分支机构负责人。

⑧变更经营范围。

⑨分支机构申请变更其总机构相关登记信息。

⑩总机构变更其分支机构相关登记信息。

⑪变更纳税人识别号。

2.2 变更登记流程

实行“三证合一”“五证合一”后，有上述变更行为的，在办理相关变更营业执照登记手续后，到税务部门办理备案即可。

3. 注销税务登记

3.1 注销税务登记情况

①纳税人发生解散、破产、撤销以及其他情形，依法终止纳税义务的，应当在向工商行政管理机关或者其他机关办理注销登记前，持有关证件和资料向原税务登记机关申报办理注销税务登记；按规定不需要在工商行政管理机关或者其他机关办理注销登记的，应当自有关机关批准或者宣告终止之日起15日内，持有关证件和资料向原税务登记机关申报办理注销税务登记。

②纳税人因住所、经营地点变动，涉及改变税务登记机关的，应当在向工商行政管理机关或者其他机关申请办理变更、注销登记前，或者住所、经营地点变动前，持有关证件和资料，向原税务登记机关申报办理注销税务登记。

③企业进行注销税务登记后，不再接受原税务机关的管理。办理税务注销登记时需要准备好相关资料，有关机关批准或者宣告终止之日起15日内，持有关证件和资料向原税务登记机关申报办理注销税务登记。

3.2 注销税务登记注意事项

（1）注销登记前的清理工作

纳税人申请办理注销登记前，须对下列事项进行清理：

①清理发票：纳税人携带《发票领购簿》和未使用完毕的空白发票，连同填妥的《发票缴销登记表》，办理缴销发票手续。对各类需要验旧供新的发票，纳税人必须携带验旧发票进行验旧。

②最后一期税款申报和清理期税：独立核算的纳税人必须在清理发票后，及时申报和清缴应纳的税款、滞纳金、罚款和欠税。

③其他清理事项：

缴销防伪税控设备和有关税务证件、当年度未报送的纳税申报资料和其他税务资料。

非独立核算且非独立申报纳税的分支机构申请注销税务登记，不须清税清票，但要凭其总机构出具“税款、发票由总机构负责清理”的证明申请办理注销，并缴销有关税务证件和资料。

破产企业，提供《企业破产清算裁定书》，在缴销发票、清缴税款、缴销防伪税控系统设备后，申请办理注销税务登记，不再进行清税检查。

进出口税收管理部门对已办理出口退（免）税认定的纳税人进行出口退（免）清算，并在完成清算后缴销纳税人的《出口货物退（免）税认定表》。

有纳税人各类资格（如税收优惠等各类税务资格）需逐一取消。

完成《企业进货退出及索取折让证明单》的核销。

完成《外出经营税收管理证明》的核销。

完成纳税人的多（预）缴税款的清理。

完成所有的税源风险任务。

（2）其他注意事项

①纳税人有在查案件或违法违章案件的，必须办理结案后才能办理注销登记。

②对个体“双定”户在月度中间申请注销的，当月15日后申请的，按发票额（含自开发票、代开普通发票和专用发票）与双定额比对，取高值且达到起征点的征税；当月15日前（含15日）申请的，仅发票额（含自开发票、代开普通发票和专用发票）达到起征点的征税。注销当月要按规定进行申报缴税。对在当月代开增值税专用发票和普通发票已缴纳的税款，若纳税人当月申报时，按上述税款计算方法要征收税款的，已缴纳的税款作抵缴处理；若纳税人当月申报时，按上述税款计算方法不用征收税款的，已缴纳的税款不退。

拓展链接

停业（复业）登记

纳税人在生产经营期间，因某种特殊原因不能依法办理纳税申报的，必须按规定办理停业登记。

纳税人必须在停业期限结束以前，办理复业登记，也可办理延长停业期限的手续。

纳税人在预计停业的上一个月向主管税务机关提出书面停业申请。

纳税人的停（复）手续必须在事先办理，不得事后补办；凡未按规定办理停业手续的，一律视同正常经营户管理。

思政园地

减税降费——帮助企业纾困的利器

【资料】

2022年4月22日，北京市发布了《关于继续加强中小企业援助，加快困难企业恢复发展的若干措施》(以下简称(《措施》)。该措施从减轻中小企业负担、加强对受疫情影响突出企业的帮助的角度，确定了国家和北京市根据国家授权制定的多项退税减税措施，涉及增值税、企业所得税等税收类型。期末增值税留抵退税是2022年组合税收支持政策的“重头戏”。此举将有效缓解企业的财务压力，帮助企业发展。4月1日起，北京市对小规模增值税纳税人适用3%的应税销售收入免征增值税。此外，北京市还在法定授权范围内，明确规定2022年对小规模增值税纳税人、小微利企业和个体工商户，按照国家规定的最高50%减免六税两费，体现对中小微企业的充分帮助。

【分析】

税收调节是指运用税收杠杆对社会经济运行进行的引导和调整。通过税收的多征、少征与免征，可以从多方面作用于微观经济活动，使之符合宏观经济运行的目标。在特定时期通过减税降费的政策措施，能有效地帮助企业减负纾困，对于进一步稳定市场主体预期、提振市场发展信心，保持经济运行在合理区间和推动高质量发展具有十分重要的意义。

技术要点

1. 了解税务开业登记的要求。
2. 了解税务开业登记的流程。
3. 了解税务变更登记的办法与流程。
4. 了解税务注销登记的注意事项。

边学边思考

“五证合一”后，税务登记与“五证合一”前的流程有何区别？

巩固训练答案

巩固训练

一、单项选择题

1. 税收的主体是(　　)。

A. 国家和政府　　B. 国有企业单位　　C. 社会团体　　D. 个人

2. 税收最基本的职能是(　　)。

A. 组织收入职能　　B. 调节经济职能

C. 社会管理职能　　D. 调节收入分配职能

3. 国家征税凭借的是(　　)。

A. 经济权力　　B. 财产权力　　C. 政治权力　　D. 军事权力

4. 确定税率的基础是（　　）。

A. 纳税人　B. 计税依据　C. 纳税主体　D. 征税对象

5. 目前采用超额累进税率的税种是（　　）。

A. 土地增值税　B. 城市维护建设税　C. 个人所得税　D. 增值税

6. 区分不同税种的主要标志是（　　）。

A. 税目　B. 征税对象　C. 纳税地点　D. 纳税义务人

7. 按征税对象的绝对额划分征税级距，以纳税人的征税对象的所属等级同时适用几个税率分别计算，将计算结果相加后得出应纳税额的税率，称之为（　　）。

A. 超率累进税率　B. 全率累进税率

C. 超额累进税率　D. 全额累进税率

8. 下列不属于流转税的税种是（　　）。

A. 增值税　B. 消费税　C. 关税　D. 企业所得税

二、多项选择题

1. 我国现行的税率形式有（　　）。

A. 比例税率　B. 定额税率

C. 超额累进税率　D. 超率累进税率

2. 按照征税对象的性质不同，可将税收分为（　　）。

A. 流转税　B. 所得税　C. 财产税　D. 资源税

3. 征税对象是税法构成要素中的最基础性要素，主要是因为（　　）。

A. 征税对象是区分不同税种的最主要标志

B. 征税对象体现着各种税的征税范围

C. 征税对象是国家据以征税的依据

D. 税法其他要素的内容一般都是以征税对象为基础来确定的

4. 纳税人和负税人一致的税种包括（　　）。

A. 消费税　B. 企业所得税　C. 个人所得税　D. 房产税

5. 下列税种属于行为税的有（　　）。

A. 增值税　B. 环境保护税　C. 印花税　D. 企业所得税

6. 按税收管理和税款使用权限分类，可将税收分为（　　）。

A. 地方税　B. 中央地方共享税　C. 中央税　D. 临时税

项目 2　云税务案例（选修）

案例一　发票云

发票云案例

1. 开票业务

1.1　开票现状

①主要开票对象是C端消费用户，开票信息分散不集中，每一笔开票信息都需要消费者写好抬头税号等相关信息，再由开票员手工录入、放纸、打印等，工作非常耗时，平均每张发票的开具时间需要2分钟，客户索票体验不佳。

②需要配置专人手工开票，开票方式传统，与科技零售体验门店的经验理念相悖。

③开票信息没有与零售系统关联匹配，集团总部无法对全国各门店的开票数据进行集中监管，防止虚开、盗开风险。

1.2　解决方案

完善科技零售体验门店、toC 业务、开电子发票、有小程序、门店有使用POS收银系统。具体设计如图6-2-1所示。

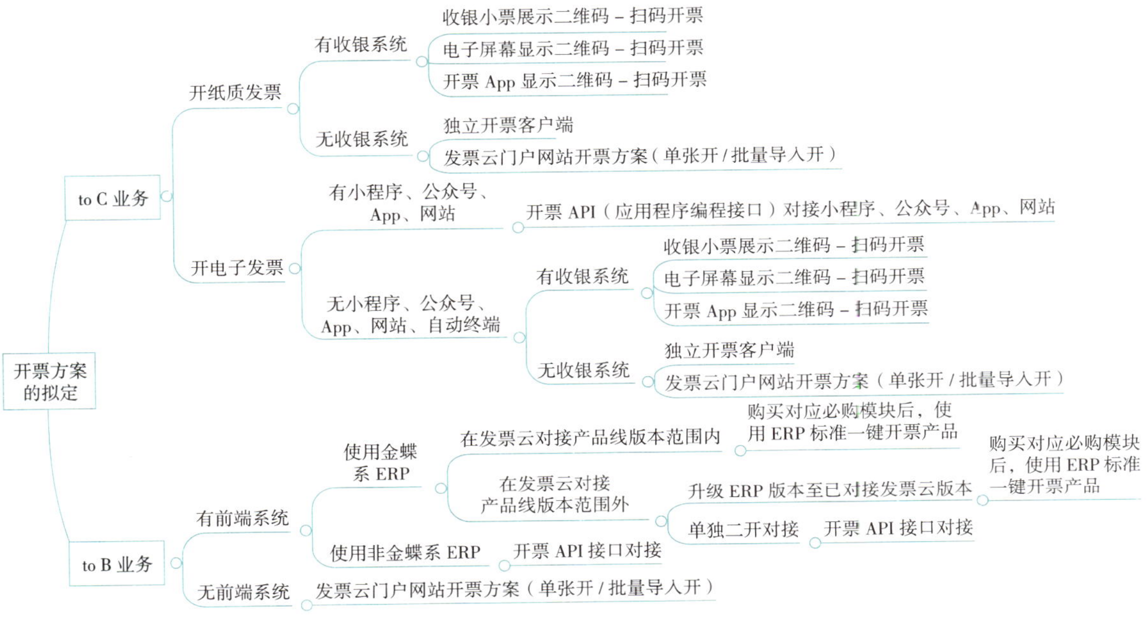

图6-2-1　开票方案示意图

2. 收票业务

2.1 收票现状

①无论费用报销发票还是采购发票，都是员工个人填写报销单由各地组织财务人员审核，最终流转至集团财务进行审批付款，而发票的扫描、审核、查验、归档等工作均由人工完成，单笔报销流程完成时间过长，少则半个月，多则1个月才可以完成。

②手工进行费用报销单填写、计算、贴票、打印等烦琐，采购发票无法与入库单、应付单、发票单关联匹配。

③进项发票管理与业务管理、增值税税务管理脱节，发票真伪识别需手工录入代码、号码查验，重复报销问题无法鉴别处理，对虚假发票、发票重复入账难以进行有效监控，增加企业财税风险隐患，内控水平低。

2.2 解决方案

①发票云智能报销产品全面革新企事业报销流程，支持多渠道跨系统发票信息采集，利用最新的人工智能、云计算和OCR（光学字符识别）图像识别技术，解析发票结构化数据，自动识别、分类汇总发票信息，依据报销规则自动生成报销单，实现全过程免除手工录入的无纸化报销革新流程。

②采集发票过程中系统自动完成发票查重验伪、抬头税号核对、发票类型的鉴别、全面票信息获取、报销单自动计算等，有效把控财税风险；审核环节利用OCR智能图像匹配技术，自动对报销内容进行审查，全面提升财税工作质量，为后续的财务分析提供准确、可靠的数据及依据。具体设计如图6-2-2所示。

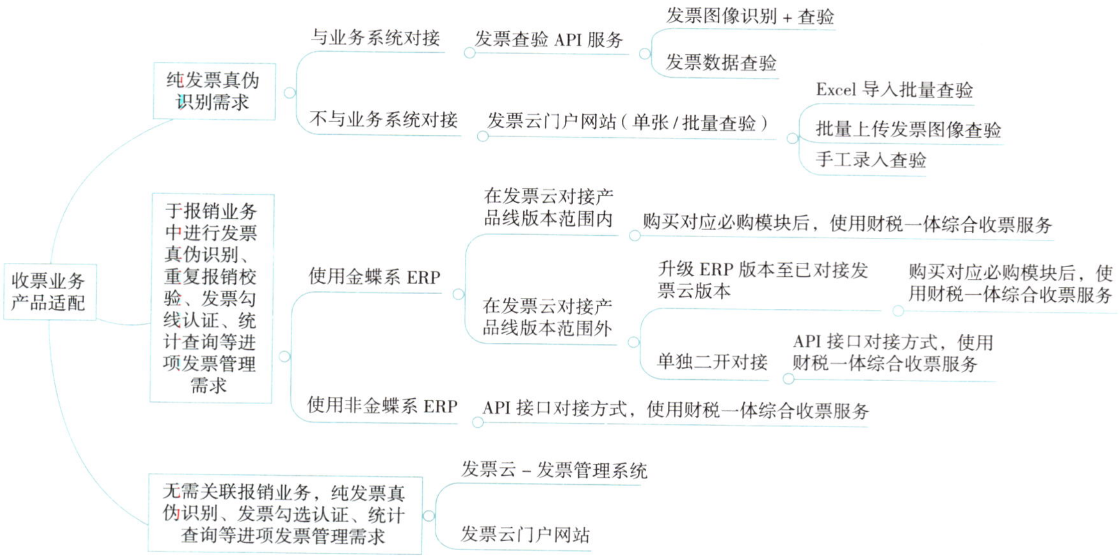

图6-2-2 收票方案示意图

案例二 税务云

1. 税务云简介

税务云为企业提供以电子发票管理、纸质发票管理、增值税进销项管理、所得税及小税种税务核算、纳税申报、税务风险管理及税务分析、涉税项目管理、小税种管理、电子票据中心等为核心的全方位税务服务，支持公有云、专属云部署模式，帮助企业做最佳税务决策，是一个具有连接、高效、智能新特性的企业税务服务云平台。

2. 税务云应用场景

2.1 销项发票管理

销项发票管理服务，支持纸电票一体化开具，含增值税电子普通发票、增值税专用发票、增值税普通发票、增值税电子收购发票、机动车销售统一发票，包括成品油类增值税发票；支持自动价税分离；支持业务系统集成开票、移动开票、生成开票二维码并扫码开票、微信公众号自助开票、预约开票、支付开票、自定义开票二维码小票格式并打印等多种应用场景。

2.2 进项发票管理

进项发票管理服务，对进项发票进行统一的接收、查验、管理，建立统一的企业受票台账，及时发现问题票、假票、重复报销的发票，降低财务风险、简化财务流程。支持多个票种的数据采集、图片采集、信息存储、状态存储，支持企业费用报销、采购报账等受票业务，并提供多种API，与业务系统实时对接。企业财务人员可使用扫码枪扫描电子发票打印件、纸质发票票面二维码，连接税局底账查验发票真伪。查验成功后的发票可保存入企业台账，如出现无税号或税号不符等情况，自动检验并提示用户；支持拍照或扫描发票影像，OCR识别发票要素，连接税局底账查验发票真伪；支持微信扫一扫实现二维码扫描查验；支持对火车票、航空客票、出租车票、客运汽车发票、通用机打发票、过路费发票、定额发票的OCR识别和存储；支持多角度、多维度，统一管理、统计分析企业内部的进项数据。以增值税发票为数据基础，从不同维度帮助企业统计分析业务、财务、税务情况。

2.3 供应链协同

供应链协同为供应链上下游企业提供发票协同服务，打通供应链上下游企业发票流转通道，实现发票在供应链上下游企业高速流转，让企业的业务不因为票据传递问题而停顿。

增值税管理同时对一些特殊业务进行核算，包括管理视同销售台账；对客运服务发票进行抵扣处理；对非税控发票进行管理等。

2.4　增值税管理

增值税管理服务是指对进项发票进行抵扣管理、进项转出等业务操作。提供预勾选、勾选认证、退税勾选等功能，同时支持海关缴款书采集与勾选、成品油认证、进项转出等场景化处理。

税务人员可手工选择勾选认证数据、根据台账已入账数据智能勾选认证数据，并上传税务局增值税系统。认证通过的发票数据形成抵扣统计表、抵扣明细表、税会差异比对、非税控发票台账等，供税务人员查询。认证抵扣的专票，对应货物发生用途改变、非常损失等，财务人员可在报销/采购台账做进项转出，并提供转出台账备查。

2.5　涉税项目管理

涉税项目管理是对建筑和不动产项目的税务全流程管理，包括项目信息管理、项目发票查询、跨地区涉税事项预警、分包管理、预缴管理、应交增值税统计表、税负率统计表等。

所得税管理是支持对企业所得税优惠管理，可管理中央或者地方给予企业关于所得税方面的税收优惠。优惠政策通常涉及收入、税率和税额。该模块能够对优惠事项进行有效的统一管理。支持对企业适用加速折旧管理，针对适用加速折旧政策固定资产的折旧方式的税会差异，分别计算会计折旧和税务折旧，并分析差异。

2.6　印花税管理

提供合同档案导入，建立印花税台账，自动核算企业印花税，生成印花税申报数据。管理企业异地缴纳的印花税。

2.7　小税种管理

小税种管理提供了合同及其他应税凭证、房产和土地的管理功能，通过相应的台账能够自动生成各税种申报表。

2.8　房产税管理

建立或导入企业房产数据，建立企业房产台账，自动核算企业房产税，生成房产税申报数据 。

2.9　土地使用税管理

建立或导入企业土地数据，建立企业土地台账，自动核算企业土地使用税，生成土地使用税申报数据。

参考文献

[1] 中华人民共和国财政部.企业会计准则（2019年版）[M]. 上海：立信会计出版社，2019.

[2] 翟金花. 财务管理实务 [M]. 北京：电子工业出版社，2013.

[3] 龚翔，施先旺. 会计学原理 [M]. 大连：东北财经大学出版社，2019.

[4] 刘伟. 税法课程思政案例与习题 [M]. 成都：西南财经大学出版社，2021.